杨光◎译注

眼扫码对话
AI山海灵探
进入山海幻境

- 寻迹山海秘境
- 奇遇山海异兽
- 结交山海众神
- 承袭先民智慧

中国有着辉煌灿烂的文化，有着无数经典的文学作品。这些文学作品是世界文学殿堂的奇葩，是世界文化的灿烂瑰宝。文明的薪火相传对于一个国家、民族的发展具有重要意义，要实现中华民族的伟大复兴，我们必须重视对传统文化的继承。中华民族复兴的未来和希望是少年儿童，因此加强对祖国未来接班人的培养，会为中华民族的持续健康发展储备力量。

《山海经》是一部记载我国古代地理、植物、动物、矿物、物产、民俗等的著作，是一部富有神话传说色彩的古老的奇书，对古代历史、地理、植物、动物、交通、民俗、神话等方面的研究，均有重要的参考价值。由于目前很多学生在文言文阅读方面存在各种各样的问题，我们特精心编写了《山海经》的注释及翻译，帮助学生扫清文言文阅读障碍，让学生轻松地读懂本书。本书具有以下几个显著特点：

一、资深古典文学教研专家编写

为了保证内容的全面性、权威性和可靠性，帮助读者达到通过阅读获得知识的目的，本书特邀请了国内资深的古典文学教研专家进行编写，以期为广大读者呈现一本可信赖的专业书籍。

二、内容翔实全面，可参考性强

本书囊括了《山海经》的全部经典内容，共十八卷。编者对每篇的字、词、

句都进行了仔细核实和推敲，内容既全面又翔实。读者可通过翻阅此书，达到了解和运用相关知识的目的。

三、注释和译文准确严谨，方便读者阅读和理解

本书的注释部分对生僻、难解、古今异义、古今异音等类词语进行了注解，经过仔细推敲，力求准确严谨，方便读者结合注释，更好地阅读和理解原文。译文部分参考各家注、疏、校本等，以人们熟知的现代白话文的形式来呈现，更加方便读者理解原文的意思。

四、绘图丰富多彩，激发读者的想象力和创造力

本书针对《山海经》中大量的神祇、奇珍异兽、花鸟鱼虫，配有古今中外历代画家为《山海经》绘制的传世名画，这数百幅插图为读者还原了书中的诸多神奇动物，能够激发读者的创造力。虽然部分图文不尽相同，但这体现了古人丰富的想象力。

总之，本书有利于中国传统文化的传承和发扬，也有利于读者积累古典文化知识。我们衷心希望本书既能成为读者喜爱阅读、乐于接受、可以引用的课外读物，也能成为读者的良师益友。

山
经

海
经

目录

SHAN
HAI
JING

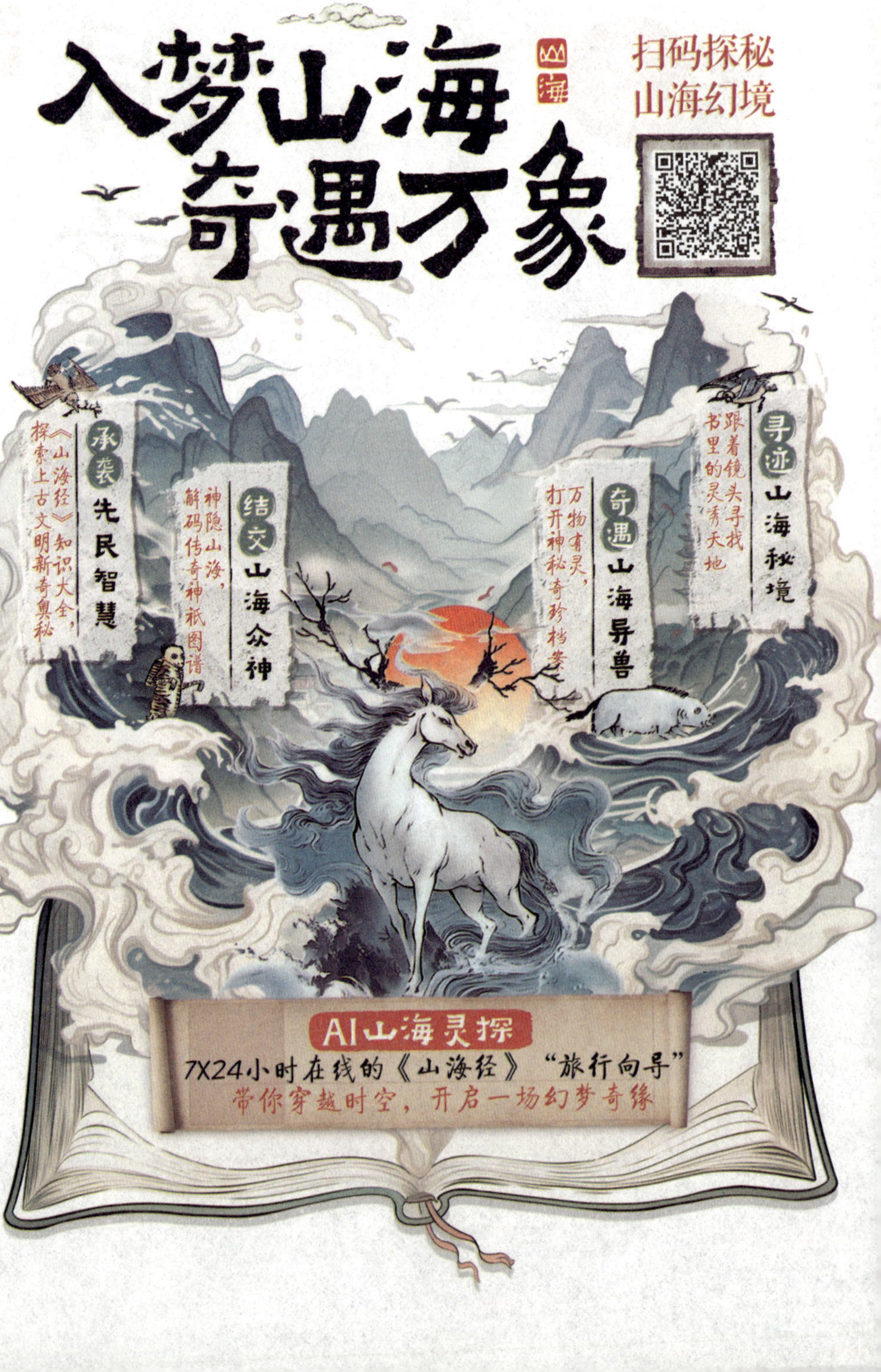

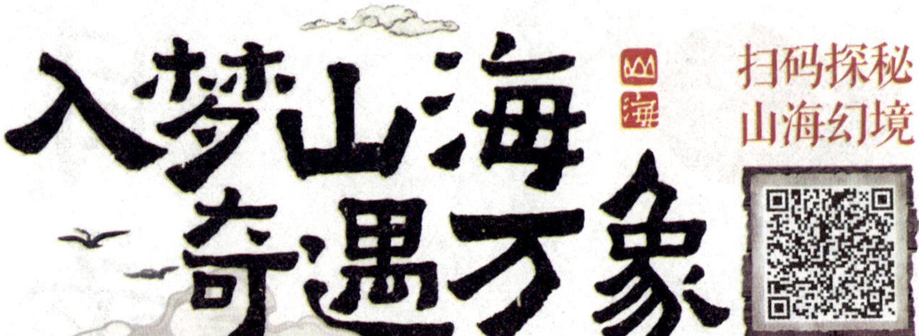

入梦山海
奇遇万象
山海
扫码探秘
山海幻境
承袭 先民智慧
《山海经》知识大全，探索上古文明新奇奥秘
结交 山海众神
神隐山海，解码传奇神祇图谱
奇遇 山海异兽
万物有灵，打开神秘奇珍档案
寻迹 山海秘境
跟着镜头寻找书里的灵秀天地
AI山海灵探
7X24小时在线的《山海经》“旅行向导”
带你穿越时空，开启一场幻梦奇缘

山海经第一

南山经

本章主要介绍南方三大山系的地貌矿藏和怪兽珍禽，以及各大山系的山神祭祀情况。作为一部充满神话色彩的地理和礼仪古籍，本章中描述的一些神祇体现了我们先祖丰富的想象力，呈现了中华文明的特征，也深深地影响了此后数千年的东亚文化圈中国家的礼仪和文化。

南次一经

导读

《南次一经》记载了招摇山等九座山的地理位置和山川风貌，以及生长在其中的各种珍稀奇特的动植物。这些山峦和河流可能分布于现在的广西、广东和福建一带，但几乎所有山的具体位置都难以考证。

原文

南山经之首，曰䧿山[1]。其首曰招摇之山，临于西海之上，多桂[2]，多金、玉[3]。有草焉，其状如韭而青华[4]，其名曰祝馀，食之不饥。有木焉，其状如榖[5]而黑理[6]，其华四照，其名曰迷榖，佩之不迷。有兽焉，其状如禺[7]而白耳，伏行人走，其名曰狌狌[8]，食之善走。丽麐[9]之水出焉，而西流注于海，其中多育沛[10]，佩之无瘕[11]疾。

译文

南方的第一列山系叫䧿山。䧿山山系的第一座山叫招摇山，它高高地耸立在西海边上，山上生长着很多桂树，山里还出产大量的金属矿物和玉石。山中有一种草，样子很像韭菜，开着青色的小花，这种草名叫祝馀，人吃了它就不会感到饥饿。山上长着一种树，形状很像构树，有黑色的木纹，而且光华照耀四方，这种树名叫迷榖，人们将这种树做成饰物佩戴在身上就不会迷路。山上还有一种野兽，很像猕猴，长着一对白色的耳朵，匍匐着向前走，也能像人一样直立着走，它的名字叫狌狌，人若吃了这种野兽的肉，就会走得很快。丽麐水就从这座山发源，之后向西注入大海，附近的水中有大量的育沛，把它佩戴在身上，就可防止生腹内结块的病。

◑狌狌（清·余省、张为邦《清宫兽谱》）

注释

①䧿（què）山：传说中的山名。②桂：桂花树，又叫木犀，花有特殊香气。③金、玉：这里指未经过提炼和磨制的天然金属矿物和玉石。④华：同“花”。⑤榖（gǔ）：树名，即构树，落叶乔木，叶子呈卵形，开淡绿色花。⑥理：纹理。⑦禺（yú）：兽名，猴属，似猕猴而较大，赤目，长尾。⑧狌狌（xīng xīng）：猩猩。⑨丽麐（jǐ）：古代传说中的水名。⑩育沛：琥珀或琥珀类的东西。⑪瘕（jiǎ）：病名，腹内结块的病。

原文

又东三百里，曰堂庭之山，多棪木[1]，多白猿，多水玉[2]，多黄金。

又东三百八十里，曰猨翼之山，其中多怪兽，水多怪鱼，多白玉，多蝮虫[3]，多怪蛇，多怪木，不可以上。

译文

再向东走三百里，有座堂庭山，山上有很多棪木、很多白猿、很多水晶、很多黄金。

再往东走三百八十里，有座叫猨翼的山，山中有很多怪兽，水里有很多怪鱼，还有很多白玉、蝮蛇、怪蛇和怪树，这山险峻不可攀登。

◑白猿（清·郎世宁《白猿轴》）

注释

①棪（yǎn）木：果木名，果实似苹果。②水玉：水晶。③蝮虫（fù huǐ）：蝮蛇。虫，“虺”的本字。

原文

又东三百七十里，曰杻阳[1]之山，其阳多赤金，其阴多白金。有兽焉，其状如马而白首，其文如虎而赤尾，其音如谣[2]，其名曰鹿蜀，佩之宜子孙。怪水出焉，而东流注于宪翼之水。其中多玄龟，其状如龟而鸟首虺[3]尾，其名曰旋龟，其音如判木[4]，佩之不聋，可以为[5]底[6]。

又东三百里，曰柢山[7]，多水，无草木。有鱼焉，其状如牛，陵居，蛇尾有翼，其羽在魼[8]下，其音如留牛[9]，其名曰鯥[10]，冬死而夏生，食之无肿疾。

又东四百里，曰亶爰[11]之山，多水，无草木，不可以上。有兽焉，其状如狸而有髦[12]，其名曰类，自为牝牡[13]，食者不妒。

译文

再往东三百七十里，有座杻阳山。山的南边盛产赤金，山的北边盛产白金。山中有一种野兽，外形像马，脑袋白色，身上有像老虎一样的斑纹，尾巴是红色的，发出的声音像人唱歌一样，它的名字叫鹿蜀，人穿戴上它的毛皮就可以多子多孙。怪水发源于这座山，向东流入宪翼之水。水中有很多红黑色的龟，形状与乌龟相似，却长着鸟一样的头，毒蛇一样的尾巴，它的名字叫旋龟。它会发出像劈开木头一样的声音，佩戴用它做成的饰物就不会耳聋，还可以治疗手脚的老茧。

◑ 鹿蜀（清·吴任臣《〈山海经〉广注》上色版）

◑ 旋龟（清·吴任臣《〈山海经〉广注》上色版）

再往东三百里，有座柢山，山上多水，不长草木。这里有一种鱼，身形像牛，生活在高地上，长有蛇一样的尾巴，还长有一对翅膀，翅膀长在两肋的下边，它的声音像犁牛哞哞叫。这种鱼名叫鯥，冬季休眠，夏季才出来活动，人吃了这种鱼就不会患痈肿病。

◑ 鯥（明·蒋应镐《山海经》）

再往东四百里，有座亶爰山，山上多水，却不生长草木，不可上去。山上有一种野兽，身形像野猫，头颈上有长毛，这种野兽名叫类，一身同具雌雄两性器官，人要是吃了它的肉就不会妒忌。

注释

①杻（niǔ）阳：山名。②谣：古代不用乐器伴奏的清唱。③虺（huǐ）：一种毒蛇。④判木：劈开木头。⑤为：治疗。⑥底：同“胝”，指手脚上的老茧。⑦柢（dǐ）山：山名。⑧胠（xié）：鱼胁，鱼的肋骨部位。⑨留牛：一说犁牛。⑩鯥（lù）：鱼名。⑪亶爰（chán yuán）：山名。⑫髦（máo）：泛指动物头颈上的长毛。⑬牝牡（pìn mǔ）：鸟兽的雌性和雄性。

原文

又东三百里，曰基山，其阳多玉，其阴多怪木。有兽焉，其状如羊，九尾四耳，其目在背，其名曰猼訑[1]，佩之不畏。有鸟焉，其状如鸡而三首六目，六足三翼，其名曰鹇鸺[2]，食之无卧。

又东三百里，曰青丘之山，其阳多玉，其阴多青雘[3]。有兽焉，其状如狐而九尾[4]，其音如婴儿，能食人，食者不蛊[5]。有鸟焉，其状如鸠，其音若呵[6]，名曰灌灌，佩之不惑。英水出焉，南流注于即翼之泽。其中多赤鱬，其状如鱼而人面，其音如鸳鸯，食之不疥。

又东三百五十里，曰箕尾[7]之山，其尾踆[8]于东海，多沙石。汸水[9]出焉，而南流注于淯，其中多白玉。

凡䧿山之首，自招摇之山，以至箕尾之山，凡十山，二千九百五十里。其神[10]状皆鸟身而龙首，其祠[11]之礼：毛[12]用一璋[13]玉瘗[14]，糈[15]用稌[16]米，一璧，稻米、白菅[17]为席。

译文

再往东三百里，有座基山，山的南边多产玉石，山的北边长有很多奇形怪状的树木。山上有一种野兽，身形像羊，有九条尾巴和四只耳朵，眼睛长在后背上，这种野兽名叫猼訑，佩戴用它的皮毛做成的饰物就不会恐惧。山里还有一种鸟，形状像鸡却长了三个脑袋、六只眼睛、六只脚、三只翅膀，它的名字叫鹇鸺，人若吃了它的肉就会睡不着觉。

◑ 猼訑（清·吴任臣《〈山海经〉广注》上色版）

◑ 鹇鸺（清·吴任臣《〈山海经〉广注》上色版）

再往东三百里，有座青丘山，这山的南边盛产玉石，北边出产大量青雘。山上有一种野兽，身形似狐，长着九条尾巴，叫声像婴儿啼哭，能吃人，人若吃了它的肉便可以不受毒热恶气之扰。山上还有一种鸟，形状像鸠，鸣叫声像人吵架，名叫灌灌，人若佩戴它的羽毛饰物，可以不被迷惑。英水发源于这座山，之后向南流入即翼之泽。水中有很多赤鱬，它的形体似鱼而脸似人，它的叫声像鸳鸯啼叫，人若吃了它便可以不生疥疮。

◑ 赤鱬（清·佚名《各样鱼图册》）

◑ 赤鱬（清·吴任臣《〈山海经〉广注》上色版）

再往东三百五十里，有座箕尾山，这山的尾部盘踞在东海中，山上多沙石。汸水发源于这座山，之后向南流入淯水，水中有很多白色玉石。

◑ 䧿山山神（日本·佚名《怪奇鸟兽图卷》）

䧿山山系，从招摇山到箕尾山共有十座山，蜿蜒二千九百五十里。这些山的山神都长着鸟的身形、龙的脑袋。祭祀山神的礼仪如下：将祭祀的牲畜与一块璋玉一起埋在地下，祭祀用的精米是糯米，还有一块璧玉和稻米，供山神用的座席是用白茅编织而成的草席。

注释

①猼訑（bó yí）：传说中的兽名。②鵸鵂（chǎng fū）：一种鸟名。③青雘（huò）：可作颜料的青色矿物。④如狐而九尾：像有九条尾巴的狐狸。⑤蛊：毒热恶气。⑥呵：大声斥责。⑦箕（jī）尾：山名。⑧踆：蹲。⑨汸（fāng）水：水名。⑩神：指山神。⑪祠：祭祀。⑫毛：用于祭祀的带毛的动物。⑬璋：举行典礼时所用的一种玉器，形状像圭的一半。⑭瘗（yì）：埋。⑮糈（xǔ）：祭神用的精米。⑯稌（tú）：粳稻，也指糯稻。⑰菅（jiān）：菅茅，一种多年生草本植物，叶子细长而尖。

南次二经

导读

《南次二经》记载了柜山等十八座山的地理位置和山川风貌，这些山可能分布于现在的湖南到浙江一带。这些山上栖息着各种各样的怪兽，如猪形鸡足的狸、长着四只耳朵的水怪长右、长着牛尾能吃人的彘等。这列山系中的许多山上还盛产各种玉石。

原文

南次二经之首，曰柜山[①]，西临流黄[②]，北望诸毗[③]，东望长右。英水出焉，西南流注于赤水，其中多白玉，多丹粟。有兽焉，其状如豚，有距[④]，其音如狗吠，其名曰狸力，见则其县多土功[⑤]。有鸟焉，其状如鸱[⑥]而人手，其音如痺[⑦]，其名曰鴸，其鸣自号也，见则其县多放士[⑧]。

译文

南方第二列山系的第一座山是柜山，它西临流黄国，北边与诸毗山相望，东边与长右山相望。英水发源于此山，向西南流入赤水，水中有许多白色的玉石，还有许多细小的丹砂。山中有一种野兽，样子像小猪，长着鸡爪，叫声如犬吠，它的名字叫狸力，这种野兽出现的地方会有繁多的工程。山里有种鸟，形状像鹞鹰，爪子像人手，叫声像雌鹌鹑，它的名字叫鴸，这名字就是从它的鸣叫声得来的，这种鸟出现的郡县多有被流放的才智之士。

◑ 狸力（明·蒋应镐《山海经》）

◑ 鴸（清·吴任臣《〈山海经〉广注》上色版）

◑ 鴸（《谟区查抄本》）

注释

①柜（jǔ）山：山名。②流黄：古国名。③诸毗（pí）：山名。④距：雄鸡爪后面突出的像脚趾的尖骨。泛指鸡爪。⑤土功：指治水、筑城等工程。⑥鸱（chī）：鸟名，指鹞鹰。⑦痺（bēi）：传说中的鸟名，类似雌鹌鹑。⑧放士：被放逐的人才。

原文

东南四百五十里，曰长右之山，无草木，多水。有兽焉，其状如禺而四耳，其名长右，其音如吟，见则其郡县大水。

又东三百四十里，曰尧光之山，其阳多玉，其阴多金。有兽焉，其状如人而彘鬣[①]，穴居而冬蛰，其名曰猾裹[②]，其音如斫木[③]，见则县有大繇[④]。

又东三百五十里，曰羽山。其下多水，其上多雨，无草木，多蝮虫。

又东三百七十里，曰瞿父之山，无草木，多金、玉。

又东四百里，曰句余之山，无草木，多金、玉。

又东五百里，曰浮玉之山，北望具区，东望诸毗。有兽焉，其状如虎而牛尾，其音如吠犬，其名曰彘，是食人。苕水出于其阴，北流注于具区。其中多鮆鱼[⑤]。

又东五百里，曰成山，四方而三坛，其上多金、玉，其下多青雘。閟水[⑥]出焉，而南流注于虖勺[⑦]，其中多黄金。

译文

再往东南四百五十里，有座山叫长右山，山上不长草木，有很多水。山上有种野兽，样子像猕猴，长着四只耳朵，名叫长右，它的叫声像人的呻吟声，这种野兽出现的郡县会有洪灾发生。

◑ 长右（明·蒋应镐《山海经》）

再往东三百四十里，有座尧光山，这座山的南边出产大量玉石，山的北边有丰富的金属矿物。山上有一种野兽，身形像人，却长着猪一样的鬃毛，它住在洞穴里，冬天要冬眠，这种野兽名叫猾裹，它的叫声像砍木头的声音，这种野兽出现的郡县，一定会出现繁重的徭役。

再往东三百五十里，有座羽山，山下多流水，山上常下雨，不长草木，有许多蝮蛇。

再往东三百七十里，有座瞿父山，山上寸草不生，出产丰富的金属矿物和玉石。

再往东四百里，有座句余山，山上没有草木，有丰富的金属矿物和玉石。

◑ 猾裹（清·吴任臣《〈山海经〉广注》上色版）

◑ 猾裹（《谟区查抄本》）

再往东五百里，有座浮玉山，北边可看见太湖，东边可以看见诸毗山。山上有一种野兽，身形像虎却长着一条牛尾，叫声像犬吠，它的名字叫彘，是一种吃人的野兽。苕水从山的北坡流出，向北流进太湖。水中有很多鮆鱼。

◑ 彘（明·蒋应镐《山海经》上色版）

◑ 鮆鱼（清·佚名《各样鱼图册》）

再往东五百里，有座成山，这座山呈四方形，像三层土台重叠堆砌上去的，山上金属矿物和玉石蕴藏丰富，山下青雘数量繁多。𨶒水就发源于这座山，之后向南注入虖勺水，水里黄金储量丰富。

注释

①彘鬣（zhì liè）：猪身上长的长而硬的毛。彘，猪。鬣，泛指动物头颈上的毛。②猾裹（huái）：一种怪兽。③斫（zhuó）木：砍伐树木。④繇（yáo）：徭役。⑤鮆（cǐ）鱼：今太湖中生长的刀鱼。该鱼头狭长，大的长约一尺。⑥𨶒（zhuō）水：水名。⑦虖勺（hū shuò）：水名，古人认为即南滹沱水。

原文

又东五百里，曰会稽之山[①]，四方，其上多金、玉，其下多砆石[②]。勺水出焉，而南流注于湨[③]。

又东五百里，曰夷山，无草木，多沙石，湨水出焉，而南流注于列涂。

又东五百里，曰仆勾之山，其上多金、玉，其下多草木，无鸟兽，无水。

又东五百里，曰咸阴之山，无草木，无水。

又东四百里，曰洵山，其阳多金，其阴多玉。有兽焉，其状如羊而无口，不可杀[④]也，其名曰䍺[⑤]。洵水出焉，而南流注于阏之泽，其中多茈蠃[⑥]。

又东四百里，曰虖勺之山，其上多梓、楠，其下多荆、杞。滂水出焉，而东流注于海。

又东五百里，曰区吴之山[⑦]，无草木，多沙石。鹿水出焉，而南流注于滂水。

◑ 䍺（清·吴任臣《〈山海经〉广注》上色版）

◑ 䍺（清·余省、张为邦《清宫兽谱》）

译文

再往东五百里，有座会稽山，这座山呈四方形，山上有丰富的金属矿物和玉石，山下盛产砆石。勺水发源于这座山，向南流入湨水。

再往东五百里，有座夷山，草木不生，沙石很多，湨水发源于这座山，向南流入列涂。

再往东五百里，有座仆勾山，山上有丰富的金属矿物和玉石，山下有茂密的草木，但没有任何飞禽走兽，也没有水。

再往东五百里，有座咸阴山，山上没有任何草木，也没有水。

再往东四百里，有座洵山，这山的南边盛产金属，山的北边盛产玉石。山里有一种野兽，长得像羊但没有嘴巴，不吃东西也不会死，它的名字叫䍺。

洵水就发源于此山，之后向南注入阏泽，水中有很多紫色的螺。

再往东四百里，有座虖勺山，山上有许多梓树和楠树，山下长着数量众多的牡荆、枸杞一类的灌木。滂水发源于这座山，之后往东流入大海。

再往东五百里，有座区吴山，山上不长草木，有很多沙石。鹿水发源于这座山，之后向南流入滂水。

注释

①会（kuài）稽之山：会稽山，山名。②砆（fū）石：一种像玉的石头。③湨（jú）：水名。④不可杀：这里“杀”是死的意思。“不可杀”就是不会死，意思是这种兽不吃东西也不会死去。⑤䍺（huàn）：传说中的兽名。⑥茈蠃（zǐ luó）：紫色的螺。“茈”通“紫”，“蠃”通“螺”。⑦区（ōu）吴之山：区吴山，山名。

原文

又东五百里，曰鹿吴之山，上无草木，多金、石。泽更之水出焉，而南流注于滂水。水有兽焉，名曰蛊雕，其状如雕而有角，其音如婴儿之音，是食人。

◑蛊雕（清·吴任臣《〈山海经〉广注》上色版）

◑蛊雕（《谟区查抄本》）

译文

再往东五百里，有座鹿吴山，山上不生草木，蕴藏着丰富的金属矿物和玉石。泽更水发源于这座山，向南流入滂水。水中有一种野兽，名叫蛊雕，它长得像雕而头上长着角，叫声像婴儿的哭声，会吃人。

原文

东五百里，曰漆吴之山，无草木，多博石[1]，无玉。处于东海，东望丘山，其光载出载入，是惟日次[2]。

凡南次二经之首，自柜山至于漆吴之山，凡十七山，七千二百里。其神状皆龙身而鸟首。其祠：毛用一璧瘗，糈用稌。

译文

再往东五百里，有座漆吴山，山上不长草木，多出产可以做棋子的博石，不产玉石。这山靠近东海，向东望去，面对丘山，光芒闪烁不定，那是太阳落下的地方。

南方第二列山系，从柜山开始直到漆吴山，一共十七座，绵延七千二百里。这里的山神都是龙身鸟头。祭祀礼仪如下：将祭祀的牲畜与一块璧一起埋于地下，祭祀用的精米是糯米。

注释

①博石：指可以做棋子的石头。②次：止。

南次三经

导读

《南次三经》记载了天虞山等十三座山的地理分布和山川风貌，每座山的地理位置都难以考证，可能分布于现在的广西、广东一带。这列山系中生活着许多奇珍异兽，比如古代人奉为神兽的犀牛，五彩祥鸟凤凰，还有长着人面、有四只眼睛的颙，以及长着猪毛的鱄鱼。

原文

南次三经之首，曰天虞之山，其下多水，不可以上。

东五百里，曰祷过之山，其上多金、玉，其下多犀、兕，多象。有鸟焉，其状如䴔①，而白首、三足、人面，其名曰瞿如②，其鸣自号也。泿水③出焉，而南流注于海。其中有虎蛟，其状鱼身而蛇尾，其音如鸳鸯，食者不肿，可以已④痔⑤。

译文

南方第三列山系的第一座山叫天虞山，山下多水，山势险峻不可攀登。

往东五百里，有座祷过山，山上有丰富的金属和玉石矿藏，山下有大量的犀牛、兕和象。山上有一种鸟，身形像鱼鹰，头是白色的，长着三只脚，还长着人脸，这种鸟名叫瞿如，给它取这个名，是因为它的鸣叫声是“瞿——如——”。泿水发源于这座山，之后向南流入大海。水中有虎蛟，身形像鱼，长着蛇的尾巴，鸣叫声像鸳鸯，人吃了它的肉，就可以不生痈肿病，还可以治愈痔疮。

◑ 象（《谟区查抄本》）

◑ 瞿如（清·吴任臣《〈山海经〉广注》上色版）

◑ 瞿如（明·蒋应镐《山海经》上色版）

注释

①䴔（jiāo）：鸟名。②瞿（qú）如：传说中的一种鸟。③泿（yín）水：古水名。④已：治愈。⑤痔：痔疮。

原文

又东五百里，曰丹穴之山，其上多金、玉。丹水出焉，而南流注于渤海①。有鸟焉，其状如鸡，五采而文②，名曰凤凰，首文曰德，翼文曰义，背文曰礼，膺③文曰仁，腹文曰信。是鸟也，饮食自然，自歌自舞，见则天下安宁。

又东五百里，曰发爽之山，无草木，多水，多白猿。汎水④出焉，而南流注于渤海。

又东四百里，至于旄山⑤之尾，其南有谷，曰育遗，多怪鸟，凯风⑥自是出。

又东四百里，至于非山之首，其上多金、玉，无水，其下多蝮虫。

译文

再往东五百里，有座丹穴山，山上盛产金属矿物和玉石。丹水从山间流出，之后向南流入渤海。山上有一种鸟，形状像鸡，身上花纹五彩斑斓，名叫凤凰，它头部的花纹像“德”字，翅膀上的花纹像“义”字，背部的花纹像“礼”字，胸部的花纹像“仁”字，腹部的花纹像“信”字。这种鸟啊，饮食从容不迫，悠然自得，自歌自舞，无忧无虑，若有这种鸟出现，天下就和平安宁了。

再往东五百里，有座发爽山，山上寸草不生，到处是水，还有很多白猿。汎水发源于这座山，向南流入渤海。

再往东四百里，就到了旄山的尽头，它的南面有一道山谷，叫作育遗谷，山谷里有许多奇怪的鸟，和暖的南风就是从这里吹出来的。

再往东四百里，就到了非山的顶部，山上盛产金属矿物和玉石，没有水，山下有好多蝮蛇。

◑ 凤凰（《谟区查抄本》）

注释

①渤海：此处当指南海，非今日所指之渤海。②文：通“纹”，指花纹。③膺（yīng）：胸。④汎（fàn）水：水名，古代流入渤海的一条水。⑤旄（máo）山：山名。⑥凯风：和暖的风。也指南风。

原文

又东五百里，曰阳夹之山，无草木，多水。

又东五百里，曰灌湘之山，上多木，无草。多怪鸟，无兽。

又东五百里，曰鸡山，其上多金，其下多丹雘[①]。黑水出焉，而南流注于海。其中有鱄鱼[②]，其状如鲋[③]而彘[④]毛，其音如豚，见则天下大旱。

又东四百里，曰令丘之山，无草木，多火。其南有谷焉，曰中谷，条风[⑤]自是出。有鸟焉，其状如枭，人面四目而有耳，其名曰颙[⑥]，其鸣自号也，见则天下大旱。

◑ 颙（清·佚名《各样雀图册》）

◑ 颙（清·吴任臣《〈山海经〉广注》上色版）

译文

再往东五百里，有座阳夹山，山上不生草木，多水。

再往东五百里，有座灌湘山，山上树木繁多，却不生草。山中有很多怪鸟，但没有野兽。

再往东五百里，有座鸡山，山上盛产金属，山下盛产丹雘。黑水发源于这座山，向南流注入海。水中有鱄鱼，它的形体与鲫鱼很相似，却长着猪毛，叫声像猪，它一出现，天下就会大旱。

◑ 颙（《谟区查抄本》）

再往东四百里，有座令丘山，山上没有草木，常喷火焰。山的南边有一道峡谷，叫作中谷，东北风就是从这里吹出来的。山中有一种鸟，形状像猫头鹰，长着一副人脸，有四只眼睛，有耳朵，它的名字叫颙，它的叫声和它的名字一样，它一出现，天下就会大旱。

注释

①丹雘（huò）：红色的可作颜料的矿物。②鱄（zhuān）鱼：鱼名。③鲋（fù）：鲫鱼。④彘（zhì）：猪。⑤条风：也叫调风、融风，即春天的东北风。⑥颙（yú）：鸟名。

原文

又东三百七十里，曰仑者之山，其上多金、玉，其下多青雘。有木焉，其状如榖而赤理，其汁如漆，其味如饴[1]，食者不饥，可以释劳，其名曰白䓘[2]，可以血[3]玉。

又东五百八十里，曰禺槀之山，多怪兽，多大蛇。

又东五百八十里，曰南禺之山，其上多金、玉，其下多水。有穴焉，水出辄入，夏乃出，冬则闭。佐水出焉，而东南流注于海，有凤凰、鹓雏[4]。

译文

再往东三百七十里，有座仑者山，山上蕴藏有丰富的金属和玉石，山下盛产青雘。有一种树，形状像构树而有红色的纹理，树身流出的汁水像漆，它的味道像饴糖，吃了它，可以充饥，而且还可以解除疲劳，这种树名叫白䓘，可以用来染玉。

再往东五百八十里，有座禺槀山，山上有许多怪兽和大蛇。

再往东五百八十里，有座南禺山，山上有丰富的金矿、玉石，山下多水。有一个洞穴，春天水流进洞中，夏天流出来，到了冬天则自动停止。佐水发源于这座山，向东南流入大海，有凤凰和鹓雏。

◑凤凰（清·佚名《各样雀图册》）

注释

①饴（yí）：一种膏状的糖。②白蓉（gāo）：一种树。③血：染上血色。④鹓（yuān）雏：传说中凤凰一类的鸟。

原文

凡南次三经之首，自天虞之山以至南禺之山，凡一十四山，六千五百三十里。其神皆龙身而人面。其祠皆一白狗祈，糈用稌。

右[①]南经之山志[②]，大小凡四十山，万六千三百八十里。

译文

南方第三列山系，从天虞山开始直到南禺山，共有十四座，连绵六千五百三十里。居住在这些山里的神都是龙身人脸。人们供奉山神时，将一只白色的狗作为祭品，供奉山神的精米用糯米。

以上是《南山经》里记录的山，大大小小共四十座，绵延一万六千三百八十里。

注释

①右：古籍通常采用竖排格式，且从右至左排列，故这里的“右”相当于我们现在所说的“以上”“上述”等。②志：记载的文字。

西山经

本章主要介绍西方的七十多座名山，包括昆仑山、玉山等，对这些名山的描述充满了浪漫的神话色彩，同时也有关于西王母、黄帝等神话人物的传说，各种光怪陆离的景象令人神往。

西次一经

导读

《西次一经》记录了钱来山等山的地理位置和山川风貌，这些山可能分布于现在的陕西、甘肃一带，著名的华山就在这列山系中。经中还记载了许多有药用价值的植物，如能解毒消肿的木槿、能治疗恶疮的薰草等。当时的人们还用碱性的洗石来洗澡。这列山系中亦有野兽出没，如头上有四只角的玃如。此外，山中还栖息着鹦鹉、数斯等禽鸟，水中生活着鲜鱼。

原文

西山经华山之首，曰钱来之山，其上多松，其下多洗石[①]。有兽焉，其状如羊而马尾，名曰羬羊[②]，其脂可以已腊[③]。

西四十五里，曰松果之山，濩水[④]出焉，北流注于渭，其中多铜。有鸟焉，其名曰螐渠[⑤]，其状如山鸡，黑身赤足，可以已曝[⑥]。

译文

西方第一列山系是华山山系，它的第一座山是钱来山，山上长了很多松树，山下有很多洗石。山中有一种野兽，身形像羊，却长着马的尾巴，名叫羬羊，它的油脂可以治皮肤皴裂。

◑ 羬羊（法国·约瑟夫《中国动物画谱》）

往西四十五里，有座松果山。濩水就发源于这座山，之后向北流注入渭水，渭水沿岸铜储量丰富。山里有种鸟，名叫螐渠，它的身形就像一般的野鸡，有黑色的身体和红色的爪子，可以治疗皮肤皴裂。

◑ 野鸡（清·佚名《各样雀图册》）

◑ 野鸡（清·蒋廷锡《清宫鸟谱》）

注释

①洗石：含有碱的石头，洗澡时可用来搓去污垢。②羬（qián）羊：一种野生的大尾羊。③腊（xī）：皮肤干裂。④濩（huò）水：现名潼河，在今陕西境内，流经潼关，入黄河、渭河。⑤螐（tóng）渠：鸟名。⑥曝（báo）：指皮肤因受冻而裂开凸起。

原文

又西六十里，曰太华之山，削成而四方，其高五千仞[①]，其广十里，鸟兽莫居。有蛇焉，名曰肥遗，六足四翼，见则天下大旱。

又西八十里，曰小华之山，其木多荆、杞，其兽多㸲牛[②]，其阴多磬石[③]，其阳多㻬琈之玉。鸟多赤鷩[④]，可以御火。其草有萆荔[⑤]，状如乌韭，而生于石上，亦缘木而生，食之已心痛。

译文

再往西六十里，有座太华山，山崖非常陡峭，就像被刀削成的一样，呈四方形，山高五千仞，宽十里，飞鸟和野兽无法在这座山里栖身。山里有种蛇名叫肥遗，长着六只脚和四只翅膀，只要它一出现天下就会发生大旱灾。

◑ 肥遗（清·吴任臣《〈山海经〉广注》上色版）

再往西八十里，有座小华山，盛产牡荆和枸杞树，还有数量众多的㸲牛，这山的北面出产大量的磬石，山的南面出产大量的㻬琈玉。山里有很多红色的锦鸡，把它养在身边可以躲避火灾。山里还有种萆荔草，这草的形状像乌韭，生长在石头上面，也攀缘着树木生长，吃了它可以治愈心痛病。

注释

①仞（rèn）：长度单位。古时以八尺或七尺为一仞。②㸲（zuó）牛：一种体形硕大的牛。③磬（qìng）石：适合制磬的美石。④鷩（bì）：锦鸡的别名。⑤萆（bì）荔：传说中的一种香草。

原文

又西八十里，曰符禺之山，其阳多铜，其阴多铁。其上有木焉，名曰文茎，其实如枣，可以已聋。其草多条[①]，其状如葵，而赤花黄实，如婴儿舌，食之使人不惑。符禺之水出焉，而北流注于渭。其兽多葱聋，其状如羊而赤鬣。其鸟多鴖[②]，其状如翠而赤喙，可以御火。

又西六十里，曰石脆之山，其木多棕、楠，其草多条，其状如韭，而白华黑实，食之已疥[3]。其阳多㻬琈之玉，其阴多铜。灌水出焉，而北流注于禺水。其中有流赭[4]，以涂牛马无病。

译文

再往西八十里，有座符禺山，山的南边有丰富的铜矿，山的北边有丰富的铁。山上有一种树木叫文茎，它的果实很像枣子，可以用来医治耳聋。山上长的草以条草为主，条草形状像山葵，会开出红色的花，结出黄色的果实，果实像婴儿的舌头，人吃了它就不会感到困惑。符禺水就从这山发源，之后向北流入渭水。山里的野兽以葱聋居多，这种野兽长得像羊，长着红色的鬣毛。山里的鸟以䳕鸟居多，这鸟长得像翠鸟，有红色的嘴巴，把它养在身边可以防御火灾。

◑ 翠鸟（清·蒋廷锡《清宫鸟谱》）

◑ 葱聋（清·吴任臣《〈山海经〉广注》上色版）

◑ 葱聋（《谟区查抄本》）

再往西六十里，有座石脆山，山上有大量的棕树和楠木，还有很多条草，这些条草的样子与韭菜相似，开白花，结黑果，人吃了这种草可以医治疥疮。山的南边盛产㻬琈玉，山的北边铜储量丰富。灌水发源于这座山，之后向北流入禺水。水里有很多流赭，把它们涂在牛马身上，牛马就不会生病。

注释

①条：条草，植物名。②䳕（mín）：鸟类名。③疥：疥疮。④赭（zhě）：红土，成分是赤铁矿，古代用作黄棕色染料。

原文

又西七十里，曰英山。其上多杻、橿[①]，其阴多铁，其阳多赤金。禺水出焉，北流注于招水[②]，其中多鲑鱼[③]，其状如鳖，其音如羊。其阳多箭、䉋[④]，其兽多㸲牛、羬羊。有鸟焉，其状如鹑，黄身而赤喙，其名曰肥遗，食之已疠[⑤]，可以杀虫。

译文

再往西七十里有座英山，山上到处是杻树和橿树，山的北边出产很多铁，山的南边盛产黄金。禺水就从这山发源，之后向北流入招水，禺水里有很多鲑鱼，这鱼的形状像鳖一样，发出的声音如同羊的叫声。山的南边生长着很多低矮的箭竹和䉋竹，山里的野兽多是形体很大的㸲牛和羬羊。山中有种鸟，长得像鹌鹑，有黄色的身体和红色的嘴巴，它的名字叫肥遗，吃了它的肉可以治愈麻风病，还能杀死身体里的寄生虫。

◑ 鲑鱼（清·吴任臣《〈山海经〉广注》上色版）

注释

①杻：一种像棣树的树，能用来造弓。橿（jiāng）：一种木质坚硬的树，能用来造车。②招（sháo）水：古河名。③鲑（bàng）鱼：鱼名。④䉋（mèi）：一种竹节长、竹根深的竹子，可以用来制造弓箭。⑤疠（lì）：恶疮，麻风。

原文

又西五十二里，曰竹山，其上多乔木，其阴多铁。有草焉，其名曰黄雚[①]，其状如樗[②]，其叶如麻，白华而赤实，其状如赭，浴之已疥，又可以已胕[③]。竹水出焉，北流注于渭，其阳多竹箭，多苍玉。丹水出焉，东南流注于洛水，其中多水玉，多人鱼。有兽焉，其状如豚而白毛，毛大如笄[④]而黑端，名曰豪彘。

又西百二十里，曰浮山，多盼木，枳[⑤]叶而无伤[⑥]，木虫居之。有草焉，名曰薰草，麻叶而方茎，赤华而黑实，臭[⑦]如蘼芜[⑧]，佩之可以已疠。

译文

再往西五十二里，有座竹山，山上有很多高大的树木，山的北边盛产铁。山中有一种草，名叫黄雚，形状像臭椿树，叶子像麻叶，开白色的花朵，结红色的果实，果实外表的颜色像红土的颜色，用它洗浴就可治愈疥疮，也可以治愈浮肿。竹水发源于这座山，之后向北流入渭水，竹水北岸有很多低矮的小竹丛，还出产大量的青色玉石。丹水发源于这座山，之后向东南流入洛水，水中多出产水晶，还有很多人鱼。山中有一种野兽，形状像小猪，长着白色的毛，毛如簪子粗细且尖端呈黑色，名叫豪彘。

◑ 豪彘（清·吴任臣《〈山海经〉广注》上色版）

◑ 豪彘（法国·约瑟夫《中国动物画谱》）

再往西一百二十里，有座浮山，山上长了很多盼树，叶形似枳树的叶而没有刺，树干里寄生着很多小虫。山上有一种草，名叫薰草，叶子的形状像麻叶，草茎四四方方，开红花，结黑果。这种草散发出像蘼芜一样的气味，佩戴在身上可以治愈瘟疫。

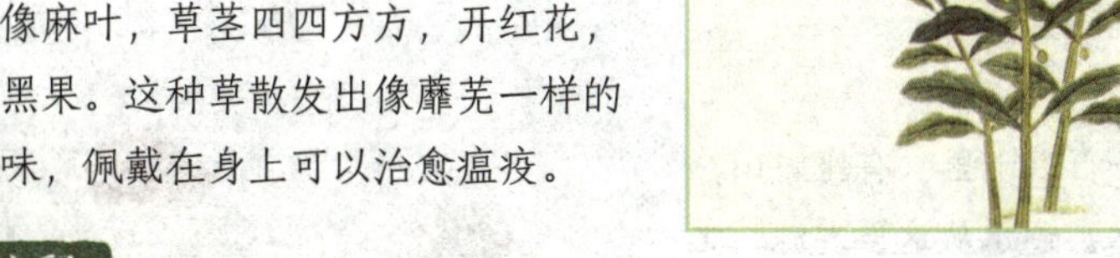

◑ 薰草（明·文俶《金石昆虫草木状》）

注释

①雚（guàn）：荻，一种像芦苇的植物，茎可以用来编苇席。②樗（chū）：臭椿树，一种落叶乔木。③胕（fú）：浮肿。④笄（jī）：簪子，古人用来束发或固定弁、冕。⑤枳（zhǐ）：也称枸橘、臭橘。落叶灌木或小乔木，小枝多硬刺，果实球形，味酸苦。⑥无伤：叶上无刺。⑦臭（xiù）：气味。⑧蘼芜（mí wú）：香草名。

原文

又西七十里，曰羭次之山[①]，漆水出焉，北流注于渭。其上多棫[②]、橿，其下多竹箭，其阴多赤铜，其阳多婴垣之玉[③]。有兽焉，其状如禺而长臂，善投，其名曰嚣[④]。有鸟焉，其状如枭，人面而一足，曰橐𩇯[⑤]，冬见夏蛰，服之不畏雷。

又西百五十里，曰时山，无草木。逐水出焉，北流注于渭，其中多水玉。

又西百七十里，曰南山，上多丹粟。丹水出焉，北流注于渭。兽多猛豹，鸟多尸鸠[⑥]。

译文

再往西七十里，有座羭次山，漆水就从这里发源，之后向北注入渭水。山里有众多棫树和橿树，山下有很多低矮的箭竹，山的北边多产赤铜，山的南边多产婴垣玉。山里有种野兽，形状像猕猴，长着长臂，擅长投掷，这种野兽的名字叫嚣。山里有种鸟，形状像猫头鹰，长着人一样的面孔，只有一只脚，它的名字叫橐𩇯。这鸟冬天出现，夏天蛰伏，佩戴它的羽毛就不怕打雷。

◑ 橐𩇯（明·蒋应镐《山海经》）

◑ 橐𩇯（清·吴任臣《〈山海经〉广注》上色版）

再往西一百五十里，有座时山，山上没有草木。逐水从这里发源，之后向北流入渭水，水中有很多水晶。

再往西一百七十里，有座南山，山上到处是粟米粒大小的丹砂。丹水发源于这座山，向北流入渭水。山中的野兽大多是猛豹，而禽鸟大多是布谷鸟。

◑ 丹砂（明·文俶《金石昆虫草木状》）

◑ 尸鸠（清·蒋廷锡《清宫鸟谱》）

◑ 猛豹（法国·约瑟夫《中国动物画谱》）

注释

①羭（yú）次之山：羭次山，山名。②棫（yù）：一种低矮有刺的小树。③婴垣（yuán）之玉：一种玉石。④嚣（xiāo）：兽名，猴属。⑤橐𩇯（tuó féi）：传说中的一种鸟。⑥尸鸠：布谷鸟。

原文

又西百八十里，曰大时之山，上多榖柞[①]，下多杻、橿，阴多银，阳多白玉。涔水[②]出焉，北流注于渭，清水出焉，南流注于汉水。

译文

再往西一百八十里，有座大时山。山上多是构树和柞树，山下多是杻树和橿树，山的北边蕴藏着丰富的银矿，山的南边蕴藏着丰富的白色玉石。涔水就从这座山发源，之后朝北流入渭水。清水也发源于这座山，之后向南流入汉水。

◑ 柞树（明·文俶《金石昆虫草木状》）

注释

①柞（zuò）：柞树。②涔（cén）水：水名。

原文

又西三百二十里，曰嶓冢[①]之山。汉水出焉，而东南流注于沔[②]；嚣水出焉，北流注于汤水。其上多桃枝[③]、钩端[④]，兽多犀、兕、熊、罴[⑤]，鸟多白翰[⑥]、赤鷩。有草焉，其叶如蕙，其本[⑦]如桔梗[⑧]，黑华而不实，名曰蓇蓉[⑨]，食之使人无子。

又西三百五十里，曰天帝之山。上多棕、枏[⑩]，下多菅、蕙。有兽焉，其状如狗，名曰谿边[⑪]，席其皮者不蛊。有鸟焉，其状如鹑，黑文而赤翁[⑫]，名曰栎[⑬]，食之已痔。有草焉，其状如葵，其臭如蘼芜，名曰杜衡，可以走马[⑭]，食之已瘿[⑮]。

译文

再往西三百二十里，有座嶓冢山，汉水发源于这座山，之后向东南流入沔水；嚣水也发源于这座山，之后向北流入汤水。山上生长的树种主要是桃枝竹和钩端竹，野兽多是犀、兕、熊、罴之类，鸟多是白雉和红色锦鸡。山上还生长着一种草，叶像蕙草，茎干像桔梗，开黑色的花，不结果实，这种草名叫蓇蓉，人吃了它就会丧失生育能力。

再往西三百五十里，有座天帝山，山上有很多棕树和楠树，山下多是菅草和蕙草。山上有一种野兽，身形像狗，名叫谿边，如果将这种野兽的皮制成垫席铺在身下，可以不染蛊毒。山上有一种鸟，形状像鹌鹑，羽毛上有黑色的花纹，颈上的毛是红色的，这种鸟叫栎，若吃了这种鸟的肉，可以治疗痔疮。山上有一种草，形状像山葵，散发出和蘼芜一样的香气，这种草叫杜衡，用这种草制成饲料喂给马吃，可以使马跑得飞快，人吃了这种草可以治好颈部的肿瘤。

◑ 栎鸟（《谟区查抄本》）

注释

①嶓冢（bō zhǒng）：山名。②沔（miǎn）：水名，沔水。③桃枝：竹名，现名矮竹，棕紫色，每个节上生有很多小枝。④钩端：竹名，现名刺竹，主枝茎及各节上有刺。⑤罴（pí）：棕熊。⑥白翰：鸟名，白雉。⑦本：草木的茎或根。⑧桔梗（jié gěng）：多年生草本植物，叶子呈卵形或卵状披针形。⑨蓇（gū）蓉：草名。⑩棕、枏：棕树、楠树。⑪谿（xī）边：兽名。⑫翁：鸟脖子上的毛。⑬栎（lì）：鸟名。⑭走马：使马跑得快。⑮瘿（yǐng）：长在颈上的大瘤子。

原文

西南三百八十里，曰皋涂之山，蔷水[①]出焉，西流注于诸资之水；涂水出焉，南流注于集获之水。其阳多丹粟，其阴多银、黄金，其上多桂木。有白石焉，其名曰礜[②]，可以毒鼠。有草焉，其状如槀茇[③]，其叶如葵而赤背，名曰无条，可以毒鼠。有兽焉，其状如鹿而白尾，马足人手而四角，名曰玃如[④]。有鸟焉，其状如鸮而人足，名曰数斯，食之已瘿。

译文

往西南三百八十里，有座皋涂山，蔷水发源于这座山，之后向西流入诸资水；涂水也发源于这座山，之后向南流入集获水。山南面有很多粟米粒大小的丹砂，山北面盛产银、黄金，山上多是桂树。山中有种白色的石头，名称是礜，可以毒死老鼠。山中有一种草，形状像槀茇，叶子像葵菜的叶子，背面呈红色，名叫无条，可以毒死老鼠。山中还有一种野兽，形状像鹿，长着白色的尾巴，马一样的蹄子，人一样的手，四只角，名叫玃如。山中还有一种鸟，形状像鸮鹰，长着人一样的脚，名叫数斯，吃了它的肉能治愈人脖子上的肿瘤。

◑ 玃如（清·吴任臣《〈山海经〉广注》上色版）

◑ 玃如（清·吴任臣《〈山海经〉广注》）

注释

①蔷（sè）水：古水名。②礜（yù）：矿物，是制砷和亚砷酸的原料，煅成末，可用来毒老鼠。③槀茇（gǎo bá）：一种根茎可以入药的香草。④玃（jué）如：传说中的兽名。

◑ 数斯（《谟区查抄本》）

◑ 数斯（清·吴任臣《〈山海经〉广注》上色版）

原文

又西百八十里，曰黄山，无草木，多竹箭。盼水出焉，西流注于赤水，其中多玉。有兽焉，其状如牛，而苍黑大目，其名曰𤛎[①]。有鸟焉，其状如鸮[②]，青羽赤喙，人舌能言，名曰鹦䳇[③]。

译文

再往西一百八十里，有座黄山，山上没有草木，到处是低矮的箭竹。盼水就从这座山发源，之后向西注入赤水，水中有大量玉石。山里有种野兽，长得像牛，有青黑色的皮毛，眼睛很大，名字叫𤛎。山里有种鸟，长得像猫头鹰，有青色的羽毛和红色的嘴，它的舌头和人的一样，能学人说话，名字叫鹦鹉。

◑ 鹦鹉（清·佚名《各样雀图册》）

◑ 鹦鹉（《谟区查抄本》）

注释

①犛（mǐn）：一种似牛的野兽。②鸮（xiāo）：猫头鹰一类的猛禽。③鸚䳇：鹦鹉的另一种写法。

原文

又西二百里，曰翠山，其上多椶、枏，其下多竹箭，其阳多黄金、玉，其阴多旄牛[①]、麢[②]、麝[③]。其鸟多鸓[④]，其状如鹊，赤黑而两首，四足，可以御火。

译文

再往西二百里，有座翠山，山上有很多棕树和楠树，山下有很多低矮的箭竹。山的南边有丰富的黄金和玉石，山的北边有很多牦牛、羚羊和香獐。山上的鸟主要是鸓鸟，形似喜鹊，羽毛颜色有红有黑，长着两个头、四只脚，这种鸟可以用来预防火灾。

◑ 鸓（《诶区查抄本》）

◑ 鸓（清·佚名《各样雀图册》）

注释

①旄（máo）牛：牦牛。②麢（líng）：羚羊，哺乳动物，外形像山羊，四肢细长，动作敏捷。③麝（shè）：兽名，又名香獐。外形像鹿而小，腹部有香腺，能发出香气。④鸓（lěi）：传说中的一种鸟。

◑ 鸓（清·吴任臣《〈山海经〉广注》上色版）

原文

又西二百五十里，曰騩山[1]，是錞[2]于西海，无草木，多玉。淒水出焉，西流注于海，其中多采石[3]、黄金，多丹粟。

凡西经之首，自钱来之山至于騩山，凡十九山，二千九百五十七里。华山，冢[4]也，其祠之礼：太牢[5]。羭山，神也，祠之用烛，斋百日以百牺[6]，瘗用百瑜，汤[7]其酒百樽，婴[8]以百珪[9]百璧。其余十七山之属，皆毛牷[10]用一羊祠之。烛者，百草之未灰，白席采[11]等纯[12]之。

译文

再往西二百五十里，有座騩山，它靠近西海，山上没有草木，却有很多玉石。淒水就从这座山发源，之后向西注入大海，水中有大量彩色的石头和黄金，还有很多粟米粒大小的丹砂。

西方第一列山系，自钱来山起到騩山，一共十九座山，绵延二千九百五十七里。华山神是诸山神的宗主，祭祀华山山神要行太牢礼。羭山神是华山神的臣属，祭祀羭山山神用烛火，斋戒一百天后用一百只纯色的牲畜，与一百块美玉一起埋入地下，再烫上一百樽美酒，酒杯上要系一百块珪玉和一百块璧玉。其余十七座山祭祀的礼仪都是用一只完整纯色的羊祭祀山神。照明是用百草结成的火把，火把未燃尽时叫烛。铺在地上的席是白色的，并用五种颜色镶了边。

注释

①騩（guī）山：山名。在青海东部。②錞（chún）：依附，靠近。③采石：彩色的石头。④冢（zhǒng）：大。这里当指大的山神。⑤太牢：古代祭祀时用作祭品的牛、羊、猪三牲齐备。⑥牺：古代供祭祀用的纯色的牲畜。⑦汤：温之使热。⑧婴：系。⑨珪（guī）：同“圭”，古代祭祀时用的条状玉器，上尖下方。⑩毛牷（quán）：带毛的纯色的祭牲。⑪采：有彩色花纹的丝织物。⑫纯（zhǔn）：镶边。

西次二经

导读

《西次二经》记载了钤山等山的地理位置和山川风貌。这些山可能分布于现在的山西、陕西、宁夏、甘肃、青海一带。这列山系中有五彩鸾鸟，还有一种在远古时代就非常珍贵的兽类——朱厌。山中的野兽有虎、豹、羚羊、鹿等。

原文

西次二经之首，曰钤山[1]，其上多铜，其下多玉，其木多杻、橿。

西二百里，曰泰冒之山，其阳多金，其阴多铁。浴水出焉，东流注于河[2]，其中多藻玉[3]，多白蛇。

又西一百七十里，曰数历之山，其上多黄金，其下多银。其木多杻、橿，其鸟多鹦䳇。楚水出焉，而南流注于渭，其中多白珠。

又西百五十里，曰高山，其上多银，其下多青碧[4]、雄黄[5]。其木多棕，其草多竹[6]。泾水出焉，而东流注于渭，其中多磬石、青碧。

西南三百里，曰女床之山，其阳多赤铜，其阴多石涅[7]。其兽多虎、豹、犀、兕。有鸟焉，其状如翟[8]而五采文，名曰鸾鸟[9]，见则天下安宁。

◑ 虎豹（《谟区查抄本》）

◑ 鸾鸟（《谟区查抄本》）

译文

西方第二列山系的第一座山是钤山，山上有丰富的铜，山下有很多玉石，树木多是杻树和橿树。

向西二百里，有座泰冒山，山南有丰富的金矿，山北有丰富的铁矿。浴水发源于这座山，之后向东流入黄河，水中有很多藻玉，也有很多白蛇。

再往西一百七十里，有座数历山，山上有丰富的黄金，山下有丰富的银，山上的树多是杻树和橿树，鸟类多是鹦鹉。楚水就从这座山发源，之后向南流入渭水，水中有很多白色的珍珠。

再往西一百五十里，有座高山，山上有丰富的白银，山下有很多青玉和雄黄。树多是棕树，草多是蒿竹。泾水就从这座山发源，之后向东流入渭水，水中有很多磬石和青玉。

往西南三百里，有座女床山，山南有很多赤铜，山北有很多石墨，山中的野兽多为虎、豹、犀牛和兕。山中有一种鸟，长得像长尾的野鸡，有五彩的斑纹，名叫鸾鸟，它一出现，天下就会太平安宁。

注释

①钤（qián）山：山名。②河：指黄河。本书中的“河”多指黄河。③藻玉：有彩纹的玉。④青碧：青绿色的玉石。⑤雄黄：矿物，有光泽，也叫鸡冠石。⑥竹：这里指萹（biān）竹，一年生草本植物，叶狭长似竹。⑦石涅：石墨，铁黑色，古时用作黑色染料。⑧翟（dí）：长尾的野鸡。⑨鸾鸟：传说中凤凰一类的鸟。

原文

又西二百里，曰龙首之山，其阳多黄金，其阴多铁。苕水[1]出焉，东南流注于泾水，其中多美玉。

又西二百里，曰鹿台之山，其上多白玉，其下多银，其兽多㸲牛、羬羊、白豪[2]。有鸟焉，其状如雄鸡而人面，名曰凫徯[3]，其鸣自叫也，见则有兵。

◑凫徯（清·吴任臣《〈山海经〉广注》上色版）

◑凫徯（《谟区查抄本》）

译文

再往西二百里，有座龙首山，山南蕴藏着很多黄金，山北有丰富的铁矿。苕水发源于这座山，之后向东南流入泾水，水中有很多美玉。

再往西二百里，有座鹿台山，山上白玉蕴藏丰富，山下银储量丰富，山里的野兽以㸲牛、羬羊和白豪为多。山里有种鸟，长得像雄鸡，却有人一样的面孔，名字叫凫徯，它的叫声就是自己的名字，它如果出现，就会有战争发生。

注释

①苕（tiáo）水：水名。②白豪：白色的豪猪。③凫徯（xī）：传说中的鸟名。

原文

西南二百里，曰鸟危之山，其阳多磬石，其阴多檀、楮[①]，其中多女床[②]。鸟危之水出焉，西流注于赤水，其中多丹粟。

又西四百里，曰小次之山，其上多白玉，其下多赤铜。有兽焉，其状如猿，而白首赤足，名曰朱厌，见则大兵。

又西三百里，曰大次之山，其阳多垩[③]，其阴多碧，其兽多牸牛、麢羊。

译文

往西南二百里，有座鸟危山，山南蕴藏着丰富的磬石，山北有很多檀树和构树，山中有很多女肠草。鸟危水从这座山发源，之后向西流入赤水，水中有许多粟米粒般大小的丹砂。

再往西四百里，有座小次山，山上有很多白玉，山下蕴藏着丰富的赤铜。山中有一种野兽，身形像猿猴，白头红脚，名叫朱厌。这种野兽一出现，天下就会发生大的战争。

再往西三百里，有座大次山，山的南边有很多垩土，山的北边有很多青绿色的玉石，山中的野兽以牸牛和羚羊为多。

◑ 朱厌（清·余省、张为邦《清宫兽谱》）

◑ 麢羊（清·吴任臣《〈山海经〉广注》上色版）

注释

①楮（chǔ）：构树，落叶乔木，树皮可以造纸。②女床：女肠草。③垩（è）：可用来涂饰的有色土。

原文

又西四百里，曰薰吴之山，无草木，多金、玉。

又西四百里，曰底阳[1]之山，其木多稷、枏、豫章[2]，其兽多犀、兕、虎、犳[3]、牸牛。

又西二百五十里，曰众兽之山，其上多㻬琈之玉，其下多檀、楮，多黄金，其兽多犀、兕。

又西五百里，曰皇人之山，其上多金、玉，其下多青、雄黄。皇水出焉，西流注于赤水，其中多丹粟。

译文

再往西四百里，有座薰吴山，山中不长草木，有很多金属、玉石。

再往西四百里，有座底阳山，山里的树木以稷树、楠树、樟树为多，山里的野兽以犀牛、兕、虎、犳、牸牛居多。

◑兕（清·余省、张为邦《清宫兽谱》）

◑犳（清·余省、张为邦《清宫兽谱》）

再往西二百五十里，有座众兽山，山上到处是㻬琈玉，山下遍布着檀树和构树，盛产黄金，山里的野兽以犀牛、兕居多。

再往西五百里，有座皇人山，山上有大量的金属和玉石，山下石青和雄黄的储量丰富。皇水发源于这座山，之后向西流入赤水。皇水中有很多粟米粒大小的丹砂。

注释

①底（zhǐ）阳：古代山名。②稷（jì）：一种形似松树，纹理很细的树。豫章：樟树。③犳（zhuó）：一种类似于豹子的野兽。

原文

又西三百里，曰中皇之山，其上多黄金，其下多蕙、棠[①]。

又西三百五十里，曰西皇之山，其阳多金，其阴多铁，其兽多麋、鹿、牿牛。

又西三百五十里，曰莱山，其木多檀、楮，其鸟多罗罗，是食人。

凡西次二经之首，自钤山至于莱山，凡十七山，四千一百四十里。其十神者，皆人面而马身。其七神皆人面牛身，四足而一臂，操杖以行，是为飞兽之神。其祠之，毛用少牢[②]，白菅为席。其十辈神者，其祠之，毛一雄鸡，钤而不糈，毛采。

译文

再往西三百里，有座中皇山。山上有很多黄金，山下长着很多蕙草和棠梨树。

再往西三百五十里，有座西皇山。山的南边黄金储量丰富，山的北边铁矿储量丰富，山里的野兽以麋、鹿、牿牛居多。

再往西三百五十里，有座莱山。山上生长的树主要是檀树和构树，山上还有很多罗罗鸟，这种鸟还会吃人。

◑ 麋（清·余省、张为邦《清宫兽谱》）

西方第二列山系，从钤山起到莱山，共十七座，绵延四千一百四十里。其中有十座山的山神都长着人的面孔和马的身形。另外七座山的山神，都长着人的面孔和牛的身形，有四只脚和一条臂膀，拄着拐杖行走，这就是所谓的“飞兽之神”。祭祀这七位山神时，供品用羊和猪，摆设供品用的垫席用白茅草制成。祭祀另外十位山神时，只用一只公鸡，祷告时也不用精米，公鸡的毛要杂色的。

◑ 鹿（清·余省、张为邦《清宫兽谱》）

注释

①棠：棠梨树。②少牢：古代祭祀时用的羊和猪。

西次三经

导读

《西次三经》记载了崇吾山等山的地理位置和山川风貌。这列山系可能分布于现在的新疆、甘肃、青海、内蒙古一带。这列山中有蛮蛮、人面虎身的九尾兽陆吴等奇珍异兽。经中还介绍了西王母，以及黄帝杀死锺山山神的儿子鼓的故事，这些神话展现了古人丰富的想象力。

原文

西次三经之首，曰崇吾之山，在河之南，北望冢遂，南望䍃之泽[1]，西望帝之搏兽之丘，东望蠕渊[2]。有木焉，员叶而白柎[3]，赤华而黑理，其实如枳，食之宜子孙。有兽焉，其状如禺而文臂，豹虎而善投，名曰举父。有鸟焉，其状如凫，而一翼一目，相得乃飞，名曰蛮蛮，见则天下大水。

西北三百里，曰长沙之山，泚水[4]出焉，北流注于泑水[5]，无草木，多青、雄黄。

又西北三百七十里，曰不周之山，北望诸𣻆之山，临彼岳崇之山，东望泑泽，河水所潜也，其原浑浑泡泡[6]。爰[7]有嘉果，其实如桃，其叶如枣，黄华而赤柎，食之不劳。

译文

西方第三列山系的第一座山叫崇吾山，矗立在黄河南岸，向北可以看见冢遂山，向南可以看见䍃泽，向西可以看见天帝的搏兽丘，向东则可以看见蠕渊。山上有一种树，叶子是圆的，花萼是白色的，花朵是红色的且有黑色的纹理，结的果实就像枳，人吃了它，有利于繁衍子孙。山上有一种野兽，身形似猕猴，臂膀上有斑纹，尾巴似豹尾，擅长投掷东西，名叫举父。山上有一种鸟，形似野鸭子，但只有一只翅膀和一只眼睛，必须两只鸟合起来才能飞翔，这种鸟叫蛮蛮，只要它出现，天下就会有水灾。

◑ 枳（明·文俶《金石昆虫草木状》）

往西北三百里，有座长沙山。泚水从这座山发源，之后向北注入泑水。山上没有任何草木，有很多石青和雄黄。

再往西北三百七十里，有座不周山，山的北面可以看见诸𣻆山，紧临岳崇山，向东可以看见泑泽，是河水潜入地下的地方，源头之水喷薄而出，发出咕噜咕噜的声音。这里有种非常珍稀的果树，结出来的果实和桃子很像，叶子像枣树的叶子，开黄色的花，花萼是红色的，吃了它人就会不疲劳。

◑ 举父（清·吴任臣《〈山海经〉广注》上色版）

◑ 举父（清·余省、张为邦《清宫兽谱》）

◑ 蛮蛮（清·吴任臣《〈山海经〉广注》上色版）

◑ 蛮蛮（清·吴任臣《〈山海经〉广注》）

注释

①嵤（yáo）之泽：湖泊名。②蠕（yān）渊：渊薮名。③员：同“圆”。柎（fū）：花萼，花托。④泚（cǐ）水：古水名。⑤泑（yōu）水：古水名。⑥浑浑（gǔn gǔn）：水流奔涌的样子。泡泡（páo páo）：水喷涌之声。⑦爰（yuán）：代词。这里，那里。

◑ 雄黄（明·文俶《金石昆虫草木状》）

原文

又西北四百二十里，曰峚山[①]，其上多丹木，员叶而赤茎，黄华而赤实，其味如饴，食之不饥。丹水出焉，西流注于稷泽，其中多白玉。是有玉膏。其原沸沸汤汤[②]，黄帝是食是飨[③]。是生玄玉。玉膏所出，以灌丹木，丹木五岁，五色乃清，五味乃馨。黄帝乃取峚山之玉荣，而投之锺山之阳。瑾瑜之玉为良，坚粟[④]精密，浊泽有而光。五色发作，以和柔刚。天地鬼神，是食是飨；君子服之，以御不祥。自峚山至于锺山，四百六十里，其间尽泽也。是多奇鸟、怪兽、奇鱼，皆异物焉。

译文

再往西北四百二十里，有座峚山，山上到处是丹木，红红的茎干上长着圆圆的叶子，开黄色的花朵，结红色的果实，味道像饴糖，人吃了它就不会感觉饥饿。丹水从这座山发源，之后向西流入稷泽，水中有很多白色的玉石。这里有玉膏。玉膏涌出时一片沸腾景象，黄帝服食这种玉膏并作为祭品。玉膏还生成黑色的玉石。用这些涌出的玉膏去浇灌丹木，丹木再经过五年的生长，便会开出鲜明秀美的五色花朵，结出香气远扬的五味果实。黄帝于是就采撷峚山中玉石的精华，投种在锺山的南面。后来便生出瑾和瑜这类美玉，坚硬而精密，温润而富有光泽。玉上散发出的五彩色光交相辉映，有刚有柔，非常和美。天地鬼神都喜欢服食享用这种祭品；君子佩戴它，能抵御妖邪不祥之气的侵袭。从峚山到锺山，长达四百六十里，其间全部是沼泽。沼泽里生长着许多奇怪的禽鸟、怪异的野兽和神奇的鱼类，都是世间罕见的。

注释

①峚（mì）山：山名。②沸沸（fèi fèi）：泉水涌出的样子。汤汤（shāng shāng）：水势浩大的样子。③飨（xiǎng）：奉献祭品。④粟：硬。

原文

又西北四百二十里，曰锺山，其子曰鼓，其状如人面而龙身，是与钦䲹[①]杀葆江于昆仑之阳，帝乃戮之锺山之东曰䍃崖[②]。钦䲹化为大鹗[③]，其状如雕而黑文白首，赤喙而虎爪，其音如晨鹄[④]，见则有大兵；鼓亦化为鵕[⑤]鸟，其状如鸱，赤足而直喙[⑥]，黄文而白首，其音如鹄，见即其邑大旱。

译文

再往西北四百二十里，有座锺山。锺山山神的儿子叫鼓，鼓有一张人的脸，长着龙的身体，他曾和钦䲹，在昆仑山南面杀死天神葆江。天帝知道后，就将鼓与钦䲹杀死在锺山东边的嶢崖。钦䲹化为一只大鹗，样子像雕，有黑色的斑纹和白色的脑袋，红色的嘴巴和老虎一般的爪子，发出的叫声像晨鹄的鸣叫，它一出现就会有大的战争。鼓也变化为鵕鸟，这鸟的形状像鹞鹰，有红色的脚和直直的喙，身上有黄色的斑纹，脑袋是白色的，它的叫声和天鹅的叫声差不多，它出现的地方会发生旱灾。

◑ 鼓（清·吴任臣《〈山海经〉广注》上色版）

注释

①钦䲹（pí）：古代神话中的神名。②嶢（yáo）崖：地名。③鹗（è）：鱼鹰。④晨鹄（hú）：鹞鹰一类的鸟。⑤鵕（jùn）：神话中的鸟名。⑥喙：鸟兽的嘴。

原文

又西百八十里，曰泰器之山，观水出焉，西流注于流沙[①]。是多文鳐鱼，状如鲤鱼，鱼身而鸟翼，苍文而白首赤喙，常行西海，游于东海，以夜飞。其音如鸾鸡，其味酸甘，食之已狂，见则天下大穰[②]。

译文

再往西一百八十里，有座泰器山。观水发源于这座山，之后向西注入流沙。水中有很多文鳐鱼，这种鱼形似鲤鱼，身形是鱼，但长着一对鸟的翅膀，身上有青色的花纹，头是白色的，嘴是红色的，常常从西海游向东海，在夜里飞行。这种鸟的鸣叫声如鸾鸡一样，味道酸中带甜，吃了可以医治疯癫病，这种鱼出现了就预示着天下将要丰收。

◑ 文鳐鱼（清·吴任臣《〈山海经〉广注》上色版）

注释

①流沙：沙漠中随风移动的沙丘。②穰（ráng）：庄稼丰收。

原文

又西三百二十里，曰槐江之山，丘时之水出焉，而北流注于泑水。其中多蠃母[①]，其上多青、雄黄，多藏琅玕[②]、黄金、玉，其阳多丹粟，其阴多采黄金、银。实惟帝之平圃，神英招司之，其状马身而人面，虎文而鸟翼，徇于四海，其音如榴[③]。南望昆仑，其光熊熊，其气魂魂[④]。西望大泽，后稷所潜[⑤]也。其中多玉，其阴多榣木[⑥]之有若。北望诸毗，槐鬼离仑[⑦]居之，鹰、鹯[⑧]之所宅也。东望恒山四成，有穷鬼居之，各在一搏[⑨]。爰有瑶水[⑩]，其清洛洛。有天神焉，其状如牛，而八足二首马尾，其音如勃皇，见则其邑有兵。

◑ 英招（清·吴任臣《〈山海经〉广注》上色版）

◑ 英招（《谟区查抄本》）

译文

再往西三百二十里，有座槐江山。丘时水发源于这座山，之后向北流入泑水。水中有很多螺母，山上有很多石青和雄黄，还有很多琅玕、黄金和玉石，这座山的南边有很多粟米粒大小的丹砂，北边有很多带纹彩的黄金和银。这里是天帝的园圃，由名叫英招的神看管，英招身形似马，长着人的面孔，周身有老虎一样的斑纹，还有一对鸟的翅膀，他巡行四海，叫声如同抽水声。从这座山向南看，可以看见昆仑山，那里火光熊熊，气象万千。从这座山向西看，可以看见巨大的沼泽，那里是后稷的埋葬之所。大泽里面有很多玉石，它的北边生长着茂盛的榣木，在榣木上面又长出奇异而灵验的若木。从这座山向北看，可以看见诸毗山，那是名叫槐鬼离仑的神居住的地方，鹰、鹯等猛禽也在那里居住。从这座山向东看，可以看见恒山，它高有四重，有穷鬼居住在这里，各自分类聚集在一起。槐江山上还有一个湖，名叫瑶池，湖水清澈荡漾。有天神守护在这里，他身形似牛，长着八只脚、两个脑袋和一条马尾巴，叫声像人吹奏管乐器时乐器的薄膜发出来的声音，这个神出现的地方就会有战争发生。

注释

①蠃母：螺蛳一类。②琅玕（láng gān）：玉石。③榴：同“抽”，引出，提取。④魂魂：盛大的样子。⑤潜：这里指埋葬。⑥榣木：大木。⑦槐鬼离仑：传说中的神名。⑧鹯（zhān）：鸟名，与鹞相似，青黄色。⑨抟（tuán）：集聚。⑩瑶（yáo）水：瑶池，神话传说中神仙居住的地方。

原文

西南四百里，曰昆仑之丘，实惟帝之下都，神陆吾司之。其神状虎身而九尾，人面而虎爪。是神也，司天之九部及帝之囿[1]时。有兽焉，其状如羊而四角，名曰土蝼，是食人。有鸟焉，其状如蜂，大如鸳鸯，名曰钦原，蠚[2]鸟兽则死，蠚木则枯。有鸟焉，其名曰鹑鸟，是司帝之百服。有木焉，其状如棠，黄华赤实，其味如李而无核，名曰沙棠，可以御水，食之使人不溺。有草焉，名曰薲草[3]，其状如葵，其味如葱，食之已劳。河水出焉，而南流东注于无达。赤水出焉，而东南流注于氾天[4]之水。洋水出焉，而西南流注于丑涂之水。黑水出焉，而西流于大杅[5]，是多怪鸟兽。

译文

往西南四百里，有座昆仑山，这座山其实是天帝在下界的都城，由天神陆吾掌管。陆吾长得像老虎，有九条尾巴，长着人的面孔和虎爪。他主管天上九域的领地和昆仑山苑圃的时节。

◑陆吾（《谟区查抄本》）

◑陆吾（清·吴任臣《〈山海经〉广注》）

山里有种野兽，样子像羊，却长着四只角，名字叫土蝼，能吃人。山中有种鸟，形似蜜蜂，大小与鸳鸯差不多，名字叫钦原，鸟兽如果被这种鸟蜇过都会死，树木被这种鸟蜇过也会枯死。还有一种鸟，叫鹑鸟，它主管天帝生活中的各种器物和服饰。

山里还有一种树木，形状像棠梨树，开黄色的花，结红色的果实，果子的味道像李子但是没有果核，名叫沙棠，人可以用它防水，吃了它就能在水中漂浮不沉。山里有种草，名字叫蘋草，它的形状很像葵菜，味道像葱，人吃了它就能解除疲劳。黄河从这座山发源，之后向南流继而向东注入无达山边的湖泊里。赤水也发源于这座山，之后向东南流入氾天水。洋水也发源于这座山，之后向西南流入丑涂水。黑水也发源于这座山，之后向西流入大杅山旁的湖泊。这座山中有许多奇怪的鸟兽。

◑土蝼（清·吴任臣《〈山海经〉广注》上色版）

◑土蝼（清·吴任臣《〈山海经〉广注》）

◑土蝼（法国·约瑟夫《中国动物画谱》）

◑土蝼（清·余省、张为邦《清宫兽谱》）

注释

①囿（yòu）：帝王用来畜养禽兽的园林。②蠚（hē）：毒虫咬刺，蜇痛。③蘋（pín）草：一名赖草，为牲畜的良好饲料。④氾（fàn）天之水：水名。⑤大杅（yú）：山名。

原文

又西三百七十里，曰乐游之山，桃水出焉，西流注于稷泽，是多白玉。其中多鳛鱼①，其状如蛇而四足，是食鱼。

西水行四百里，曰流沙，二百里至于蠃母之山。神长乘司之，是天之九德也。其神状如人而豹尾。其上多玉，其下多青石而无水。

又西三百五十里，曰玉山，是西王母所居也。西王母其状如人，豹尾虎齿而善啸，蓬发戴胜②，是司天之厉③及五残④。有兽焉，其状如犬而豹文，其角如牛，其名曰狡⑤，其音如吠犬，见则其国大穰。有鸟焉，其状如翟而赤，名曰胜遇⑥，是食鱼，其音如录，见则其国大水。

译文

再往西三百七十里，有座乐游山。桃水就从这山发源，向西注入稷泽，这里遍布着白色的玉石，水中有大量的鳛鱼，样子像蛇却有四只脚，以鱼类为食。

往西行四百里水路，到达流沙，再走二百里就到了蠃母山，天神长乘主管这里，他是天的九德之气所生。这个天神的形貌像人却长着豹的尾巴。山上有很多玉石，山下有很多青石，没有水。

再往西三百五十里，有座玉山，是西王母居住的地方。西王母长得和人差不多，却有豹子一样的尾巴和老虎一样的牙齿，善于长啸，蓬松的头发上戴着玉胜，她主管天下的灾祸、五刑残杀等。山中有一种野兽，形状像狗，长着豹子的斑纹，头长一对牛角，名叫狡，发出的声音如同狗叫，它所出现的国家会五谷丰登。山中还有一种鸟，形似野鸡，通身红色，名叫胜遇，吃鱼类，发出的声音如同鹿在鸣叫，它所出现的国家会有水灾发生。

◑ 狡（清·余省、张为邦《清宫兽谱》）

注释

①鳛（huá）鱼：传说中的鱼名。②胜：古时妇女的一种首饰。③厉：灾疫。④五残：五刑残杀之事。⑤狡（jiǎo）：传说中的一种兽。⑥胜遇：古代传说中的鸟名。

原文

又西四百八十里，曰轩辕之丘，无草木。洵水出焉，南流注于黑水，其中多丹粟，多青、雄黄。

又西三百里，曰积石之山，其下有石门，河水冒以西南流。是山也，万物无不有焉。

又西二百里，曰长留之山，其神白帝少昊[①]居之。其兽皆文尾，其鸟皆文首。是多文玉石。实惟员神磈氏[②]之宫。是神也，主司反景[③]。

又西二百八十里，曰章我[④]之山，无草木，多瑶、碧[⑤]。所为甚怪[⑥]。有兽焉，其状如赤豹，五尾一角，其音如击石，其名曰狰[⑦]。有鸟焉，其状如鹤，一足，赤文青质而白喙，名曰毕方，其鸣自叫也，见则其邑有讹火[⑧]。

◑ 狰（清·吴任臣《〈山海经〉广注》上色版）

◑ 狰（《谟区查抄本》）

译文

再往西四百八十里，有座轩辕丘，这座小山不长草木。洵水就发源于这里，然后向南流入黑水，水中有很多粟米粒大小的丹砂，还有很多石青和雄黄。

再往西三百里，有座积石山，山下有个石门，河水从这个石门里漫出来，向西南方流去。世间万物在积石山上一应俱全。

再向西二百里，有座长留山，山神白帝少昊住在这座山上。山上的兽类都长着花尾巴，鸟类头上都有花纹。这里还有很多带有花纹的玉石。这座山实际上就是员神磈氏的行宫。这个神主管日落时夕阳返照。

再向西二百八十里，有座章莪山，山中不长草木，有很多美玉和青绿色的玉石。山上的东西显得很怪异。山中有一种野兽，形状像红色的豹，长着五条尾巴和一只角，叫声像敲击石头，它的名字叫狰。山中有一种鸟，形状像鹤，只有一只脚，青色的羽毛上有红色的斑纹，长着白色的嘴，名叫毕方，它的叫声就是它的名字，它出现的地方会出现怪火。

◑ 毕方（《谟区查抄本》）

◑ 毕方（清·吴任臣《〈山海经〉广注》）

注释

①少昊（hào）：五帝之一的白帝，即少昊金天氏。②魂（wěi）氏：古代传说中的神名。③反景（yǐng）：夕阳返照。景：同“影”。④章莪（é）：山名。⑤瑶、碧：美玉和青绿色的玉石。⑥所为甚怪：指山上的东西显得很怪异。⑦狰（zhēng）：传说中的一种怪兽。⑧讹火：怪火。

原文

又西三百里，曰阴山。浊浴之水出焉，而南流注于蕃泽，其中多文贝。有兽焉，其状如狸而白首，名曰天狗，其音如榴榴①，可以御凶。

又西二百里，曰符惕之山，其上多椶、枏，下多金、玉，神江疑居之。是山也，多怪雨，风云之所出也。

译文

再往西三百里，有座阴山。浊浴水就发源于这里，之后向南流入蕃泽，水中有许多色彩斑斓的贝类。山上有种野兽，身形像野猫，头是白色的，名叫天狗，它的叫声像猫在叫，这种野兽可以避邪。

再往西二百里，有座符惕山，山上有很多棕树和楠树，山下有丰富的金属和玉石。叫江疑的神就住在这座山上。山中经常下怪雨，风云也常在此兴起。

注释

①榴榴：猫叫声。

原文

又西二百二十里，曰三危之山，三青鸟居之。是山也，广员百里。其上有兽焉，其状如牛，白身四角，其豪如披蓑[①]，其名曰獓㹙[②]，是食人。有鸟焉，一首而三身，其状如䴅[③]，其名曰鴟。

又西一百九十里，曰騩山，其上多玉而无石。神耆童[④]居之，其音常如钟磬。其下多积蛇。

译文

再往西二百二十里，有座三危山，有三只青鸟栖息在这座山上。三危山方圆百里。山里有种野兽，长得像牛，身体是白色的，脑袋上长了四只角。身上的毛又长又密，看上去好像穿着蓑衣，这种野兽叫獓㹙，会吃人。山里有种鸟，有一个脑袋三个身子，身形与䴅鸟很像，名叫鴟。

再往西一百九十里，有座騩山，山上有很多美玉，没有石头。名叫耆童的神就住在这座山上，他常常发出像敲击钟磬一样的声音。山下是成堆的蛇。

◑ 獓㹙（清·吴任臣《〈山海经〉广注》上色版）

◑ 鴟（清·佚名《各样雀图册》）

注释

①蓑（suō）：用草或棕毛编成的雨披。②獓㹙（ào yē）：传说中的野兽名。③䴅（luò）：传说中的鸟的名字。④耆（qí）童：老童，传说中颛顼帝的儿子。古称六十岁为耆。

◑ 鴟（《谟区查抄本》）

原文

又西三百五十里，曰天山，多金、玉，有青、雄黄。英水出焉，而西南流注于汤谷。有神焉，其状如黄囊[①]，赤如丹火，六足四翼，浑敦[②]无面目，是识歌舞，实惟帝江[③]也。

又西二百九十里，曰泑山，神蓐收[④]居之。其上多婴短之玉[⑤]，其阳多瑾瑜之玉，其阴多青、雄黄。是山也，西望日之所入，其气员[⑥]，神红光之所司也。

译文

再往西三百五十里，有座天山，山上有很多金属和玉石，还有很多石青和雄黄。英水就从这里发源，之后向西南流入汤谷。山上有一位神，样子像黄色的口袋，皮肤红如火，有六只脚和四只翅膀，面目模糊不清，他精通歌舞，这个神实际上就是帝江。

◑帝江（清·吴任臣《〈山海经〉广注》上色版）

◑蓐收（明·蒋应镐《山海经》）

再往西二百九十里，有座泑山，天神蓐收就居住在这里。山上盛产可作颈饰的玉石，山的南边遍布着瑾、瑜一类的美玉，山的北边遍布着石青和雄黄。站在泑山上，向西可以看到夕阳西下的场景，气象雄浑壮阔，这由红光神管辖。

注释

①囊（náng）：袋子，口袋。②浑敦：也就是“混沌”，模糊，不分明。③帝江（hóng）：神名。④蓐（rù）收：传说中西方的神祇。⑤婴短之玉：可以制成脖颈饰品的玉石。短，颈项。⑥气员：气象浑圆。

原文

西水行百里，至于翼望之山[①]，无草木，多金、玉。有兽焉，其状如狸，一目而三尾，名曰讙[②]，其音如夺[③]百声，是可以御凶，服之已瘅[④]。有鸟焉，其状如乌，三首六尾而善笑，名曰䳜鵸[⑤]，服之使人不厌[⑥]，又可以御凶。

凡西次三经之首，崇吾之山至于翼望之山，凡二十三山，六千七百四十四里。其神状皆羊身人面。其祠之礼，用一吉玉[⑦]瘗，糈用稷[⑧]米。

◑讙（清·吴任臣《〈山海经〉广注》上色版）

◑讙（清·余省、张为邦《清宫兽谱》）

译文

往西走一百里水路，就是翼望山，山上没有草木，却遍布着金属和玉石。山里有种野兽，样子像野猫一般，只有一只眼睛，却有三条尾巴，它的名字叫讙，发出的声音能压倒一百种动物一起叫的声音，可以躲避凶邪，吃了它的肉可以治黄疸病。

◑䳜鵸（清·佚名《各样雀图册》）

◑䳜鵸（日本·佚名《怪奇鸟兽图卷》）

山里有种鸟，形似乌鸦，长着三个脑袋，六条尾巴，喜欢嬉笑，名字叫鵸鵌，吃了它就不会做噩梦，还可以躲避凶邪。

西方第三列山系，从崇吾山到翼望山，一共二十三座山，绵延六千七百四十四里。这些山的山神都长着羊的身子、人的面孔。祭祀这些山神的礼仪是，将一块祭祀用玉埋在地下，用粟米作为祭神的精米。

◑羊身神（明·蒋应镐《山海经》）

注释

①翼望之山：或作“土翠山”。②讙（huān）：传说中的兽名。③夺：超出，压倒。④瘅（dàn）：通“疸”，也就是黄疸病。⑤鵸鵌（qí tú）：带山之鸟，自为雌雄。⑥厌（yǎn）：梦魇。⑦吉玉：祭祀用玉。⑧稷（jì）：谷子。

西次四经

导读

《西次四经》记载了阴山等山的地理位置和山川风貌。这些山可能分布于现在的陕西、甘肃、宁夏、内蒙古一带。这列山系中多怪兽，如形态似虎、背生双翼的穷奇，人脸蛇尾、马身有翅的孰湖等。

当扈

神䰠

駮

蛮蛮

冉遗鱼

原文

西次四经之首，曰阴山，上多榖，无石，其草多茆[1]、蕃[2]。阴水出焉，西流注于洛。

北五十里，曰劳山，多茈草[3]。弱水出焉，而西流注于洛。

西五十里，曰罢父之山，洱水出焉，而西流注于洛。其中多茈、碧[4]。

北百七十里，曰申山，其上多榖、柞，其下多杻、橿。其阳多金、玉。区水出焉，而东流注于河。

北二百里，曰鸟山，其上多桑，其下多楮，其阴多铁，其阳多玉。辱水出焉，而东流注于河。

译文

西方第四列山系的第一座山是阴山，山上有很多构树，没有石头。山上的草多是茅草和蕃草。阴水从这座山发源，之后向西流入洛水。

往北五十里，有座劳山，山上有茂盛的茈草。弱水从这座山发源，之后向西流入洛水。

◑ 茈草（明·文俶《金石昆虫草木状》）

往西五十里，有座罢父山，洱水从这座山发源，之后向西流入洛水，水中多出产紫色美石和碧色玉石。

往北一百七十里，有座申山，山上长着构树和柞树，山脚长着很多杻树和橿树，山的南边蕴藏着丰富的金属和玉石。区水从这座山发源，之后往东流入黄河。

往北二百里，有座鸟山，山上到处是桑树，山下到处是楮树。山的北面盛产铁，山的南面盛产玉石。辱水从这座山发源，之后向东流入黄河。

◑ 楮树（明·文俶《金石昆虫草木状》）

注释

①茆：通“茅”。茅草。②蕃：通“薠”。草名。③茈草：草名，即紫草。④茈：紫色。这里指紫色的美石。碧：青绿色。这里指青绿色的玉石。

原文

又北百二十里，曰上申之山，上无草木，而多硌[1]石，下多榛[2]、楛[3]，兽多白鹿。其鸟多当扈，其状如雉，以其髯[4]飞，食之不眴[5]目。汤水出焉，东流注于河。

又北百八十里，曰诸次之山，诸次之水出焉，而东流注于河。是山也，多木无草，鸟兽莫居，是多众蛇。

又北百八十里，曰号山，其木多漆、椶，其草多药、虈、芎䓖[6]。多汵石[7]。端水出焉，而东流注于河。

译文

再往北一百二十里，有座上申山，山上草木不生，有很多大石头，山下长有很多榛树和楛树，山中的野兽多是白鹿。鸟类多是当扈鸟，形状像野鸡，依靠两颊下的须髯飞翔，吃了这种鸟的肉可以治愈目眩症。汤水从这座山发源，之后向东流入黄河。

◑ 榛树（明·文俶《金石昆虫草木状》）

◑ 芎䓖（明·文俶《金石昆虫草木状》）

再往北一百八十里，有座诸次山，诸次水从这座山发源，之后向东流入黄河。山上有很多树木，没有草，也没有鸟兽出没，只是有数量众多的蛇。

再往北一百八十里，有座号山，山里的树木多是漆树和棕树，草以白芷、虈、芎䓖居多。山中盛产汵石。端水从这座山发源，之后向东流入黄河。

注释

①硌（luò）：大石头。②榛（zhēn）：落叶灌木或小乔木。果实名叫榛子。

③楛（hù）：古书上指荆一类的植物，茎可用来制箭杆。④髯：胡子。⑤眴：眼睛眩晕。⑥药、虈（xiāo）、芎䓖（xiōng qióng）：药、虈都是白芷一类的香草。芎䓖就是川芎一类的药材。⑦汵（jīn）石：一种石质柔软如泥的石头。

原文

又北二百二十里，曰盂山，其阴多铁，其阳多铜，其兽多白狼、白虎，其鸟多白雉、白翟。生水出焉，而东流注于河。

西二百五十里，曰白於之山，上多松、柏，下多栎、檀。其兽多㸲牛、羬羊，其鸟多鸮。洛水出于其阳，而东流注于渭；夹水出于其阴，东流注于生水。

译文

再往北二百二十里，有座盂山。山北盛产铁，山南盛产铜。山中的野兽多是白色的狼和白色的虎，禽鸟也多是白色的野鸡和白色的翠鸟。生水从这座山发源，之后向东流入黄河。

◑白雉（清·蒋廷锡《清宫鸟谱》）

◑鸮（清·蒋廷锡《清宫鸟谱》）

往西二百五十里，有座白於山。这座山上到处是松树和柏树。山下有很多栎树和檀树，山中的野兽多是㸲牛和羬羊，鸟类则多是鸮。洛水就发源于这山的南边，之后向东流注入渭水；夹水就发源于这山的北边，之后向东流注入生水。

原文

西北三百里，曰申首之山，无草木，冬夏有雪。申水出于其上，潜于其下，是多白玉。

又西五十五里，曰泾谷之山，泾水出焉，东南流注于渭，是多白金、白玉。

又西百二十里，曰刚山，多柒木[①]，多㻬琈之玉。刚水出焉，北流注于渭。是多神䰡[②]，其状人面兽身，一足一手，其音如钦[③]。

又西二百里，至刚山之尾，洛水出焉，而北流注于河。其中多蛮蛮[④]，其状鼠身而鳖首，其音如吠犬。

又西三百五十里，曰英鞮[⑤]之山，上多漆木，下多金、玉，鸟兽尽白。涴[⑥]水出焉，而北流注于陵羊之泽。是多冉遗之鱼，鱼身蛇首六足，其目如马耳，食之使人不眯，可以御凶。

◑ 神䰡（清·吴任臣《〈山海经〉广注》上色版）

◑ 蛮蛮（清·余省、张为邦《清宫兽谱》）

译文

往西北三百里，有座申首山。山上不长草木，冬季和夏季都有积雪。申水从这座山上发源，潜流到山下，水中有很多白玉。

再往西五十五里，有座泾谷山。泾水从这座山发源，之后向东南流入渭水，这里有很多白金和白玉。

再往西一百二十里，有座刚山，山上遍布着漆树，盛产㻬琈玉。刚水就从这山发源，之后向北流注入渭水。这座山里有很多神䰡，他们有人的面孔和野兽的身子，只有一只脚一只手，发出的声音就像人在打呵欠。

再往西二百里就到了刚山的尾部，洛水发源于此，之后向北流入黄河。山上有很多蛮蛮，身形似鼠，脑袋像鳖，发出的声音如狗的叫声。

再往西三百五十里，有座英鞮山，山上长着很多漆树，山下有丰富的金属和玉石，山中的鸟兽都是白色的。涴水从这座山发源，之后向北流入陵羊泽。涴水中有许多冉遗鱼，这种鱼身似鱼，但头似蛇，而且长有六只脚，眼睛的形状如同马的耳朵，吃了这种鱼可以使人不患梦魇症，还可以防止凶灾。

注释

①柒木：树名，即漆树。柒，同“桼”“漆”。②神魂（chì）：传说中的厉鬼。③钦：通“吟”，打呵欠。④蛮蛮：水獭之类的动物。⑤英鞮（dī）：山名。⑥涴（yuān）：古水名。

原文

又西三百里，曰中曲之山，其阳多玉，其阴多雄黄、白玉及金。有兽焉，其状如马而白身黑尾，一角，虎牙爪，音如鼓，其名曰驳，是食虎豹，可以御兵。有木焉，其状如棠，而员叶赤实，实大如木瓜，名曰櫰木[①]，食之多力。

译文

再往西三百里，有座中曲山。山的南边有很多玉石，山的北边有很多雄黄、白玉及金属。山上有一种野兽，身形似马，全身是白色的，尾巴是黑色的，长着独角，牙似虎牙，爪似虎爪，吼叫声如击鼓声，这种野兽名叫驳，以虎豹为食，可以抵御兵灾。这里还生长着一种树木，形状似棠树，树叶是圆的，结的果实是红色的，果实大小如同木瓜，这种树叫櫰树，人吃了树上的果实会很有力气。

◑驳（清·吴任臣《〈山海经〉广注》上色版）

◑驳（清·余省、张为邦《清宫兽谱》）

注释

①櫰（huái）木：树木名。

原文

又西二百六十里，曰邽山[①]，其上有兽焉，其状如牛，猬毛，名曰穷奇，音如獆[②]狗，是食人。濛水出焉，南流注于洋水，其中多黄贝、蠃鱼，鱼身而鸟翼，音如鸳鸯，见则其邑大水。

又西二百二十里，曰鸟鼠同穴之山，其上多白虎、白玉。渭水出焉，而东流注于河。其中多鳋[③]鱼，其状如鳣鱼[④]，动则其邑有大兵。滥水[⑤]出于其西，西流注于汉水，多䰽魮之鱼，其状如覆铫[⑥]，鸟首而鱼翼鱼尾，音如磬石之声，是生珠玉。

译文

再向西二百六十里，有座邽山。山上有一种野兽，形似牛，身上的毛像刺猬身上的刺一样，名字叫穷奇。它的叫声像狗在嗥叫，会吃人。濛水发源于邽山，之后向南流入洋水，水中有很多黄色的贝和蠃鱼，蠃鱼长着鱼的身子和鸟的翅膀，叫声像鸳鸯，它出现的地方会发大洪水。

◑ 蠃鱼（清·吴任臣《〈山海经〉广注》上色版）

再往西二百二十里，有座鸟鼠同穴山，山上有很多白虎和白玉。渭水就从这座山发源，之后向东流注入黄河。渭水生长着大量的鳋鱼，这鱼形似鳣鱼，它出现的地方会发生大的战争。滥水就从山的西边发源，之后向西流注入汉水，水中有大量䰽魮鱼，这种鱼长得像翻过来的铫，长着鸟的脑袋，有鱼鳍和鱼尾，它的叫声像敲击磬石的声音，身体里能够生长珠玉。

◑ 鸟鼠同穴（清·吴任臣《〈山海经〉广注》上色版）

◑ 䰽魮鱼（清·吴任臣《〈山海经〉广注》上色版）

注释

①邽（guī）山：山名。②獆（háo）：通“嗥”，野兽吼叫。③鳋（sāo）：

鱼名。④鳣（zhān）鱼：鲟一类的鱼。⑤滥（jiàn）水：古水名。⑥铫（yáo）：一种小型的烹饪器皿，有柄，有流嘴。

原文

西南三百六十里，曰崦嵫[1]之山，其上多丹木，其叶如穀，其实大如瓜，赤符[2]而黑理，食之已瘅，可以御火。其阳多龟，其阴多玉。苕水出焉，而西流注于海，其中多砥砺[3]。有兽焉，其状马身而鸟翼，人面蛇尾，是好举人，名曰孰湖。有鸟焉，其状如鸮而人面，蜼[4]身犬尾，其名自号也，见则其邑大旱。

译文

西南三百六十里，有座崦嵫山。山上多是丹树，树的叶子像构树叶，果实像瓜那样大，花萼是红色的，带着黑色的纹理，人吃了它就可以治愈黄疸病，还可以防火。山南面有很多乌龟，山北面有很多玉石。苕水就从这座山发源，之后向西流入大海，水中有很多磨刀石。山中有一种野兽，身子像马却有鸟的翅膀，面孔像人却有蛇似的尾巴，它很喜欢把人举起，名叫孰湖。山中还有一种鸟，形状像猫头鹰，面孔像人，长着像长尾猿一样的身子，却拖着一条狗尾巴，它发出的叫声就是自己的名字，它出现的地方常常会发生严重的旱灾。

◑ 人面鸮（清·吴任臣《〈山海经〉广注》上色版）

◑ 人面鸮（清·余省、张为邦《清宫兽谱》）

注释

①崦嵫（yān zī）：山名。今甘肃天水西境。②符："柎"的假借字，即花萼。③砥砺（dǐ lì）：磨刀石。细者为砥，粗者为砺。④蜼（wèi）：一种长尾猿。因鼻孔朝天，又名仰鼻猴。

原文

凡西次四经，自阴山以下，至于崦嵫之山，凡十九山，三千六百八十里。其神祠礼[①]，皆用一白鸡祈。糈以稻米[②]，白菅为席。

右西经之山，凡七十七山[③]，一万七千五百一十七里。

译文

西方第四列山系，从阴山开始到崦嵫山，一共十九座山，绵延三千六百八十里。祭祀这些山的山神时，都要用一只白色的鸡作为祭品祈祷，祭祀时的精米用稻米，用白茅草编的垫席。

以上就是对西方山系的记录，一共有七十七座山，绵延一万七千五百一十七里。

注释

①其神祀礼：一作“其祠祀礼”。②稻米：即今日之水稻、大米。③凡七十七山：一作“志凡七十七山”。

北山经

本章主要记载了三个山系，涉及古代地理、物产、神话、巫术、宗教等，也包括古史、医药、民俗、民族等方面的内容。本章的主要特点是：尽管其中有很多的奇珍异兽，但少有神话色彩。其中关于北方环境气候变迁等内容，对今天的环境问题仍颇有启示意义。

北次一经

导读

《北次一经》记录了单狐山等山的地理位置和山川风貌，这些山可能分布于现在的新疆维吾尔自治区、宁夏回族自治区、内蒙古自治区一带。山中栖息着“沙漠之舟”橐驼、人首牛耳的诸犍等各种怪兽；水中生活着一首十身的何罗鱼、长着十只翅膀的鳛鳛鱼等。

原文

北山经之首，曰单狐之山，多机木[①]，其上多华草。逢水[②]出焉，而西流注于泑水，其中多茈石[③]、文石[④]。

又北二百五十里，曰求如之山，其上多铜，其下多玉，无草木。滑水出焉，而西流注于诸毗之水。其中多滑鱼，其状如鱓[⑤]，赤背，其音如梧[⑥]，食之已疣。其中多水马，其状如马，而文臂牛尾，其音如呼。

译文

北方第一列山系的第一座山是单狐山，山上长着很多桤木树，还有很多花草。逢水从这座山发源，之后向西流入泑水，水里有很多紫石和文石。

◑ 滑鱼（清·佚名《各样鱼图册》）

◑ 滑鱼（清·吴任臣《〈山海经〉广注》上色版）

再往北二百五十里，有座求如山，山上铜矿资源丰富，山下有大量的玉石，山上没有草木。滑水就从这山发源，之后向西注入诸毗水。水中有很多滑鱼，这种鱼的形状就像黄鳝，背是红色的，发出的声音像琴声，人吃了这种鱼，可以治赘疣病。水中还有很多水马，这种动物身形似马，但前腿长有花纹，尾巴似牛尾，它的叫声像人在呼喊。

◑ 水马（清·佚名《各样鱼图册》）

注释

①机木：桤木树，一种类似榆树的树木。②逢（féng）水：古水名。③茈石：紫色的漂亮石头。④文石：有纹理的漂亮石头。⑤鱓（shàn）：同“鳝”。鱼名。⑥梧：琴。

原文

又北三百里，曰带山，其上多玉，其下多青碧。有兽焉，其状如马，一角有错[1]，其名曰䑏疏[2]，可以辟火。有鸟焉，其状如乌，五采而赤文，名曰鵸䳜，是自为牝牡，食之不疽[3]。彭水出焉，而西流注于芘湖之水，其中多儵鱼[4]，其状如鸡而赤毛，三尾、六足、四首，其音如鹊，食之可以已忧。

又北四百里，曰谯明之山，谯水出焉，西流注于河。其中多何罗之鱼，一首而十身，其音如吠犬，食之已痈。有兽焉，其状如貆[5]而赤豪，其音如榴榴，名曰孟槐，可以御凶。是山也，无草木，多青、雄黄。

又北三百五十里，曰涿光之山，嚻水[6]出焉，而西流注于河。其中多鳛鳛之鱼[7]，其状如鹊而十翼，鳞皆在羽端，其音如鹊，可以御火，食之不瘅。其上多松、柏，其下多椶、橿，其兽多麢羊，其鸟多蕃。

译文

再往北三百里，有座带山，山上有很多玉石，山下有很多青碧玉。山中有种野兽，身形像马，长着一只角，有如粗硬的磨刀石，这种野兽名叫䑏疏，可以避免火灾。山上还有一种鸟，形状像乌鸦，浑身都是带着红色斑纹的五彩羽毛，它的名字叫鵸䳜，这鸟是雌雄一体的，可以不交配自己繁殖，人吃了它就不会患毒疮。

◑䑏疏（清·吴任臣《〈山海经〉广注》上色版）

◑䑏疏（清·余省、张为邦《清宫兽谱》）

彭水就从这山发源，之后向西注入芘湖水，附近的水里有很多儵鱼，这鱼长得像鸡，长着红色的羽毛，有三条尾巴、六只脚和四个头，它的叫声和喜鹊相近，人吃了它就会消除忧愁。

◑鯈鱼（《谟区查抄本》）

◑孟槐（清·余省、张为邦《清宫兽谱》）

再往北四百里，有座谯明山。谯水从这座山发源后，向西流入黄河。水中有很多何罗鱼，这种鱼长着一个头、十个身子，声音像狗叫，人如果吃了它，可以治愈毒疮。山里还有一种野兽，身形像豪猪，但毛是红色的，叫声像辘轳抽水声，这种野兽名叫孟槐，可以避凶。这座山没有草木，有很多石青和雄黄。

再往北三百五十里，有座涿光山。嚣水就从这山发源，之后向西注入黄河。嚣水中生长着大量的鳛鳛鱼，这鱼形状像喜鹊，有十只翅膀，鳞甲都长在羽毛的末端，它的叫声和喜鹊的叫声差不多，可以躲避火灾，吃它的肉可以不得黄疸病。山上遍布着松树和柏树，山下遍布着棕树和橿树，山里的野兽多是羚羊，鸟类多为蕃鸟。

◑鳛鳛鱼（清·吴任臣《〈山海经〉广注》上色版）

◑鳛鳛鱼（《谟区查抄本》）

注释

①错：琢玉用的粗磨石。②朡（huān）疏：传说中的一种兽名。③疽（jū）：中医指局部皮肤肿胀坚硬的毒疮。④儵（tiáo）鱼：一种生于淡水的小白鱼。⑤貆（huán）：豪猪。⑥嚣（áo）水：古水名。⑦鳛鳛（xí xí）之鱼：古代传说中的一种怪鱼。

原文

又北三百八十里，曰虢山[1]，其上多漆，其下多桐、椐[2]，其阳多玉，其阴多铁。伊水出焉，西流注于河。其兽多橐驼[3]，其鸟多寓[4]，状如鼠而鸟翼，其音如羊，可以御兵。

又北四百里，至于虢山之尾。其上多玉而无石。鱼水出焉，西流注于河，其中多文贝。

又北二百里，曰丹熏之山，其上多樗、柏，其草多韭、䪥[5]，多丹雘[6]。熏水出焉，而西流注于棠水。有兽焉，其状如鼠，而菟[7]首麋身，其音如獆犬，以其尾飞，名曰耳鼠[8]，食之不脎[9]，又可以御百毒。

又北二百八十里，曰石者之山，其上无草木，多瑶、碧。泚水出焉，西流注于河。有兽焉，其状如豹，而文题[10]白身，名曰孟极，是善伏，其鸣自呼。

译文

再往北三百八十里，有座虢山。山上有很多漆树，山下有很多桐树和椐树。山南多玉，山北多铁。伊水从这座山发源，之后向西流入黄河。山里的野兽多是野骆驼，鸟类多为寓鸟，这种鸟形状像老鼠，但长着鸟的翅膀，叫声像羊叫，可以躲避刀兵之灾。

◑ 橐驼（清·余省、张为邦《清宫兽谱》）

◑ 寓鸟（清·吴任臣《〈山海经〉广注》上色版）

再往北四百里，就到了虢山的尾端。山上多有玉石而无石头。鱼水发源于这座山，之后向西流入黄河，水中有很多带花纹的贝壳。

再往北二百里，有座丹熏山，山上有很多臭椿树和柏树，草以野韭菜和野䪥菜为多，还盛产丹雘。熏水从这座山发源，之后向西流入棠水。山中有一种野兽，形貌像老鼠，长着兔子的脑袋和麋鹿的身子，发出的声音如同狗嗥叫，用尾巴飞行，名叫耳鼠，人吃了它的肉就不会生腹部鼓胀病，可以躲避百毒之害。

◑ 耳鼠（《谟区查抄本》）

◑ 孟极（清·余省、张为邦《清宫兽谱》）

再往北二百八十里，有座石者山，山上寸草不生，有很多瑶玉和碧玉。泚水从这座山发源，之后向西流入黄河。山上有一种野兽，身形似豹，额头上有很多花纹，身体是白色的，名叫孟极，善于潜伏，它的叫声就是它的名字。

注释

①虢（guó）山：山名。②椐（jū）：古书上说的一种树，枝节肿大，可以做拐杖。③橐（luò）驼：骆驼。④寓：蝙蝠之类的小飞禽。⑤䪥（xiè）：同“薤”。植物名。茎可食用，并能入药。⑥雘（huò）：颜料，赤石脂之类。⑦菟（tù）：通“兔”，即兔子。⑧耳鼠：疑即《尔雅》鼯鼠由也，耳、鼯、夷，并声之通转。其形肉翅连尾足，故曰尾飞。⑨䐈（cǎi）：腹部鼓胀。⑩题：额头。

原文

又北百一十里，曰边春之山，多葱、葵、韭、桃、李。杠水出焉，而西流注于泑泽。有兽焉，其状如禺而文身，善笑，见人则卧，名曰幽鴳[①]，其鸣自呼。

又北二百里，曰蔓联之山，其上无草木。有兽焉，其状如禺而有鬣，牛尾、文臂、马蹄，见人则呼，名曰足訾[②]，其鸣自呼。有鸟焉，群居而朋飞，其毛如雌雉[③]，名曰䴔[④]，其鸣自呼，食之已风。

又北百八十里，曰单张之山，其上无草木。有兽焉，其状如豹而长尾，人首而牛耳，一目，名曰诸犍，善吒[⑤]，行则衔其尾，居则蟠[⑥]其尾。有鸟焉，其状如雉，而文首、白翼、黄足，名曰白鵺[⑦]，食之已嗌[⑧]痛，可以已痸[⑨]。栎水[⑩]出焉，而南流注于杠水。

译文

再往北一百一十里，有座边春山，山上有很多野葱、葵菜、韭菜、桃树和李树。杠水从这座山发源，之后向西流入泑泽。山中有一种野兽，形状像猕猴而身上满是花纹，爱笑，一看见人就假装睡着，名叫幽鴳，它的叫声就是它的名字。

◑ 幽鴳（清·余省、张为邦《清宫兽谱》）

◑ 足訾（清·余省、张为邦《清宫兽谱》）

再往北二百里，有座蔓联山，山上没有草木。山中有一种野兽，形状像猕猴，脖子上却长着毛，还有牛一样的尾巴、长着花纹的双臂、马一样的蹄子，一看见人就呼叫，它的名字叫足訾，它的叫声就是它的名字。山里有种鸟，喜欢成群栖息，也喜欢结队飞行，它的羽毛很像雌野鸡的羽毛，名字叫䴔，它的叫声就是它的名字，人吃了它能治疗风痹病。

再往北一百八十里，有座单张山，山上没有草木。山中有一种野兽，形貌像豹子，拖着长长的尾巴，有着人一样的脑袋和牛一样的耳朵，只有一只眼睛，名叫诸犍，喜欢吆喝，行走时就用嘴衔着尾巴，睡觉时就将尾巴盘起来。

◑ 诸犍（清·吴任臣《〈山海经〉广注》上色版）

◑ 诸犍（法国·约瑟夫《中国动物画谱》）

山中有一种鸟，形状像野鸡，脑袋上有花纹，有白色的翅膀和黄色的脚，名字叫白䳐，人吃了它的肉就能治好咽喉疼痛的病，还可以治愈疯癫病。栎水从这座山发源，之后向南流入杠水。

◑ 䴔/池鹭（清·蒋廷锡《清宫鸟谱》）

注释

①幽鴳（è）：古代传说中的怪兽名。②足訾（zī）：兽名。③雉（zhì）：野鸡。④䴔（jiāo）：鸟名。⑤吒（zhà）：吆喝。⑥蟠（pán）：盘曲，盘结。⑦䳐（yè）：传说中的鸟名。⑧嗌（yì）：咽喉。⑨痸（chì）：疯癫病。⑩栎（lì）水：水名。

原文

又北三百二十里，曰灌题之山，其上多樗、柘，其下多流沙，多砥。有兽焉，其状如牛而白尾，其音如訆，名曰那父。有鸟焉，其状如雌雉而人面，见人则跃，名曰竦斯，其鸣自呼也。匠韩之水出焉，而西流注于泑泽，其中多磁石。

又北二百里，曰潘侯之山，其上多松、柏，其下多榛、楛[①]，其阳多玉，其阴多铁。有兽焉，其状如牛，而四节生毛，名曰旄牛。边水出焉，而南流注于栎泽。

又北二百三十里，曰小咸之山，无草木，冬夏有雪。

北二百八十里，曰大咸之山，无草木，其下多玉。是山也，四方，不可以上。有蛇名曰长蛇，其毛如彘豪，其音如鼓柝。

译文

再往北三百二十里，有座灌题山。山上有很多臭椿树和柘树，山下有很多流沙和磨刀石。山上有一种野兽，身形似牛，尾巴是白色的，叫声像人在呼喊，名叫那父。山上还有一种鸟，形状像雌山鸡，脸像人的面孔，一见人就跳跃不止，这种鸟叫竦斯，它的叫声就像在喊自己的名字。匠韩水从这座山发源，之后向西流入泑泽，水中有很多磁石。

◑ 竦斯（《谟区查抄本》）

再向北二百里，有座潘侯山。山上长着很多松树和柏树，山下长着很多榛树和楛树，山南有很多玉石，山北有丰富的铁矿。山中有一种野兽，身形似牛，四肢的关节上长着长毛，名叫旄牛。边水从这座山发源，之后向南流入栎泽。

◑ 那父（清·余省、张为邦《清宫兽谱》）

再向北二百三十里，有座小咸山。山上不生草木，冬天、夏天都有积雪覆盖。

往北二百八十里，有座大咸山。山上没有草木，山下盛产玉石。这座山呈四方形，险峻不可攀登。山中有一种蛇叫作长蛇，身上的毛与猪脖子上的硬鬃毛相似，它的叫声像是人在敲击梆子。

◑ 长蛇（清·吴任臣《〈山海经〉广注》上色版）

注释

①楛（hù）：荆一类的植物，茎可制箭杆。

原文

又北三百二十里，曰敦薨[1]之山，其上多椶、柟，其下多茈草。敦薨之水出焉，而西流注于泑泽。出于昆仑之东北隅，实惟河原。其中多赤鲑[2]。其兽多兕、旄牛，其鸟多尸鸠。

又北二百里，曰少咸之山，无草木，多青、碧。有兽焉，其状如牛，而赤身、人面、马足，名曰窫窳[3]，其音如婴儿，是食人。敦水出焉，东流注于雁门之水，其中多䰾䰾之鱼[4]，食之杀人。

译文

再往北三百二十里，有座敦薨山，山上多是棕树和楠树，山下多是紫草。敦薨水从这座山发源，之后向西流入泑泽。再从昆仑山的东北角流出，这里是黄河的源头。水中有很多红色河豚。山里的野兽多是兕、牦牛，鸟类多是布谷鸟。

◑ 赤鲑（清·聂璜《海错图》）

再往北二百里，有座少咸山，山上没有草木，到处是青石和碧玉。山中有一种野兽，身形像牛，身子是红色的，有人的面孔和马的蹄子，名字叫窫窳，它的叫声就像婴儿啼哭，这种兽吃人。敦水就从这山发源，之后向东注入雁门水，附近的水里有很多䰾䰾鱼，吃了它会中毒身亡。

◑ 窫窳（清·余省、张为邦《清宫兽谱》）

注释

①敦薨（hōng）：山名。②鲑（guī）：河豚。③窫窳（yà yǔ）：古代传说中一种吃人的怪兽。④䰾䰾（bèi bèi）之鱼：䰾鲟。江豚的别名。

原文

又北二百里，曰狱法之山，瀤泽[①]之水出焉，而东北流注于泰泽。其中多鱳鱼[②]，其状如鲤而鸡足，食之已疣。有兽焉，其状如犬而人面，善投，见人则笑，其名曰山𪕴[③]，其行如风，见则天下大风。

又北二百里，曰北岳之山，多枳、棘[④]、刚木。有兽焉，其状如牛，而四角、人目、彘耳，其名曰诸怀，其音如鸣雁，是食人。诸怀之水出焉，而西流注于嚣水。其中多鮨鱼[⑤]，鱼身而犬首，其音如婴儿，食之已狂[⑥]。

译文

再往北二百里，有座狱法山。瀤泽水就从这山发源，之后向东北注入泰泽。瀤泽水中有大量鱳鱼，这种鱼的形状像鲤鱼，有鸡一样的爪子，吃了这种鱼能治好皮肤上的赘瘤病。山里还有种野兽，样子像狗，面孔似人，擅长投掷东西，一看见人就笑，名叫山𪕴。它行走如风，只要它一出现就会刮大风。

◑ 鱳鱼（清·吴任臣《〈山海经〉广注》上色版）

◑ 山𪕴（清·吴任臣《〈山海经〉广注》上色版）

再往北二百里，有座北岳山。山上有很多枳树、酸枣树和檀、柘一类的树木。山中有一种野兽，形状像牛，有四只角、人的眼睛、猪的耳朵，名叫诸怀，它的声音如同大雁鸣叫，这种野兽吃人。诸怀水从这座山发源，之后向西流入嚣水。水中有很多鮨鱼，长着鱼的身子、狗的脑袋，发出的声音像婴儿啼哭，人吃了它的肉就能治愈疯癫病。

◑ 枳（明·文俶《金石昆虫草木状》）

注释

①滚（huái）泽：古代传说中的水名。②鱳（zǎo）鱼：传说中的怪鱼。③山猈（huī）：传说中一种猿类动物。④枳、棘：都是落叶灌木，小乔木。枳木像橘树，叶子上有刺。棘是酸枣树，枝叶也有刺。⑤䱱（yì）鱼：鱼名。⑥狂：疯癫病。

◑ 诸怀（清·吴任臣《〈山海经〉广注》上色版）

◑ 诸怀（清·余省、张为邦《清宫兽谱》）

◑ 䱱鱼（清·吴任臣《〈山海经〉广注》上色版）

◑ 䱱鱼（清·佚名《各样鱼图册》）

原文

又北百八十里，曰浑夕之山，无草木，多铜、玉。嚣水出焉，而西北流注于海。有蛇一首两身，名曰肥遗，见则其国大旱。

又北五十里，曰北单之山，无草木，多葱、韭。

又北百里，曰罴差之山，无草木，多马。

又北百八十里，曰北鲜之山，是多马。鲜水出焉，而西北流注于涂吾之水。

又北百七十里，曰隄山[①]，多马。有兽焉，其状如豹而文首，名曰狕[②]。

隄水出焉，而东流注于泰泽，其中多龙龟。

凡北山经之首，自单狐之山至于隄山，凡二十五山，五千四百九十里，其神皆人面蛇身。其祠之：毛用一雄鸡、彘瘗，吉玉用一珪，瘗而不糈。其山北人，皆生食不火之物。

译文

再往北一百八十里，有座浑夕山，山上没有草木，蕴藏着丰富的铜矿和玉石资源。嚣水就发源于这座山，之后向西北注入大海。山上有一种蛇，只有一个头，却长着两个身子，名叫肥遗，它出现的国家要遭受严重的旱灾。

◑ 肥遗（清·吴任臣《〈山海经〉广注》上色版）

再往北五十里，有座北单山，山上没有草木，只有山葱和韭菜。

再往北一百里，有座罴差山，山上不长草木，有很多野马。

再往北一百八十里，有座北鲜山，山里有很多野马。鲜水从这座山发源，之后向西北流入涂吾水。

再往北一百七十里，有座隄山，山上有很多野马。还有一种野兽，身形像豹，脑袋上有花纹，名叫狕。隄水从这座山发源，之后向东流入泰泽，水中有很多龙龟。

北山第一列山系，从单狐山到隄山，一共有二十五座，蜿蜒五千四百九十里，这些山的山神都长着人的面孔和蛇的身子。祭祀这些山神的礼仪如下：带毛的祭品用一只公鸡和一头猪，埋入地下，吉玉用一块珪，埋入地下，不用精米。祭祀时，住在诸山北边的人，都要生吃没有经过烹煮的食物。

注释

①隄（dī）山：山名。②狕（yǎo）：兽名。

北次二经

导读

《北次二经》记载了管涔山等山的地理位置和山川风貌。这些山可能分布于现在的山西、河北、内蒙古以及蒙古国一带。这些山中生活着无数的怪兽，有虎齿人爪的狍鸮等。这列山系中还盛产各种各样的玉石及矿物。

原文

北次二经之首，在河之东，其首枕汾，其名曰管涔[1]之山。其上无木而多草，其下多玉。汾水出焉，而西流注于河。

又北二百五十里，曰少阳之山，其上多玉，其下多赤银[2]。酸水出焉，而东流注于汾水，其中多美赭。

又北五十里，曰县雍之山，其上多玉，其下多铜，其兽多闾[3]、麋，其鸟多白翟、白鹌[4]。晋水出焉，而东南流注于汾水。其中多鮆鱼，其状如儵而赤麟，其音如叱[5]，食之不骚[6]。

又北二百里，曰狐岐之山，无草木，多青、碧。胜水出焉，而东北流注于汾水，其中多苍玉。

译文

北方第二列山系的第一座山，在黄河的东边，前半部分濒临汾水，名叫管涔山。山上不长树木，有很多草，山下有很多玉石。汾水从这里发源，之后向西流入黄河。

再往北二百五十里，有座少阳山。山上有很多玉石，山下有丰富的赤银矿。酸水从这里发源，之后向东流入汾水，水底有很多优质赭石。

◑ 闾（法国·约瑟夫《中国动物画谱》）

再往北五十里，有座县雍山。山上有很多玉石，山下有丰富的铜矿，山上的野兽多是闾和麋鹿，这里的鸟类多是白翟和白鹌。晋水从这里发源，之后向东南流去，汇入汾水。水中有很多鮆鱼，身形像儵鱼，有红色的鳞，它的叫声似斥责人的声音，人若吃了这种鱼，可以医治好狐臭。

◑ 大白鹭（清·蒋廷锡《清宫鸟谱》）

再往北二百里，有座狐岐山。这座山上没有草木，有很多青石和碧玉。胜水从这里发源，然后向东北汇入汾水，水中有很多苍玉。

注释

①管涔（cén）：山名。②赤银：最精最纯的银子。这里指天然含银量很高的优质银矿石。③闾（lǘ）：传说中的兽名，似驴。④白鵺（yǒu）：野鸡的一种。⑤叱（chì）：责骂呵斥。⑥骚：指身体有异味的疾病，如狐臭之类。

原文

又北三百五十里，曰白沙山，广员三百里，尽沙也，无草木鸟兽。鲔水[1]出于其上，潜于其下，是多白玉。

又北四百里，曰尔是之山，无草木，无水。

又北三百八十里，曰狂山，无草木。是山也，冬夏有雪。狂水出焉，而西流注于浮水，其中多美玉。

又北三百八十里，曰诸余之山，其上多铜、玉，其下多松、柏。诸余之水出焉，而东流注于旄水。

又北三百五十里，曰敦头之山，其上多金、玉，无草木。旄水出焉，而东流注于邛泽[2]。其中多䑏马[3]，牛尾而白身，一角，其音如呼。

◑䑏马（清·吴任臣《〈山海经〉广注》上色版）

◑䑏马（《谟区查抄本》）

译文

再往北三百五十里，有座白沙山。这座山方圆三百里，全是由沙堆成的，山上没有草木和鸟兽。鲔水从这座山的山顶发源，然后潜流到山下，水中有很多白玉。

再往北四百里，有座尔是山，山上没有草木，也没有水。

再往北三百八十里，有座狂山，山上没有草木。这座山冬天和夏天都被积雪覆盖。狂水从这里发源，之后向西流入浮水，水中有很多优良的玉石。

再往北三百八十里，有座诸余山，山上蕴藏着丰富的铜和玉石，山下到处是茂密的松树和柏树。诸余水从这座山发源，之后向东流入旄水。

再往北三百五十里，有座敦头山，山上有大量的金属和玉石，但却没有任何草木。旄水就从这座山发源，之后向东注入邛泽。这座山里有很多脖马，这种马有牛一样的尾巴、白色的身体、一只角，它发出的声音就像人在呼唤。

注释

①鲔（wěi）水：水名。②邛（qióng）泽：水名。③脖（bó）马：传说中的野兽名，野马的一种。

原文

又北三百五十里，曰钩吾之山，其上多玉，其下多铜。有兽焉，其状如羊身人面，其目在腋下，虎齿人爪，其音如婴儿，名曰狍鸮[①]，是食人。

又北三百里，曰北嚣之山，无石，其阳多碧，其阴多玉。有兽焉，其状如虎，而白身犬首，马尾彘鬣，名曰独狢[②]。有鸟焉，其状如乌，人面，名曰鷙鹃[③]，宵飞而昼伏，食之已暍[④]。涔水出焉，而东流注于邛泽。

译文

再向北三百五十里，有座钩吾山，山上有很多玉石，山下蕴藏着丰富的铜。山上有种野兽，身形似羊，长着一副人的面孔，眼睛长在腋下，牙似虎牙，爪似人脚，声音似婴儿啼哭，它的名字叫狍鸮，吃人。

◑狍鸮（清·吴任臣《〈山海经〉广注》上色版）

◑狍鸮（清·余省、张为邦《清宫兽谱》）

再往北三百里，有座北嚣山，山上没有石头。山的南边盛产碧玉，山的北边盛产玉石。山里有种野兽，身形像老虎，身体是白色的，脑袋像狗的脑袋，有马的尾巴，脖子上有鬃毛，它的名字叫独狢。山里还有种鸟，形状像乌鸦，面孔似人，名叫鷩鹛，它在夜里活动，白天休息，吃了它就不会中暑。涔水就是从这座山发源，之后向东注入邛泽。

◑ 独狢（清·余省、张为邦《清宫兽谱》）

◑ 鷩鹛（清·吴任臣《〈山海经〉广注》上色版）

注释

①狍（páo）鸮：传说中吃人的怪兽。②独狢（yù）：野兽名。③鷩鹛（pán mào）：一种传说中的鸟。④暍（yē）：中暑，伤暑。

原文

又北三百五十里，曰梁渠之山，无草木，多金、玉。脩水出焉，而东流注于雁门。其兽多居暨，其状如彙[1]而赤毛，其音如豚。有鸟焉，其状如夸父，四翼、一目、犬尾，名曰嚣，其音如鹊，食之已腹痛，可以止衕[2]。

又北四百里，曰姑灌之山，无草木。是山也，冬夏有雪。

又北三百八十里，曰湖灌之山，其阳多玉，其阴多碧，多马。湖灌之水出焉，而东流注于海，其中多䱇[3]。有木焉，其叶如柳而赤理。

译文

再往北三百五十里，有座梁渠山，山上没有草木，蕴藏着丰富的金属和玉石。脩水就从这座山发源，之后向东注入雁门水。这里的野兽多是居暨，它们身形似刺猬，长着红色的毛，发出如猪崽一样的叫声。山上有一种鸟，形似夸父，长着四只翅膀、一只眼睛和一条像狗一样的尾巴，它的名字叫嚣，它的声音如喜鹊的叫声，人吃了它的肉可以止腹痛，还可以医治腹泻。

◑ 居暨（清·余省、张为邦《清宫兽谱》）

◑ 嚣（清·吴任臣《〈山海经〉广注》上色版）

再往北四百里，有座姑灌山，山上没有草木，这座山无论是冬天还是夏天都有积雪。

再往北三百八十里，有座湖灌山。山南有很多玉石，山北有很多碧玉，山上有很多马。湖灌水从这座山发源，之后向东流去，流入大海，水中有很多鳝鱼。山中有一种树木，树叶很像柳叶，上面有红色的纹理。

注释

①彙（huì）：刺猬。②衕（dòng）：呕吐，腹泻。③ 䱇（shàn）：鳝鱼。

原文

又北水行五百里，流沙三百里，至于洹山①，其上多金、玉。三桑生之，其树皆无枝，其高百仞。百果树生之。其下多怪蛇。

又北三百里，曰敦题之山，无草木，多金、玉。是錞于北海。

凡北次二经之首，自管涔之山至于敦题之山，凡十七山，五千六百九十里。其神皆蛇身人面。其祠：毛用一雄鸡彘瘗；用一璧一珪，投而不糈。

译文

再往北行五百里水路，之后穿过三百里流沙，便到了洹山，山上有丰富的金属和玉石。山上有三桑树，这种树都没有树枝，有百仞高。百果树也生长在这座山上。山下有很多怪异的蛇。

再往北三百里，有座敦题山，山上不生草木，有丰富的金属和玉石。这座山就靠近北海。

北方第二列山系，自管涔山到敦题山，一共十七座，蜿蜒五千六百九十里。这些山的山神都长着蛇的身子和人的面孔。祭祀这些山神的礼仪如下：带毛的祭品用一只公鸡和一头猪，埋入地下；玉器用一块璧和一块珪，把它们投入山中，祭祀时不用精米。

注释

①洹（huán）山：山名。

北次三经

导读

《北次三经》记载了太行山等山的地理分布和山川风貌。这些山可能分布于现在的山西、河北、河南、内蒙古一带。其中为大家所熟知的有太行山、王屋山、燕山等。经中提到了“精卫填海”的故事，记载了各种飞禽走兽，如能飞翔的天马、健壮的领胡、四翅六眼三脚的酸与等。

原文

北次三经之首，曰太行之山。其首曰归山，其上有金、玉，其下有碧。有兽焉，其状如麢羊而四角，马尾而有距，其名曰驒[①]，善还[②]，其名自訆。有鸟焉，其状如鹊，白身、赤尾、六足，其名曰鷶[③]，是善惊，其鸣自詨[④]。

又东北二百里，曰龙侯之山，无草木，多金、玉。决决之水出焉，而东流注于河。其中多人鱼，其状如鯑鱼[⑤]，四足，其音如婴儿，食之无痴疾。

译文

北方第三列山系的第一座叫太行山。太行山的起始叫归山，归山上盛产金属和玉石，山下出产碧玉。山里有种野兽，样子像羚羊，长着四只角，有马的尾巴和鸡的爪子，名字叫驒，擅长旋转，它的叫声就是它的名字。山里有种鸟，样子像喜鹊，有白色的身体和红色的尾巴，长着六只脚，名字叫鷶，这种鸟的警惕性很高，很容易被惊动，它的叫声就是它的名字。

◑驒（清·吴任臣《〈山海经〉广注》上色版）

◑鷶（清·吴任臣《〈山海经〉广注》上色版）

再往东北二百里，有座龙侯山，山上没有草木，有大量的金属和玉石。决决水就从这座山发源，之后向东注入黄河。水里有很多人鱼，样子像一般的鯑鱼，长着四只脚，它的叫声就像婴儿在啼哭，吃了它，人就不会得痴呆病。

◑鯑鱼（清·吴任臣《〈山海经〉广注》上色版）

注释

①䮝（hún）：传说中的一种兽名。②还（xuán）：通“旋”。旋转，回旋。③鷶（bēn）：传说中的鸟名，体型奇特。④詨：大声呼喊。⑤鲚（tí）鱼：鲵鱼，俗称娃娃鱼。

原文

又东北二百里，曰马成之山，其上多文石，其阴多金、玉。有兽焉，其状如白犬而黑头，见人则飞，其名曰天马，其鸣自訆。有鸟焉，其状如乌，首白而身青、足黄，是名曰鶌鶋[1]，其鸣自詨，食之不饥，可以已寓[2]。

译文

再往东北二百里，有座马成山。山上有很多带花纹的石头，山北有丰富的金属和玉石。山上还有一种野兽，形貌像白狗，头却是黑色的，见有人来便展翅飞走，这种兽名叫天马，它的叫声就像是在叫自己的名字。山上还有一种鸟，形状像乌鸦，脑袋是白色的，身体是青色的，爪子是黄色的，这种鸟名叫鶌鶋，它的叫声就是自己的名字，人吃了这种鸟的肉，就没有饥饿感，还可医治健忘症。

◑天马（法国·约瑟夫《中国动物画谱》）

◑天马（清·吴任臣《〈山海经〉广注》上色版）

◑天马（《谟区查抄本》）

注释

①鶌鶋（qū jū）：传说中的鸟名。②寓：健忘的病症，属阿尔茨海默病一类。

原文

又东北七十里，曰咸山，其上有玉，其下多铜，是多松、柏，草多茈草。条菅之水出焉，而西南流注于长泽。其中多器酸[①]，三岁一成，食之已疠。

又东北二百里，曰天池之山，其上无草木，多文石。有兽焉，其状如兔而鼠首，以其背飞，其名曰飞鼠。渑水[②]出焉，潜于其下，其中多黄垩。

译文

再往东北七十里，有座咸山。山上有很多玉石，山下蕴藏着丰富的铜矿。山上遍布着松树和柏树，草以紫草居多。条菅水就发源于这座山，之后向西南流入长泽。水中有很多器酸，每三年收获一次，吃了它能治瘟疫。

再往东北二百里，有座天池山。山上没有草木，到处是带有花纹的漂亮石头。山中有一种野兽，身形像兔子却长着老鼠的头，它借助背上的毛飞行，名叫飞鼠。渑水从这座山发源，潜流到山下，水中有很多可作涂饰的黄色泥土。

◑ 飞鼠（《谟区查抄本》）

◑ 飞鼠（清·吴任臣《〈山海经〉广注》）

注释

①器酸：产于静水中的一种酸味食物。②渑（shéng）水：古水名。

原文

又东三百里，曰阳山，其上多玉，其下多金、铜。有兽焉，其状如牛而赤尾，其颈腎[①]，其状如句瞿[②]，其名曰领胡，其鸣自詨，食之已狂。有鸟焉，其状如雌雉，而五采以文，是自为牝牡，名曰象蛇，其鸣自詨。留水出焉，而南流注于河。其中有䱻父[③]之鱼，其状如鲋鱼，鱼首而彘身，食之已呕。

又东三百五十里，曰贲闻之山，其上多苍玉，其下多黄垩，多涅石。

又北百里，曰王屋之山，是多石。𤅩水④出焉，而西北流注于泰泽。

又东北三百里，曰教山，其上多玉而无石。教水出焉，西流注于河，是水冬干而夏流，实惟干河。其中有两山。是山也，广员三百步，其名曰发丸之山，其上有金、玉。

译文

◑ 领胡（清·余省、张为邦《清宫兽谱》）

◑ 䱤父鱼（清·佚名《各样鱼图册》）

再往东三百里，有座阳山，山上有大量的玉石，山下出产丰富的金和铜。山里有种野兽，样子像牛，长着红色的尾巴，它的脖子上有肉瘤，肉瘤的形状像斗，名字叫领胡，领胡的叫声就是自己的名字，吃了它能治癫狂症。山里有种鸟，形状像雌野鸡，羽毛上有五彩缤纷的花纹，这种鸟是雌雄合体的，可以自行交配繁殖，它的名字叫象蛇，它的叫声就是自己的名字。留水就从这山发源，之后向南注入黄河。附近的水里生长着䱤父鱼，这种鱼的形状像鲫鱼，长着鱼的脑袋和猪的身子，吃了它可以治呕吐。

再往东三百五十里，有座贲闻山，山上有很多苍玉，山下有很多可作涂饰的黄色泥土，还有很多可作黑色染料的涅石。

再往北一百里，有座王屋山，这座山里遍布着石头。𤅩水就从这座山发源，之后向西北流注入泰泽。

再往东北三百里，有座教山，山上有大量的玉石，却没有石头。教水从这座山发源，之后向西流注入黄河。这条水系到了冬季就会干枯，只有在夏季才会有流水，其实是一条干河。教水的河道中有两座小山，这两座小山方圆三百步，叫发丸山，山上蕴藏着丰富的金属和玉石。

注释

①颈腎（shèn）：脖子上多余隆起的肉，似肉瘤。②句瞿（gōu qú）：斗。③䱤（xiàn）父：鱼名。④𤅩（lián）水：水名。

原文

又南三百里，曰景山，南望盐贩之泽，北望少泽，其上多草、藷藇[①]，其草多秦椒[②]，其阴多赭，其阳多玉。有鸟焉，其状如蛇，而四翼、六目、三足，名曰酸与，其鸣自詨，见则其邑有恐。

又东南三百二十里，曰孟门之山，其上多苍玉，多金，其下多黄垩，多涅石。

又东南三百二十里，曰平山，平水出于其上，潜于其下，是多美玉。

译文

再往南三百里，有座景山，从山上往南观望是盐贩泽，向北观望是少泽。山上生长着很多草和山药，山中的草以秦椒为多。山的北边出产大量的赭石，山的南边出产大量的玉石。这座山里有种鸟，样子像蛇，有四只翅膀和六只眼睛，还有三只脚，它的名字叫酸与，这鸟的叫声就是它的名字，这种鸟出现的地方会有恐怖的事情发生。

◑ 藷藇（明·文俶《金石昆虫草木状》）

◑ 秦椒（明·文俶《金石昆虫草木状》）

◑ 酸与（清·吴任臣《〈山海经〉广注》上色版）

再往东南三百二十里，有座孟门山，山上有大量的苍玉，山里出产大量的金属，山下遍布着黄色的垩土，以及储量丰富的涅石。

再往东南三百二十里，有座平山，平水从这座山顶发源，之后潜流到山下，水中有很多优良的玉石。

注释

①藷䓞（shǔ yù）：薯芋，又名“山药”。②秦椒：花椒，产于秦地，故得名。

原文

又东二百里，曰京山，有美玉，多漆木，多竹，其阳有赤铜，其阴有玄䃤[1]。高水出焉，南流注于河。

又东二百里，曰虫尾之山，其上多金、玉，其下多竹，多青碧。丹水出焉，南流注于河。薄水出焉，而东南流注于黄泽。

又东三百里，曰彭𣲖之山，其上无草木，多金、玉，其下多水。蚤林之水出焉，东南流注于河。肥水出焉，而南流注于床水，其中多肥遗之蛇。

译文

再往东二百里，有座京山，山里出产美玉，有很多漆树和竹子。山南出产赤铜，山北出产黑色磨刀石。高水从这座山发源，之后向南流入黄河。

再往东二百里，有座虫尾山。山上有很多金属和玉石，山下有很多竹子，还有很多青石和碧玉。丹水就发源于这座山，之后向南流入黄河。薄水也发源于这座山，之后向东南流入黄泽。

◑ 竹（明·文俶《金石昆虫草木状》）

再往东三百里，有座彭𣲖山，山上不长草木，有大量的金属和玉石，山下到处是流水。蚤林水就从这座山发源，之后向东南流注入黄河。肥水也从这座山发源，之后向南流注入床水，附近的水里有很多肥遗蛇。

注释

①玄䃤（sù）：玄，黑色的。䃤，磨刀石。

原文

又东百八十里，曰小侯之山，明漳之水出焉，南流注于黄泽。有鸟焉，其状如乌而白文，名曰鸪鹨①，食之不灂②。

又东三百七十里，曰泰头之山，共水出焉，南注于虖沱③。其上多金、玉，其下多竹箭。

又东北二百里，曰轩辕之山，其上多铜，其下多竹。有鸟焉，其状如枭而白首，其名曰黄鸟，其鸣自詨，食之不妒。

又北二百里，曰谒戾之山，其上多松、柏，有金、玉。沁水出焉，南流注于河。其东有林焉，名曰丹林。丹林之水出焉，南流注于河。婴侯之水出焉，北流注于汜水。

译文

再往东一百八十里，有座小侯山。明漳水就从这座山发源，之后向南注入黄泽。这座山里有种鸟，形状像乌鸦，身上有白色的斑纹，它的名字叫鸪鹨，吃了它的肉，人的眼睛就会明亮不昏花。

再往东三百七十里，有座泰头山。共水发源于这座山，之后向南流入虖沱水。泰头山蕴藏着丰富的金属和玉石，山下多是箭竹。

再往东北二百里，有座轩辕山，山上蕴藏着丰富的铜矿，山下长着很多竹子。山上有一种鸟，形状像猫头鹰，但脑袋是白色的，这种鸟叫黄鸟，它的叫声就是自己的名字，人吃了它可以消除忌妒心理。

再往北二百里，有座谒戾山，山上有很多松树和柏树，还蕴藏着很多金属矿物和玉石。沁水从这座山发源，之后向南流入黄河。山的东面有一片树林，名叫丹林。丹林水便从这里发源，之后向南流入黄河。婴侯水也从这里发源，之后向北流入汜水。

◑ 黄鸟（清·蒋廷锡《清宫鸟谱》）

注释

①鸪鹨（gū xí）：鸟名。②灂（jiào）：眼睛昏蒙不清。③虖（hū）沱：水名，即今滹沱河。

原文

东三百里，曰沮洳[1]之山，无草木，有金、玉。濝[2]水出焉，南流注于河。

又北三百里，曰神囷之山，其上有文石，其下有白蛇，有飞虫。黄水出焉，而东流注于洹。滏水出焉，而东流注于欧水。

又北二百里，曰发鸠之山，其上多柘木。有鸟焉，其状如乌，文首、白喙、赤足，名曰精卫，其鸣自詨。是炎帝之少女，名曰女娃，女娃游于东海，溺而不返，故为精卫，常衔西山之木石，以堙[3]于东海。漳水出焉，东流注于河。

又东北百二十里，曰少山，其上有金、玉，其下有铜。清漳之水出焉，东流注于浊漳之水。

译文

往东三百里，有座沮洳山，山上不长草木，有金属矿物和玉石。濝水从这座山发源，之后向南流入黄河。

再往北三百里，有座神囷山，山上有带花纹的漂亮石头，山下有白蛇，还有飞虫。黄水从这座山发源，之后向东流入洹水。滏水也从这座山发源，之后向东流入欧水。

再往北二百里，有座发鸠山，山上长着很多柘树。山里有一种鸟，样子像乌鸦，脑袋上有花纹，嘴是白色的，脚爪是红色的，它的名字叫精卫，它的叫声就是自己的名字。精卫原是炎帝的小女儿，名叫女娃，有一天她去东海游泳，结果溺死，再也没有回家。于是她变成了精卫鸟，经常从西山口衔树枝和石头填塞东海。漳水就发源于发鸠山，之后向东流入黄河。

◑精卫（日本·佚名《怪奇鸟兽图卷》）

再往东北一百二十里，有座少山，山上出产金属矿物和玉石，山下出产铜。清漳水从这座山发源，之后向东流入浊漳水。

注释

①沮洳（rù）：山名。②濝（qí）：水名。③堙（yīn）：填塞。

原文

又东北二百里，曰锡山，其上多玉，其下有砥。牛首之水出焉，而东流注于滏水。

又北二百里，曰景山，有美玉。景水出焉，东南流注于海泽。

又北百里，曰题首之山，有玉焉，多石，无水。

又北百里，曰绣山，其上有玉、青碧，其木多栒[①]，其草多芍药[②]、芎䓖。洧水[③]出焉，而东流注于河，其中有鳠、黾[④]。

又北百二十里，曰松山，阳水出焉，东北流注于河。

又北百二十里，曰敦与之山，其上无草木，有金、玉。溹水[⑤]出于其阳，而东流注于泰陆之水；泜水[⑥]出于其阴，而东流注于彭水。槐水出焉，而东流注于泜泽。

译文

再往东北二百里，有座锡山，山上有丰富的玉石，山下出产很多磨刀石。牛首水从这座山发源，之后向东流入滏水。

再往北二百里，有座景山，山上有很多优质的玉石。景水就发源于这座山，之后向东南流入海泽。

再往北一百里，有座题首山，山里出产玉石，到处是石头，但没有水。

再往北一百里，有座绣山。山上有玉石和青色的碧玉，山中的树木大多是栒树，而草以芍药、芎䓖居多。洧水从这座山发源，之后向东流入黄河，水中有鳠鱼和黾蛙。

◑ 红芍药（明·文俶《金石昆虫草木状》）

◑ 白芍药（明·文俶《金石昆虫草木状》）

再往北一百二十里，有座松山，阳水从这座山发源，之后向东北流入黄河。

再往北一百二十里，有座敦与山，山上不长草木，蕴藏着金属矿物和玉石。溹水从山南发源，之后向东流入泰陆水；泜水从山北发源，之后向东流入彭水；槐水也从这座山发源，之后向东流入泜泽。

注释

①栒（xún）：树名。古人常用其树干部分的木材制作拐杖。②芍（sháo）药：多年生草本花卉，初夏开花，与牡丹相似，花朵大而美丽，有白、红等颜色。③洧（wěi）水：古水名。④鳠（hù）、黾（měng）：鳠鱼和金线蛙。鳠鱼，体态较细，灰褐色，头扁平，背鳍、胸鳍相对有一硬刺，后缘有锯齿。黾，金线蛙，形体同蛤蟆相似而小一些，皮肤呈青色。⑤溹（suò）水：水名。⑥泜（zhī）水：水名。

原文

又北百七十里，曰柘山，其阳有金、玉，其阴有铁。历聚之水出焉，而北流注于洧水。

又北三百里，曰维龙之山，其上有碧玉，其阳有金，其阴有铁。肥水出焉，而东流注于皋泽，其中多礨石[①]。敞铁之水出焉，而北流注于大泽。

又北百八十里，曰白马之山，其阳多石、玉，其阴多铁，多赤铜。木马之水出焉，而东北流注于虖沱。

译文

再往北一百七十里，有座柘山。山南出产金属矿物和玉石，山北出产铁。历聚水从这座山发源，之后向北流入洧水。

再往北三百里，有座维龙山，山上有碧玉，山南出产金，山北出产铁。肥水从这座山发源，之后向东流入皋泽，水中有很多大石头。敞铁水从这座山发源，之后向北流入大泽。

再往北一百八十里，有座白马山，山南有很多石头和玉石，山北有很多铁资源，还有很多赤铜。木马水从这里发源，之后向东北流入虖沱水。

注释

①礨（lěi）石：在这里指河道中高出水面许多的大石头。礨，地势突然高出的样子。

原文

又北二百里，曰空桑之山，无草木，冬夏有雪。空桑之水出焉，东流注于虖沱。

又北三百里，曰泰戏之山，无草木，多金、玉。有兽焉，其状如羊，一角一目，目在耳后，其名曰辣辣①，其鸣自訆。虖沱之水出焉，而东流注于溇水②。液女③之水出于其阳，南流注于沁水。

又北三百里，曰石山，多藏金、玉。濩濩④之水出焉，而东流注于虖沱；鲜于之水出焉，而南流注于虖沱。

译文

再往北二百里，有座空桑山，山上没有草木，不论冬夏都有积雪。空桑水从这里发源，之后向东流入虖沱水。

再往北三百里，有座泰戏山，山里不生长草木，有许多金属和玉石。山里有种野兽，样子像羊，却只有一只角和一只眼睛，眼睛长在耳朵的后边，它的名字叫辣辣，这种野兽的叫声就是它的名字。虖沱水就从这座山发源，之后向东流注入溇水。液女水就发源于这山的南边，之后向南流注入沁水。

◑ 辣辣（清·吴任臣《〈山海经〉广注》上色版）

◑ 辣辣（清·余省、张为邦《清宫兽谱》）

再往北三百里，有座石山，山中有丰富的金属矿物和玉石。濩濩水从这座山发源，之后向东流入虖沱水；鲜于水也从这座山发源，之后向南流入虖沱水。

注释

①辣辣（dōng dōng）：传说中的兽名。②溇（lóu）水：水名。今湖北省西北部有溇水，为澧水支流。③液女：水名。④濩濩（huò huò）：水名。

原文

又北二百里，曰童戎之山，皋涂之水出焉，而东流注于溇液水。

又北三百里，曰高是之山，滋水出焉，而南流注于虖沱。其木多椶，其草多条。滱[①]水出焉，东流注于河。

又北三百里，曰陆山，多美玉。郯水[②]出焉，而东流注于河。

又北二百里，曰沂山[③]，般水[④]出焉，而东流注于河。

北百二十里，曰燕山，多婴石[⑤]。燕水出焉，东流注于河。

又北山行五百里，水行五百里，至于饶山。是无草木，多瑶、碧，其兽多橐驼，其鸟多鹠[⑥]。历虢[⑦]之水出焉，而东流注于河。其中有师鱼，食之杀人。

译文

再往北二百里，有座童戎山。皋涂水从这座山发源，之后向东流入溇液水。

再往北三百里，有座高是山。滋水从这座山发源，之后向南流入虖沱水。山中的树木多是棕树，草多是条草。滱水从这座山发源，之后向东流入黄河。

再往北三百里，有座陆山，这座山里有大量质地优良的玉石。郯水从这座山发源，之后向东流注入黄河。

再往北二百里，有座沂山。般水从这座山发源，之后向东流入黄河。

往北一百二十里，有座燕山，出产很多有彩色条纹的漂亮石头。燕水从这座山发源，之后向东流入黄河。

再往北走五百里山路，之后再走五百里水路，便到了饶山。这座山不长草木，到处是瑶、碧一类的美玉，山中的野兽大多是骆驼，而禽鸟大多是鸺鹠鸟。历虢水从这座山发源，之后向东流入黄河。水中有师鱼，人吃了它的肉就会中毒而死。

◑ 骆驼（法国·约瑟夫《中国动物画谱》）

注释

①滱（kòu）：古水名。发源于山西省浑源县翠屏山，入河北，即为今之唐河，后合于易水。②郯（jiāng）水：传说中的水名。③沂山：山名。④般（pán）水：水名。⑤婴石：一种像玉一样的带有彩色条纹的漂亮石头。⑥鹠（liú）：鸺鹠，一种类似猫头鹰的动物。⑦历虢：水名。

原文

又北四百里，曰乾山①，无草木，其阳有金玉，其阴有铁而无水。有兽焉，其状如牛而三足，其名曰獂②，其鸣自詨。

又北五百里，曰伦山，伦水出焉，而东流注于河。有兽焉，其状如麋，其川③在尾上，其名曰罴。

又北五百里，曰碣石之山，绳水出焉，而东流注于河，其中多蒲夷之鱼。其上有玉，其下多青碧。

又北水行五百里，至于雁门之山，无草木。

译文

再往北四百里，有座乾山。山上无草木，山南有着丰富的金属矿石和玉石，山北蕴藏着丰富的铁矿，但这里没有水。山上有一种野兽，形状似牛，却长了三只脚，它的名字叫獂，它的叫声就是自己的名字。

再向北五百里，有座伦山。伦水就发源于这座山，之后向东流入黄河。山里有一种野兽，身形似麋鹿，但肛门长在尾巴上，这种野兽名叫罴。

◑ 獂（清·吴任臣《〈山海经〉广注》上色版）

◑ 罴（清·吴任臣《〈山海经〉广注》上色版）

再往北五百里，有座碣石山。绳水发源于这座山，之后向东流入黄河，绳水中有很多蒲夷鱼。碣石山上有很多玉石，山下有很多青色碧玉。

再往北行五百里水路，便到了雁门山，这里没有草木。

注释

①乾（gān）山：山名。②獂（huán）：传说中的野兽名。③川：这里指“窍”，即肛门。

原文

又北水行四百里，至于泰泽。其中有山焉，曰帝都之山，广员百里，无草木，有金、玉。

又北五百里，曰錞于毋逢之山，北望鸡号之山，其风如飚[1]。西望幽都之山，浴水出焉。是有大蛇，赤首白身，其音如牛，见则其邑大旱。

凡北次三经之首，自太行之山以至于毋逢之山，凡四十六山，万二千三百五十里。其神状皆马身而人面者廿[2]神。其祠之：皆用一藻珪瘗之。其十四神状皆彘身而载玉。其祠之：皆玉，不瘗。其十神状皆彘身而八足蛇尾。其祠之：皆用一璧瘗之。大凡四十四神，皆用稌糈米祠之。此皆不火食。

右北经之山，凡八十七山，二万三千二百三十里。

译文

再往北行四百里水路，便到了泰泽。泰泽中屹立着一座山，叫作帝都山，此山方圆一百里，不长草木，山里有金属矿物和玉石。

再往北五百里，有座錞于毋逢山，从这座山向北望可以看见鸡号山，从那里吹出来的风非常强劲。向西望可以看见幽都山，浴水就是从这发源。这里有种大蛇，这种蛇有红色的脑袋和白色的身体，它的声音就像牛在叫，这种蛇出现的地方会发生严重的旱灾。

北方第三列山系，从太行山起到毋逢山一共有四十六座，绵延一万二千三百五十里。其中二十座山的山神都是马的身体和人的面孔。祭祀这些山神的礼仪如下：都是把藻、珪埋入地下。另外十四座山的山神都有猪的身体，佩戴着玉制的饰品。祭祀这些山神的礼仪如下：全用玉器，不埋入地下。另有十座山的山神都有猪的身体，长着八只脚，有蛇尾，祭祀这些山神的礼仪如下：把一块玉璧埋入地下。所有这四十四位山神都用精米祭祀。祭祀诸山神都要用未经火烹调的食物。

以上是北方的山系，总共有八十七座，绵延二万三千二百三十里。

注释

①飚（lì）：风急速貌。②廿（niàn）：二十。

山海经第四

东山经

本章详细介绍了东方四大山系、共四十六座山的方位和物产等情况，既可管窥古今气候变化，也与古今地理特征相印证。

东次一经

导读

《东次一经》记载了竹山等山的地理位置。这些山可能分布于现在的山东、安徽一带。东岳泰山就分布于这列山系中。经中所述之山中不但有许多草木和鱼类，还出产丰富的矿物。怪兽有六脚的从从，鸡形鼠毛的蚩鼠，还有生活在水中、身形像蛇、长着鱼鳍的絛鳙。

原文

东山经之首，曰樕螽[①]之山，北临乾昧[②]。食水出焉，而东北流注于海。其中多鳙鳙[③]之鱼，其状如犁牛，其音如彘鸣。

又南三百里，曰藟山[④]，其上有玉，其下有金。湖水出焉，东流注于食水，其中多活师[⑤]。

译文

东方第一列山系的第一座山叫樕螽山，北边和乾昧山相邻。食水就从这座山发源，之后向东北注入大海。水里有很多鳙鳙鱼，它的样子像犁牛，叫声像猪的嘶叫声。

◑ 鳙鳙鱼（清·佚名《各样鱼图册》）

◑ 犁牛（法国·约瑟夫《中国动物画谱》）

再往南三百里，有座藟山，山上有很多玉石，山下有很多金属矿物。湖水发源于这座山，之后向东流入食水，水中有很多蝌蚪。

◑ 犁牛（清·余省、张为邦《清宫兽谱》）

注释

①樕螽（sù zhū）：山名。②乾昧（gān mèi）：传说中的山名。③鳙鳙（yōng yōng）：与现在的鳙鱼不同，这里指的是古代传说中的一种怪鱼。④藟（lěi）山：山名。⑤活师：蝌蚪，是青蛙、蟾蜍一类两栖动物的幼体。

原文

又南三百里，曰栒状之山，其上多金、玉，其下多青碧、石。有兽焉，其状如犬，六足，其名曰从从，其鸣自詨。有鸟焉，其状如鸡而鼠毛，其名曰蚩鼠[1]，见则其邑大旱。沢水[2]出焉，而北流注于湖水。其中多箴鱼[3]，其状如儵[4]，其喙如箴，食之无疫疾。

又南三百里，曰勃亝[5]之山，无草木，无水。

又南三百里，曰番条之山，无草木，多沙。减水[6]出焉，北流注于海，其中多鳡鱼[7]。

译文

再往南三百里，有座栒状山，山上有丰富的金属矿物和玉石，山下有很多青色碧玉和石头。山中有一种野兽，身形像狗，长着六只脚，名叫从从，它的叫声就是它的名字。山里有种鸟，样子像鸡，长着老鼠的毛，它的名字叫蚩鼠，它出现的地方，就会发生大旱灾。沢水就从这座山发源，之后向北注入湖水。水里有很多箴鱼，这种鱼形状像儵鱼，嘴巴像根针，人吃了它就不会感染瘟疫。

◑ 从从（清·吴任臣《〈山海经〉广注》上色版）

◑ 蚩鼠（清·吴任臣《〈山海经〉广注》上色版）

◑ 蚩鼠（日本·佚名《怪奇鸟兽图卷》）

再往南三百里，有座勃亝山，山上没有草木，也没有水。

再往南三百里，有座番条山，山上不长草木，有很多沙子。减水发源于这座山，之后向北流入大海，水里有很多鳡鱼。

注释

①蚩（zī）鼠：传说中的一种怪鸟。②沢（zhǐ）水：古水名。③箴（zhēn）鱼：鱼名。箴，通“针”，取其细长之意。④儵（tiáo）：“儵”即“儵”字。儵鱼是一种细长的白色小鱼。⑤勃垒（qí）：山名。“垒”是“齐”的古字。⑥减（jiǎn）水：水名。“减”，同“减”。⑦鳡（gǎn）鱼：鱼名。又名黄颊鱼。

原文

又南四百里，曰姑儿之山，其上多漆，其下多桑、柘。姑儿之水出焉，北流注于海，其中多鳡鱼。

又南四百里，曰高氏之山，其上多玉，其下多箴石[①]。诸绳之水出焉，东流注于泽，其中多金、玉。

又南三百里，曰岳山，其上多桑，其下多樗。泺[②]水出焉，东流注于泽，其中多金、玉。

译文

再向南四百里，有座姑儿山。山上长着很多漆树，山下长着很多桑树和柘树。姑儿水发源于这座山，之后向北流入大海。水中有很多鳡鱼。

再向南四百里，有座高氏山，山上有很多玉，山下有很多适合制石针的石头。诸绳水发源于这座山，之后向东流入大泽，水中有很多金属矿石和玉石。

◑ 樗树（明·文俶《金石昆虫草木状》）

再往南三百里，有座岳山，山上有很多桑树，山下有很多臭椿树。泺水就发源于这座山，之后向东流入大泽。这里有很多金属矿石和玉石。

注释

①箴（zhēn）石：一种能够制作成石针用来针灸和实施外科小手术的石头。
②泺（luò）：古水名。源出今山东省济南市西南，北流入古济水（今黄河下游）。

原文

又南三百里，曰豺[1]山，其上无草木，其下多水，其中多堪孖[2]之鱼。有兽焉，其状如夸父而彘毛，其音如呼，见则天下大水。

又南三百里，曰独山，其上多金、玉，其下多美石。末涂之水出焉，而东南流注于沔，其中多偹鳙[3]，其状如黄蛇，鱼翼，出入有光，见则其邑大旱。

又南三百里，曰泰山，其上多玉，其下多金。有兽焉，其状如豚而有珠，名曰狪狪[4]，其鸣自訆。环水出焉，东流注于江，其中多水玉。

又南三百里，曰竹山，錞于江，无草木，多瑶碧。激水出焉，而东南流注于娶檀之水，其中多茈蠃。

凡东山经之首，自樕蠡之山以至于竹山，凡十二山，三千六百里。其神状皆人身龙首。祠：毛用一犬祈，聃[5]用鱼。

译文

再往南三百里，有座豺山。山上不生草木，山下多流水，附近的水里有很多堪孖鱼。山里有种野兽，样子像猿猴，浑身长着猪毛，叫声像人在呼喊，这种野兽一出现，天下就会发生大水灾。

再往南三百里，有座独山，山上有丰富的金属矿物和玉石，山下有很多漂亮的石头。末涂水从这里发源，之后向东南流入沔水，水里有很多偹鳙，样子与黄蛇类似，长着鱼鳍，出入水中时有亮光，它们在哪里出现，哪里就会发生大旱灾。

◑ 偹鳙（清·吴任臣《〈山海经〉广注》上色版）

◑ 偹鳙（清·吴任臣《〈山海经〉广注》）

再向南三百里，有座泰山，山上有很多玉石，山下有很多金属矿物。山中有一种野兽，样子像猪，体内有珠子，名叫狪狪，它的叫声就是它的名字。

环水发源于泰山，之后向东流入江水，水中有很多水晶。

再往南三百里，有座竹山，这座山雄踞江边，山上没有草木，有很多瑶、碧一类的玉石。激水就发源于这座山，之后向东南流入娶檀水，水里有很多紫色的螺。

◑ 狪狪（清·余省、张为邦《清宫兽谱》）

东方第一列山系，从樕螽山起到竹山止，一共有十二座山，长达三千六百里。这些山的山神样子都是人的身体、龙的脑袋。祭祀这些山神的礼仪如下：带毛的动物祭品用一只狗祈祷，用鱼血涂祭。

◑ 人身龙首神（明·蒋应镐《山海经》上色版）

注释

①犲（chái）："犲"同"豺"。俗名豺狗，一种类狼的犬科动物。性凶猛，常成群围攻牛、羊等牲畜。②堪孖（xù）：传说中的怪鱼。③鯈（tiáo）蠵：传说中的动物名。④狪狪（tóng tóng）：传说中的野兽名。⑤衈（èr）：指古代杀牲取血以供祭祀之用。

东次二经

导读

《东次二经》记载了空桑山等山的地理位置和山川风貌。这些山可能分布于现在的山东、江苏、安徽、浙江、福建一带。这列山系中生活着许多怪兽，如全身虎纹牛形的怪兽軨軨、九头九尾的蠪姪，以及能预测旱灾的獙獙等。

原文

东次二经之首，曰空桑之山，北临食水，东望沮吴，南望沙陵，西望湣泽[①]。有兽焉，其状如牛而虎文，其音如钦，其名曰軨軨[②]，其鸣自叫，见则天下大水。

又南六百里，曰曹夕之山，其下多榖而无水，多鸟兽。

又西南四百里，曰峄皋[③]之山，其上多金、玉，其下多白垩。峄皋之水出焉，东流注于激女[④]之水，其中多蜃珧[⑤]。

又南水行五百里，流沙三百里，至于葛山之尾，无草木，多砥砺。

译文

东方第二列山系的第一座山叫空桑山，这座山的北边毗邻食水，东边可以看见沮吴，南边可以远眺沙陵，西边可以望见湣泽。这座山里有种野兽，样子像牛，身上长着老虎的斑纹，叫声像人在低吟，它的名字叫軨軨，它的叫声就是自己的名字。这种野兽一出现，天下就会发生大水灾。

◑ 軨軨（清·余省、张为邦《清宫兽谱》）

再往南六百里，有座曹夕山，山下有很多构树，没有水，有很多鸟兽。

再往西南四百里，有座峄皋山，山上有很多金属矿石和玉石，山下有很多白垩。峄皋水发源于这座山，之后向东流入激女水，水中有很多蚌蛤。

再往南经过五百里水路，穿过三百里流沙，就到了葛山的末端，这里没有草木，有很多磨刀石。

注释

①湣（mǐn）泽：湖泊名。②軨軨（líng líng）：传说中的野兽名。③峄皋（yì gāo）：山脉名。④激女（rǔ）：水名。女，同“汝”。⑤蜃珧（yáo）：蚌蛤之类。蜃是大蛤蜊，一种软体动物。珧是体型较小的蚌。

原文

又南三百八十里，曰葛山之首，无草木。澧水出焉，东流注于余泽，其中多珠蟞[①]鱼，其状如肺而四目，六足有珠，其味酸甘，食之无疠。

又南三百八十里，曰余峨之山，其上多梓、楠，其下多荆、芑。杂余之水出焉，东流注于黄水。有兽焉，其状如菟而鸟喙，鸱目蛇尾，见人则眠[②]，名曰犰狳[③]，其鸣自訆，见则螽蝗[④]为败。

又南三百里，曰杜父之山。无草木，多水。

译文

再往南三百八十里，是葛山的起点，这里没有草木。澧水就发源于这里，之后向东流入余泽，水中有很多珠蟞鱼，这种鱼的形状像动物的肺器官，有四只眼睛和六只脚，能吐出珠子，它的肉酸中带甜，人吃了可以不染瘟疫。

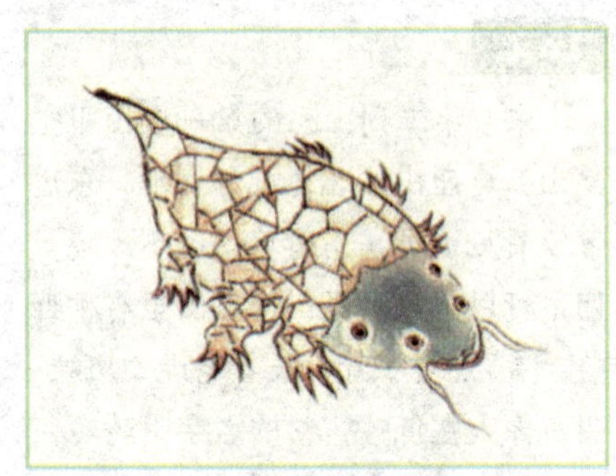
◑ 珠蟞鱼（清·吴任臣《〈山海经〉广注》上色版）

再往南三百八十里，有座余峨山，山上长着很多梓树和楠树，山下长着很多荆棘树和枸杞树。杂余水就发源于这座山，之后向东流入黄水。山上有一种野兽，体形像兔，却有鸟一样的嘴巴，眼睛似鹰，尾巴似蛇，看见人便装死，这种兽名叫犰狳，它的名字是根据自己的叫声得来的。这种兽出现的地方，将遭受蝗灾，庄稼将受到危害。

再向南三百里，有座杜父山。山中不长草木，有很多水。

◑ 枸杞树（明·文俶《金石昆虫草木状》）

注释

①蟞（biē）：同“鳖”。②眠：假死，装死。③犰狳（qiú yú）：兽名。④螽（zhōng）蝗：蝗虫。

原文

又南三百里，曰耿山，无草木，多水碧[1]，多大蛇。有兽焉，其状如狐而鱼翼，其名曰朱獳[2]，其鸣自訆，见则其国有恐。

又南三百里，曰卢其之山，无草木，多沙石。沙水出焉，南流注于涔水[3]。其中多鵹鹕[4]，其状如鸳鸯而人足，其鸣自訆，见则其国多土功。

又南三百八十里，曰姑射[5]之山，无草木，多水。

又南水行三百里，流沙百里，曰北姑射之山，无草木，多石。

译文

再向南三百里，有座耿山。山中不长草木，有很多绿色水晶，还有很多大蛇。山中有一种野兽，样子像狐狸，却长着鱼一样的鳍，名字叫朱獳，它的名字是根据自己的叫声得来的。它出现的国家会发生令人恐慌之事。

◑朱獳（清·吴任臣《〈山海经〉广注》上色版）

◑朱獳（法国·约瑟夫《中国动物画谱》）

再往南三百里，有座卢其山。山上没有草木，有很多沙石。沙水就发源于这座山，之后向南流入涔水。附近的水里有很多鵹鹕，这种鸟的形状像鸳鸯，长着人一样的脚，它的叫声就是自己的名字，这种鸟出现的国家会大兴土木。

再往南三百八十里，有座姑射山，山上没有草木，有很多水。

再往南穿过三百里水路，再经过一百里流沙，就是北姑射山。山上没有草木，有很多石头。

注释

①水碧：玉的一种，系绿色水晶石。②朱獳（rú）：传说中的怪兽。③涔（cén）水：水名。④鵹鹕（lí hú）：传说中的鸟名。⑤姑射（yè）：山名。即古石孔山。在今山西省临汾市西边。

原文

又南三百里，曰南姑射之山，无草木，多水。

又南三百里，曰碧山，无草木，多大蛇，多碧、水玉。

又南五百里，曰缑氏[1]之山，无草木，多金、玉。原水出焉，东流注于沙泽。

又南三百里，曰姑逢之山，无草木，多金、玉。有兽焉，其状如狐而有翼，其音如鸿雁，其名曰獙獙[2]，见则天下大旱。

译文

再往南三百里，有座南姑射山。山上没有草木，有很多水。

再往南三百里，有座碧山。山上没有草木，有很多大蛇，还有很多青碧色的玉石和水晶石。

再往南五百里，有座缑氏山。山上不生长草木，有丰富的金属矿物和玉石。原水从这座山发源，之后向东流入沙泽。

再往南三百里，有座姑逢山，山上没有草木，有丰富的金属矿物和玉石。山中有一种野兽，长得像狐狸却有翅膀，声音如同大雁鸣叫，名叫獙獙，它一出现天下就会大旱。

◑ 獙獙（清·吴任臣《〈山海经〉广注》上色版）

注释

①缑（gōu）氏：古县名。在今河南省偃师市东南边。②獙獙（bì bì）：兽名。

原文

又南五百里，曰凫丽之山，其上多金、玉，其下多箴石。有兽焉，其状如狐，而九尾、九首、虎爪，名曰蠪侄[1]，其音如婴儿，是食人。

又南五百里，曰䃌山[2]，南临䃌水，东望湖泽。有兽焉，其状如马而羊目、四角、牛尾，其音如獆狗，其名曰峳峳[3]，见则其国多狡客。有鸟焉，其状如凫[4]而鼠尾，善登木，其名曰絜钩[5]，见则其国多疫。

凡东次二经之首，自空桑之山至于磹山，凡十七山，六千六百四十里。其神状皆兽身、人面、载觡⑥。其祠：毛用一鸡祈，婴⑦用一璧瘗。

译文

再往南五百里，有座凫丽山。山上有丰富的金属矿物和玉石，山下盛产箴石。山中有一种野兽，形状像狐狸，却有九条尾巴、九个脑袋、虎一样的爪子，它的名字叫蠪蛭，这种野兽的叫声酷似婴儿的啼哭，吃人。

◑ 蠪蛭（清·吴任臣《〈山海经〉广注》上色版）

再往南五百里，有座磹山，这山的南边挨着磹水，向东观望能看见湖泽。山里有种野兽，长得像马，眼睛像羊，有四只犄角，拖着一条牛尾巴，它的叫声和狗相似，它的名字叫峳峳，这野兽在哪个国家出现，哪个国家就会聚集一批狡猾的人。山里还有种鸟，像野鸭子，拖着老鼠尾巴，擅长爬树，名字叫絜钩，它在哪个国家出现，哪个国家就会频繁发生瘟疫。

◑ 峳峳（清·吴任臣《〈山海经〉广注》）

东方第二列山系，从空桑山到磹山，一共有十七座山，绵延六千六百四十里。这些山的山神都有野兽的身体和人的面孔，头上长着麋鹿的角。祭祀这些山神的礼仪如下：带毛的动物祭品用一只鸡祈祷，玉器用一块玉璧埋入地下。

注释

①蠪蛭（lóng zhì）：神话中的兽名。②磹（zhēn）山：山名。③峳峳（yóu yóu）：传说中的兽名。④凫：野鸭子。⑤絜钩（xié gōu）：古代传说中的鸟名。⑥觡（gé）：麋鹿等的角。⑦婴：古代用玉器祭祀神的专称。

东次三经

导读

《东次三经》记载尸胡山等山的位置分布。这些山可能分布于现在的渤海之滨，以及日本、韩国等国一带。这些山中野兽较少，但鱼类很多，如鮇鱼、鲔鱼和长有六只脚的怪鱼等。

原文

又东次三经之首，曰尸胡之山，北望殚山[1]，其上多金、玉，其下多棘。有兽焉，其状如麋而鱼目，名曰妴胡[2]，其鸣自訆。

又南水行八百里，曰岐山，其木多桃、李，其兽多虎。

又南水行五百里，曰诸钩之山，无草木，多沙石。是山也，广员百里，多寐鱼。

又南水行七百里，曰中父之山，无草木，多沙。

又东水行千里，曰胡射之山，无草木，多沙石。

译文

东方第三列山系的第一座山叫尸胡山，从这座山向北望可以看见殚山，山上有大量的金属和玉石，山下有很多酸枣树。山里有种野兽，长得像麋鹿，有鱼的眼睛，名字叫妴胡，它的叫声就是自己的名字。

◑ 妴胡（清·余省、张为邦《清宫兽谱》）

再往南行八百里水路，有座岐山，山上生长着桃树和李树，山中出没的野兽多是虎。

再往南行五百里水路，有座诸钩山。山上没有草木，多沙石。这座山方圆百里，水中有很多寐鱼。

再往南行七百里水路，有座中父山。山上没有草木，多沙子。

再往东行一千里水路，有座胡射山。山上没有草木，有很多沙石。

◑ 桃（明·文俶《金石昆虫草木状》）

注释

①殚（xiáng）山：山名。②妴（wǎn）胡：兽名。

原文

又南水行七百里，曰孟子之山，其木多梓、桐，多桃、李，其草多菌蒲，其兽多麋、鹿。是山也，广员百里。其上有水出焉，名曰碧阳，其中多鳣、鲔[①]。

又南水行五百里，曰流沙，行五百里，有山焉，曰跂踵[②]之山。广员二百里，无草木，有大蛇，其上多玉。有水焉，广员四十里，皆涌，其名曰深泽，其中多蠵龟[③]。有鱼焉，其状如鲤，而六足鸟尾，名曰鮯鮯[④]之鱼，其鸣自訆。

译文

◑ 菌（明·文俶《金石昆虫草木状》）

◑ 香蒲（明·文俶《金石昆虫草木状》）

再往南行七百里水路，有座孟子山，山中树木多为梓树、桐树、桃树和李树。草多为菌类和香蒲，兽多为麋、鹿。这座山方圆百里。有一条水流从山上流出，名叫碧阳，水中有很多鳣鱼和鲔鱼。

◑ 麋鹿（明·文俶《金石昆虫草木状》）

◑ 鮯鮯鱼（清·吴任臣《〈山海经〉广注》上色版）

再往南行五百里水路，再走过五百里流沙，有座山叫跂踵山，这座山方圆二百里，山上没有草木，有大蛇出没，山上还有很多玉石。这座山上有个大泽，方圆四十里，都是从地下奔涌而出的水，这个大泽名叫深泽，泽里有很多蠵龟。水中还有种鱼，形状似鲤鱼，长有六只脚，尾似鸟尾，名叫鮯鮯鱼，它的叫声就是它的名字。

注释

①鳣、鲔（zhān wěi）：鳣，鲟鱼。鲔，白鲟的古称。②跂踵（qǐ zhǒng）：山名。③蠵（xī）龟：也叫赤蠵龟，一种海龟，长约一米，背面褐色，杂有黄色纹，腹面淡黄，四肢呈桨状。④鮯鮯（gé gé）：传说中的一种鱼。

原文

又南水行九百里，曰踇隅[1]之山，其上多草木，多金、玉，多赭。有兽焉，其状如牛而马尾，名曰精精，其鸣自叫。

又南水行五百里，流沙三百里，至于无皋[2]之山。南望幼海，东望榑木[3]，无草木，多风。是山也，广员百里。

凡东次三经之首，自尸胡之山至于无皋之山，凡九山，六千九百里。其神状皆人身而羊角。其祠：用一牡羊[4]，糈用黍。是神也，见则风雨水为败。

译文

再往南行九百里水路，有座踇隅山。山上有很多草木，还有很多金属和玉石，以及红色的土。山上还有一种野兽，身形似牛，长有马尾，它名叫精精，它的叫声就是它的名字。

再往南行五百里水路，经过三百里流沙，就到了无皋山。从这座山往南可远眺幼海，往东可远眺扶桑树，这山上寸草不生，经常刮风。这座山方圆百里。

东方第三列山系，从尸胡山到无皋山，一共有九座山，绵延六千九百里。这九座山的山神身形都似人，却长有羊角。祭祀这些山神的礼仪如下：祭物用一只公羊，精米用黍米。这些山的山神出现的时候，都会有暴风骤雨，往往会发生水灾。

◑精精（清·余省、张为邦《清宫兽谱》）

注释

①踇（mǔ）隅：山名。②无皋（gāo）：山名。③榑（fú）木：扶桑，传说中的神树。④牡羊：公羊。

东次四经

导读

《东次四经》记载了北号山等山的地理位置和山川风貌。这些山可能分布于现在的山东、河北、江苏一带。这些山和附近水中有许多怪兽，如一首十身的茈鱼、能预测大旱的薄鱼、样子像猪长着獠牙的当康、样子像独眼牛的蜚。

原文

又东次四经之首，曰北号之山，临于北海。有木焉，其状如杨，赤华，其实如枣而无核，其味酸甘，食之不疟。食水出焉，而东北流注于海。有兽焉，其状如狼，赤首鼠目，其音如豚，名曰猲狚①，是食人。有鸟焉，其状如鸡而白首，鼠足而虎爪，其名曰鬿雀②，亦食人。

又南三百里，曰旄山，无草木。苍体之水出焉，而西流注于展水。其中多鱃鱼③，其状如鲤而大首，食者不疣④。

译文

东方第四列山系的第一座山叫北号山，坐落在北海边上。山上有种树，长得像杨树，开红色的花，果实有点像枣，但是没有核，味道酸中带甜，吃了它就不得疟疾。食水从这座山发源，之后向东北注入大海。山里有种野兽，长得像狼，有红色的脑袋，眼睛像老鼠，叫声像小猪，名字叫猲狚，吃人。山里有种鸟，样子像鸡，长着白色的脑袋和老鼠的脚，爪子像虎爪，名字叫鬿雀，也吃人。

◑猲狚（清·余省、张为邦《清宫兽谱》）

◑鬿雀（明·蒋应镐《山海经》）

再往南三百里，有座旄山，山上没有草木。苍体水就发源于这座山，之后向西流入展水。水中有很多鱃鱼，形似鲤鱼，鱼头较大，人吃了这种鱼就不会长赘疣。

注释

①猲（gé）狚：古代传说中的野兽。②鬿（qí）雀：古代传说中的恶鸟名。③鱃（qiū）鱼：鱼名。鱃，即“鳅”，俗称泥鳅。④疣：一种皮肤上的病，症状为皮肤上长肉瘤。

原文

又南三百二十里，曰东始之山，上多苍玉。有木焉，其状如杨而赤理，其汁如血，不实，其名曰芑，可以服马。泚水出焉，而东北流注于海，其中多美贝，多茈鱼，其状如鲋，一首而十身，其臭如蘪芜，食之不糟①。

又东南三百里，曰女烝②之山，其上无草木。石膏水出焉，而西注于鬲水③，其中多薄鱼，其状如鳣④鱼而一目，其音如欧⑤，见则天下大旱。

译文

再往南三百二十里，有座东始山，山上有很多青玉。山中有一种树，形状像杨树却有红色的纹理，树干中的汁液与血相似，不结果实，名叫芑，把这树的汁液涂在马身上就可使马驯服。泚水从这座山发源，之后向东北流入大海，水中有许多美丽的贝壳，还有很多茈鱼，茈鱼的形状像鲫鱼，长着一个脑袋、十个身子，它的气味与蘪芜草相似，人吃了它就会少放屁。

◑茈鱼（清·吴任臣《〈山海经〉广注》上色版）

◑薄鱼（清·吴任臣《〈山海经〉广注》上色版）

再往东南三百里，有座女烝山，山上没有草木。石膏水就发源于这座山，之后向西流入鬲水。水中有很多薄鱼，长得很像鳝鱼，只长有一只眼睛，它的叫声就像人在呕吐，这种鱼一出现，天下就会出现大旱。

注释

①糟（pì）：屁，中医指元气下泄的疾病。②女烝（zhēng）：山名。③鬲（gé）水：古水名。④鳣（shàn）：同“鳝”。黄鳝。⑤欧：“呕”的古字。吐。

原文

又东南二百里，曰钦山，多金、玉而无石。师水出焉，而北流注于皋泽，其中多鱃鱼，多文贝。有兽焉，其状如豚而有牙[1]，其名曰当康，其鸣自叫，见则天下大穰。

又东南二百里，曰子桐之山，子桐之水出焉，而西流注于余如之泽。其中多䱻鱼[2]，其状如鱼而鸟翼，出入有光，其音如鸳鸯，见则天下大旱。

译文

◑当康（清·余省、张为邦《清宫兽谱》）

再往东南二百里，有座钦山，山上有很多金属矿物和玉石，没有石头。师水就发源于这座山，之后向北流入皋泽。水中有很多鱃鱼，还有很多带有花纹的贝壳。钦山上有一种野兽，形似小猪，长有獠牙，名叫当康，它的叫声就是自己的名字，这种野兽一旦出现，就预示天下将有好收成。

再往东南二百里，有座子桐山。子桐水从这山发源，之后向西注入余如泽。附近的水里生长着很多䱻鱼，这鱼看起来和一般的鱼差不多，长着鸟的翅膀，从水里出来进去时都会发光。䱻鱼的叫声像鸳鸯，它一出现，天下就会发生大旱灾。

◑䱻鱼（《谟区查抄本》）

◑䱻鱼（清·吴任臣《〈山海经〉广注》上色版）

注释

①牙：这里指露出唇外的獠牙。②䱻（huá）鱼：传说中的鱼名。

原文

又东北二百里，曰剡山[1]，多金、玉。有兽焉，其状如彘而人面，黄身而赤尾，其名曰合窳[2]，其音如婴儿。是兽也，食人，亦食虫、蛇，见则天下大水。

又东二百里，曰太山，上多金、玉、桢木[3]。有兽焉，其状如牛而白首，一目而蛇尾，其名曰蜚，行水则竭，行草则死，见则天下大疫。钩水出焉，而北流注于劳水，其中多鱃鱼。

凡东次四经之首，自北号之山至于太山，凡八山，一千七百二十里。

右东经之山志，凡四十六山，万八千八百六十里。

译文

再往东北二百里，有座剡山，山上有很多金属矿物和玉石。山上有一种野兽，身形似猪，长着一副人的面孔，全身是黄色的，尾巴是红色的，这种野兽名叫合窳，它的叫声如婴儿啼哭。这种野兽吃人，也吃虫、蛇，它一旦出现，天下将有严重水灾。

再往东二百里，有座太山，山上有很多金属矿物和玉石，还有很多女桢树。山上有一种野兽，身形似牛，脑袋是白色的，长有一只眼睛，尾巴似蛇，名叫蜚，这种野兽在水中行走，水便要枯竭；在草中行走，草便会枯死。它一旦出现，天下就将发生严重的瘟疫。钩水就发源于太山上，之后向北流入劳水，水里有很多鱃鱼。

东方第四列山系，从北号山起到太山止，一共有八座，绵延一千七百二十里。

以上就是东方所有山脉的记录，总共有四十六座山，绵延一万八千八百六十里。

◑ 蜚（清·吴任臣《〈山海经〉广注》上色版）

注释

①剡（shàn）山：山名。剡，古县名，在今浙江省嵊州市西边。②合窳（yǔ）：神话中的兽名。③桢（zhēn）木：女桢，常绿大乔木，高可达十米。叶呈卵形，开白色花，果实椭圆形。

中山经

本章共两万多字，是《山海经》中篇幅最长、记载怪物最多的一篇。本章一共记载了一百九十七座山，其中包括诸多名山，如少室山、泰室山（现在的嵩山）、荆山（卞和发现和氏璧的地方）等。

中次一经

导读

《中次一经》记载了中部甘枣山等山的地理位置和山川风貌。这些山分布于现在的山西一带。山中有不少有药用价值的动植物，如可治疗瘿疮的植楮、治疗耳聋的雕棠、治疗中风的荣草。此外，还有可以治疗白癣的豪鱼、可以治疗痔疮的飞鱼、医治抑郁症的朏朏。

原文

中山经薄山之首，曰甘枣之山，共水[①]出焉，而西流注于河。其上多杻木。其下有草焉，葵本而杏叶，黄华而荚实，名曰箨[②]，可以已瞢[③]。有兽焉，其状如䖘鼠[④]而文题，其名曰𪕮[⑤]，食之已瘿[⑥]。

又东二十里，曰历儿之山，其上多橿[⑦]，多枥木[⑧]，是木也，方茎而员叶，黄华而毛，其实如楝[⑨]，服之不忘。

译文

中部第一列山系是薄山山系，山系的第一座山叫甘枣山。共水从这座山发源，之后向西流入黄河。山上长着很多杻树。山下有一种草，这种草的根和葵菜的一样，叶子像杏叶，开黄色的花，结荚果，名叫箨，吃了它可以治疗眼睛视物模糊的病。山里有一种野兽，像䖘鼠，脑袋上有花纹，名字叫𪕮，人吃它的肉能治好脖子上的赘瘤病。

◑ 𪕮（清·余省、张为邦《清宫兽谱》）

◑ 橿树（明·文俶《金石昆虫草木状》）

再向东二十里，有座历儿山，山上有很多橿树，还有很多枥树，这类树的茎干呈方形，叶子是圆形的，开黄色的花，花瓣上有绒毛，所结的果实与楝树的果实相似，人吃了它能增强记忆力。

注释

①共（gōng）水：古水名。②箨（tuò）：草名。③瞢（méng）：眼睛视物不清。④䖘（huǐ）鼠：鼠名，具体指何种动物不详。⑤𪕮（nuó）：兽名。⑥瘿（yǐng）：长在颈上的大瘤子。⑦橿（jiāng）：树名。⑧枥（lì）木：同“栎”。树名，即柞树。⑨楝（liàn）：树名，俗称苦楝。

原文

又东十五里，曰渠猪之山，其上多竹。渠猪之水出焉，而南流注于河。其中是多豪鱼，状如鲔①，赤喙、赤尾、赤羽，可以已白癣。

又东三十五里，曰葱聋之山，其中多大谷，是多白垩，黑、青、黄垩。

又东十五里，曰涹山②，其上多赤铜，其阴多铁。

又东七十里，曰脱扈③之山，有草焉，其状如葵叶而赤华，荚实，实如棕荚，名曰植楮④，可以已癙⑤，食之不眯⑥。

译文

再向东十五里，有座渠猪山，山上长着很多竹子。渠猪水发源于渠猪山，之后向南流入黄河。水中有很多豪鱼，形状像白鲟，长着红色的嘴，尾巴上也长着红色的羽毛，吃了它的肉可以治疗白癣。

◑ 豪鱼（明·蒋应镐《山海经》上色版）

◑ 植楮（明·文俶《金石昆虫草木状》）

再向东三十五里，有座葱聋山。山上有很多深谷，有很多白色的可作涂饰的土，还有很多黑色、青色和黄色的可作涂料的土。

再向东十五里，有座涹山。山上有丰富的赤铜矿，山北有丰富的铁矿。

再向东七十里，有座脱扈山。山中有一种草，形状像葵菜的叶子，开红色的花，结荚果，果实像棕榈的果实，名叫植楮，可以用它来治愈瘘疮，吃了这种果实就会远离梦魇。

注释

①鲔（wěi）：白鲟的古称。②涹（wō）山：山名。③脱扈（hù）：山名。④植楮（chǔ）：植物名。⑤癙（shǔ）：瘘疮。⑥眯：梦魇。

原文

又东二十里，曰金星之山，多天婴，其状如龙骨，可以已痤[1]。

又东七十里，曰泰威之山，其中有谷，曰枭谷，其中多铁。

又东十五里，曰橿谷之山，其中多赤铜。

又东百二十里，曰吴林之山，其中多葌草[2]。

又北三十里，曰牛首之山，有草焉，名曰鬼草，其叶如葵而赤茎，其秀[3]如禾，服之不忧。劳水出焉，而西流注于潏水[4]。是多飞鱼，其状如鲋鱼，食之已痔衕。

译文

再向东二十里，有座金星山。山中有很多天婴，形状与龙骨相似，可以用来医治痤疮。

再向东七十里，有座泰威山。山中有一道峡谷，名字叫枭谷，峡谷里盛产铁。

再向东十五里，有座橿谷山。山里赤铜储量丰富。

再向东一百二十里，有座吴林山。山中有很多葌草。

再向北三十里，有座牛首山。山中有一种草，叫鬼草，这种草的叶子像葵菜叶，茎干是红色的，开花时像谷物抽穗开花，服食它能解人忧烦。劳水从这座山发源，之后向西流入潏水。水中有很多飞鱼，样子像鲫鱼，人吃了它的肉就能治愈痔疮和腹泻。

◑ 葌草（明·文俶《金石昆虫草木状》）

◑ 飞鱼（清·聂璜《海错图》）

注释

①痤（cuó）：痤疮，一种皮肤病。②葌（jiān）草：茅草。葌，通“菅”。③秀：植物的花朵。④潏（jué）水：水名。

原文

又北四十里，曰霍山，其木多榖。有兽焉，其状如狸，而白尾有鬣，名曰朏朏①，养之可以已忧。

又北五十二里，曰合谷之山，是多薝、棘②。

又北三十五里，曰阴山，多砺石、文石。少水出焉，其中多雕棠，其叶如榆叶而方，其实如赤菽③，食之已聋。

译文

再向北四十里，有座霍山，山上树木多是构树。山中有一种野兽，样子像野猫，长着白尾巴，脖子上有鬃毛，名字是朏朏，人饲养它可以消除忧愁。

◑ 朏朏（清·余省、张为邦《清宫兽谱》）

再向北五十二里，有座合谷山，山中长着很多薝卜和酸枣树。

再向北三十五里，有座阴山，山中有很多磨刀石和有花纹的石头。少水发源于阴山，这一带有很多雕棠树，它的叶子像榆树叶，呈方形，所结的果实像红豆，吃了它以后可以治疗耳聋。

◑ 红豆（明·文俶《金石昆虫草木状》）

注释

①朏朏（fěi fěi）：传说中的兽名。②薝（zhān）、棘：薝卜和棘。薝卜是一种花，植株高七八尺，叶子像李叶，开白色花。棘指酸枣树。③菽（shū）：豆类的总称。

原文

又东北四百里，曰鼓镫[1]之山，多赤铜。有草焉，名曰荣草，其叶如柳，其本[2]如鸡卵，食之已风。

凡薄山之首，自甘枣之山至于鼓镫之山，凡十五山，六千六百七十里。历儿，冢也。其祠礼：毛，太牢之具；县[3]以吉玉[4]。其余十三山者，毛用一羊，县婴用桑封，瘗而不糈。桑封者，桑主也，方其下而锐其上，而中穿之加金[5]。

译文

再向东北四百里，有座鼓镫山，山中有很多赤铜。山里还有一种草，名字叫荣草，这种草的叶子像柳叶，根茎像鸡蛋，吃了它可以治疗中风、痛风等疾病。

◑荣草（明·文俶《金石昆虫草木状》）

薄山山系中的山，从甘枣山到鼓镫山，一共十五座山，绵延六千六百七十里。历儿山是众山神之首，祭祀该山神的仪式如下：带毛的祭品用牛、羊、猪三种牲畜，上面悬挂吉玉。祭祀其余十三位山神的仪式如下：带毛的祭品用一只羊，用桑封作为悬挂在山神颈上的饰物，祭祀完毕后把它们埋入地下，不用精米。所谓桑封，也就是桑主，它的下面是方的，上面是尖的，中间穿孔后再用金属装饰。

注释

①鼓镫（dèng）：鼓镫山，山名。②本：草木的茎或根。③县："悬"的古字。悬挂。④吉玉：彩色的玉。⑤加金：指以金属为装饰。

中次二经

导读

《中次二经》记载了辉诸山等共计九座山的地理位置和山川风貌。这些山可能分布于现在的河南一带。经中记载了各种让人难忘的奇兽，比如四翅能预测大旱的鸣蛇、豹身鸟翅能预测大水的化蛇、人面虎身的马腹。

原文

中次二经济山之首，曰辉诸之山，其上多桑，其兽多闾、麋，其鸟多鹖[1]。

又西南二百里，曰发视之山，其上多金、玉，其下多砥砺。即鱼之水出焉，而西流注于伊水。

又西三百里，曰豪山，其上多金、玉，而无草木。

又西三百里，曰鲜山，多金、玉，无草木。鲜水出焉，而北流注于伊水。其中多鸣蛇，其状如蛇而四翼，其音如磬，见则其邑大旱。

译文

中部第二列山系是济山山系，它的第一座山叫辉诸山，山上长着很多桑树，山中的兽多为闾和麋鹿，鸟多为鹖鸟。

再往西南二百里，有座发视山。山上有丰富的金属矿物和玉石，山下有很多磨刀石。即鱼水就发源于这座山，之后向西流入伊水。

再向西三百里，有座豪山。山上有丰富的金属矿物和玉石，没有草木。

再向西三百里，有座鲜山，山上有丰富的金属矿物和玉石，没有草木。鲜水就发源于这座山，之后向北流入伊水。水中有很多鸣蛇，形似蛇但长有四只翅膀，叫声如同击磬发出的声音，它出现的地方会有严重旱灾。

◑鹖鸟（清·蒋廷锡《清宫鸟谱》）

◑鸣蛇（清·吴任臣《〈山海经〉广注》上色版）

注释

①鹖（hé）：鸟名。像野鸡，青色，勇猛善斗。

原文

又西三百里，曰阳山，多石，无草木。阳水出焉，而北流注于伊水。其中多化蛇，其状如人面而豺身，鸟翼而蛇行，其音如叱呼，见则其邑大水。

又西二百里，曰昆吾之山，其上多赤铜。有兽焉，其状如彘而有角，其音如号，名曰蠪蚳①，食之不眯。

又西百二十里，曰葌山②，葌水出焉，而北流注于伊水。其上多金、玉，其下多青、雄黄。有木焉，其状如棠而赤叶，名曰芒草③，可以毒鱼。

又西一百五十里，曰独苏之山，无草木而多水。

又西二百里，曰蔓渠之山，其上多金、玉，其下多竹箭。伊水出焉，而东流注于洛。有兽焉，其名曰马腹，其状如人面虎身，其音如婴儿，是食人。

凡济山之首，自辉诸之山至于蔓渠之山，凡九山，一千六百七十里。其神皆人面而鸟身。祠用毛，用一吉玉，投而不糈。

译文

再向西三百里，有座阳山，山上有很多石头，没有草木。阳水发源于这座山，之后向北流入伊水。水中有很多化蛇，这种蛇身形似豺，面孔似人，长着一对鸟的翅膀，像蛇一样爬行，发出的声音如同人的呼喝声，它出现的地方将遭受严重的水灾。

◑ 化蛇（清·吴任臣《〈山海经〉广注》上色版）

再向西二百里，有座昆吾山，山上有很多赤铜。山里有一种野兽，形状像猪，头上长着角，发出的声音像人号啕大哭，名字叫蠪蚳，人吃了它的肉后就不会做噩梦。

◑ 蠪蚳（清·余省、张为邦《清宫兽谱》）

再向西一百二十里，有座葌山。葌水从这座山发源，之后向北流入伊水。山上盛产金属矿物和玉石，山下盛产石青和雄黄。山中有一种树木，形状像棠梨树而叶子是红色的，名叫芒草，能够毒死鱼。

再向西一百五十里，有座独苏山，山上没有一草一木，却有很多水。

再向西二百里，有座蔓渠山。山上有很多金属矿物和玉石，山下长着很多低矮的箭竹。伊水发源于蔓渠山，之后向东流入洛水。这一带有一种野兽，名叫马腹，长着人面虎身，叫声像婴儿啼哭，这种野兽吃人。

马腹（清·吴任臣《〈山海经〉广注》上色版）

马腹（《谟区查抄本》）

济山山系，从辉诸山到蔓渠山，一共九座山，绵延一千六百七十里。这些山的山神的形状都是人面鸟身。祭祀山神的礼仪如下：用带毛的动物作祭品，还要献上一块美玉，把祭品都扔到山谷里，祭祀不用精米。

马腹（清·余省、张为邦《清宫兽谱》）

注释

①蠪（lóng）蚳：传说中的一种兽。②葌山：山名。③芒（màng）草：草名。

中次三经

导读

《中次三经》记载了敖岸山等山的地理位置和山川风貌。这些山可能分布于现在的全河南省境内。山中生活着武罗、泰逢、熏池三位神人。经中讲述了他们的相貌和祭祀这些神的礼仪。

原文

中次三经萯山[①]之首，曰敖岸之山，其阳多㻬琈之玉，其阴多赭、黄金。神熏池居之。是常出美玉。北望河林，其状如茜如举[②]。有兽焉，其状如白鹿而四角，名曰夫诸，见则其邑大水。

又东十里，曰青要之山，实惟帝之密都。北望河曲，是多驾鸟[③]。南望墠渚[④]，禹父之所化，是多仆累、蒲卢[⑤]。䰠[⑥]武罗司之，其状人面而豹文，小要[⑦]而白齿，而穿耳以鐻[⑧]，其鸣如鸣玉。是山也，宜女子。畛水[⑨]出焉，而北流注于河。其中有鸟焉，名曰鴢[⑩]，其状如凫，青身而朱目赤尾，食之宜子。有草焉，其状如葌，而方茎、黄华、赤实，其本如藁本，名曰荀草，服之美人色。

译文

中部第三个山系为萯山山系，它的第一座山是敖岸山。这座山的南面有大量㻬琈玉，北面有丰富的赭石、黄金。一个叫熏池的神住在这里。在这座山常常会发现美玉。从这座山向北望可以看到黄河和大片丛林，它们的形状就像茜草和榉柳。山里有种野兽，形状像白鹿，长着四只角，名字叫夫诸，它出现的地方就会发生严重的水灾。

榉柳（明·文俶《金石昆虫草木状》）

夫诸（清·余省、张为邦《清宫兽谱》）

再向东十里，有座青要山，这里就是黄帝的秘密行宫。从这座山向北望可以看见河水的弯曲处，那里有很多驾鸟。南望可看到墠渚，那里是大禹的父亲鲧死后化身的地方，有很多蜗牛和田螺。名叫武罗的山神掌管着这座山，这个山神的脸和人的面孔一样，身上有豹一样的斑纹，腰细小，牙齿洁白，耳朵上戴着金银环，说话的声音就像玉器撞击的声音。这座山适宜女子居住。畛水发源于青要山，之后向北流入黄河。山中有一种鸟，名字叫鴢，形状像野鸭，青色的身子，红色的眼睛，红色的尾羽，人吃了它的肉有利于生育。山中有一种草，形状像兰草，茎干呈方形，开黄色的花，结红色的果实，它的根像藁本的根，名字叫荀草，人吃了它能使气色变好。

◑ 武罗（明·蒋应镐《山海经》上色版）

注释

①萯（bèi）山：山名。②如茜（qiàn）如举：茜，茜草。一种多年生草本植物，根是黄红色，可用作染料，也可入药。举，榉柳。一种落叶乔木，叶小呈椭圆形，有毒。③驾鸟：一种鸟名。④墠（shàn）渚：地名。⑤仆累、蒲卢：仆累即蜗牛，软体动物。蒲卢也是一种具有圆形贝壳的软体动物，蛤蚌一类。⑥䰠（shén）：鬼中的神灵。⑦要："腰"的古字，人体的腰部。⑧鐻（qú）：金银制成的耳环。⑨畛（zhěn）水：水名。⑩鴢（yǎo）：鸟名。

原文

又东十里，曰騩山[①]，其上有美枣，其阴有㻬琈之玉。正回之水出焉，而北流注于河。其中多飞鱼，其状如豚而赤文，服之不畏雷，可以御兵。

又东四十里，曰宜苏之山，其上多金、玉，其下多蔓居[②]之木。滽滽[③]之水出焉，而北流注于河，是多黄贝。

又东二十里，曰和山，其上无草木而多瑶、碧，实惟河之九都。是山也五曲，九水出焉，合而北流注于河，其中多苍玉。吉神泰逢司之，其状如人而虎尾，是好居于萯山之阳，出入有光。泰逢神动天地气[④]也。

凡萯山之首，自敖岸之山至于和山，凡五山，四百四十里。其祠：泰逢、熏池、武罗皆一牡羊副[⑤]，婴用吉玉。其二神用一雄鸡瘗之。糈用稌[⑥]。

译文

再往东十里，有座騩山，山里盛产味道甜美的枣子，山的北面还盛产㻬琈玉。正回水就从这座山发源，之后向北流注入黄河。正回水中生长着许多飞鱼，它的形状像小猪，身上长着红色斑纹，人吃了它就不会怕打雷，还可以躲开兵器的伤害。

再向东四十里，有座宜苏山，山上有很多金属矿物和玉石，山下长着很多蔓居树。滽滽水发源于此，之后向北流入黄河，水中有很多黄色的贝壳。

◑ 飞鱼（清·吴任臣《〈山海经〉广注》上色版）

再向东二十里，有座和山，山上不长草木，有很多美玉和青绿色的玉石。它实际上是黄河的九条支流的发源地。这座山有五个大的弯曲处，九条水流发源于此，汇合后向北流入黄河，水中有很多苍玉。名叫泰逢的吉祥之神掌管着这座山，他的样子像人，长着虎一样的尾巴，喜欢住在萯山向阳的地方，出入时身上发出光亮。泰逢神神通广大，能兴云作雨，改变天气。

◑ 泰逢（清·吴任臣《〈山海经〉广注》上色版）

萯山山系，从敖岸山到和山，一共有五座山，绵延四百四十里。祭祀这些山神的礼仪如下：泰逢、熏池、武罗这三位山神都用一只剖开的公羊，用彩色的玉作为祭神的玉器；其余两位山神用一只雄鸡，祭祀时把它埋入地下。用糯米作祭神用的精米。

注释

①魄（wēi）山：山名。②蔓居：蔓荆，一种草本植物。③滽滽（yōng yōng）：水名。今河南省嵩山县西有滽水。④动天地气：指能兴云作雨，改变天气。⑤副（pī）：剖开。⑥稌（tú）：稻，粳稻。也指糯稻。

中次四经

导读

《中次四经》记载了鹿蹄山等山的地理位置和山川风貌。这些山可能分布于现在的河南、陕西一带。这列山系中有很多奇异的野兽。其中有貌似狗身、长着鳞片、背有猪毛的獜。此外，山中还盛产金、玉、石青等矿物，生长着芨、葶苎等毒草。

原文

中次四经釐山之首，曰鹿蹄之山，其上多玉，其下多金。甘水出焉，而北流注于洛，其中多泠石[①]。

西五十里，曰扶猪之山，其上多礝石[②]。有兽焉，其状如貉[③]而人目，其名曰䴦[④]。虢水出焉，而北流注于洛，其中多瓀石。

译文

中部第四列山系是釐山山系，它的第一座山是鹿蹄山，山上有很多玉，山下有很多金属矿物。甘水发源于此，之后向北流入洛水，水中有很多泠石。

◑ 泠石（明·文俶《金石昆虫草木状》）

◑ 䴦（清·余省、张为邦《清宫兽谱》）

往西五十里，有座扶猪山，山里出产大量礝石。山里有种野兽，身体的形状像貉，长着人的眼睛，名字叫作䴦。虢水就在此发源，之后向北注入洛水，水中有大量瓀石。

◑ 貉（清·余省、张为邦《清宫兽谱》）

注释

①泠（gàn）石：一种矿石，性柔软。②礝（ruǎn）石：似玉的美石。③貉（hé）：外形像狐狸，昼伏夜出。北方通称貉子，皮毛较名贵。④䴦（yín）：传说中的兽名，有人认为是麇。

原文

又西一百二十里，曰釐山，其阳多玉，其阴多蒐[①]。有兽焉，其状如牛，苍身，其音如婴儿，是食人，其名曰犀渠。滽滽之水出焉，而南流注于伊水。有兽焉，名曰獭[②]，其状如獳犬[③]而有鳞，其毛如彘鬣。

又西二百里，曰箕尾之山，多穀，多涂石。其上多㻬琈之玉。

又西二百五十里，曰柄山，其上多玉，其下多铜。滔雕之水出焉，而北流注于洛。其中多羬羊。有木焉，其状如樗，其叶如桐而荚实，其名曰茇[④]，可以毒鱼。

又西二百里，曰白边之山，其上多金、玉，其下多青、雄黄。

又西二百里，曰熊耳之山，其上多漆，其下多棕。浮濠之水出焉，而西流注于洛，其中多水玉，多人鱼。有草焉，其状如苏而赤华，名曰葶苧[⑤]，可以毒鱼。

译文

再往西一百二十里，有座釐山。山的南面出产大量玉石，山的北面遍布茜草。山里有种野兽，身形像牛，全身青色，发出的叫声就像婴儿的啼哭，这野兽吃人，它的名字叫犀渠。滽滽水就从这座山发源，之后向南注入伊水。山里还有一种野兽，名字叫獭，样子像獳犬，有鳞甲，毛像猪鬣一样。

◑ 犀渠（清·余省、张为邦《清宫兽谱》）

◑ 獭（清·吴任臣《〈山海经〉广注》上色版）

再往西二百里，有座箕尾山。山上有大量构树，山里盛产涂石，还有很多㻬琈玉。

再向西二百五十里，有座柄山，山上有很多玉石，山下有丰富的铜矿。滔雕水就发源于这座山，之后向北流入洛水。这里有很多羬羊。山上有一种树，形似臭椿树，叶似梧桐树叶，结出来的果实带着荚，这树名叫茇，能毒死鱼。

再向西二百里，有座白边山。山上有丰富的金属矿物和玉石，山下有很多的石青、雄黄。

再向西二百里，有座熊耳山。山上有很多漆树，山下有很多棕树。浮濠水从这座山发源，之后向西流入洛水，水中有很多水晶石，还有很多人鱼。山中有一种草，形状像苏草而开红花，名叫葶苧，能毒死鱼。

注释

①蒐（sōu）：草名。即茜草。它的根是紫红色的，可用作染料，也可入药。②獭(jié)：獭。一种哺乳动物，常栖息在水边，善游泳，皮毛可制衣物。③獳(nòu)犬：被激怒的狗。獳，犬怒。④茇（bá）：古树名。⑤葶苧（tíng nìng）：一种毒草名。

原文

又西三百里，曰牡山，其上多文石，其下多竹箭、竹䉋。其兽多㸲牛、羬羊，鸟多赤鷩[1]。

又西三百五十里，曰讙举之山，雒水[2]出焉，而东北流注于玄扈之水，其中多马肠[3]之物。此二山者，洛间也。

凡薄山之首，自鹿蹄之山至于玄扈之山，凡九山，千六百七十里。其神状皆人面兽身。其祠之：毛用一白鸡，祈而不糈；以采[4]衣[5]之。

译文

再往西三百里，有座牡山。山里到处是色彩斑斓的漂亮石头，山下有很多低矮的箭竹和䉋竹。山里的野兽以㸲牛、羬羊为多，鸟以赤鷩鸟为多。

再往西三百五十里，有座讙举山，雒水就从这座山发源，之后向东北注入玄扈水。水里有很多类似于马肠的怪物。这两座山之间，有一条洛水。

薄山山系，从鹿蹄山到玄扈山，一共九座山，绵延一千六百七十里。这些山的山神都是人面兽身。祭祀山神的礼仪如下：用一只白鸡作为带毛的动物祭品，祈祷时不用精米，用有彩色花纹的丝织物把鸡包起来。

注释

①赤鷩(bì)：山鸡的一种，有美丽多彩的羽毛。②雒(luò)水：水名。③马肠：兽名。④采：有彩色花纹的丝织物。⑤衣（yì）：用作动词，包裹，覆盖。

中次五经

导读

《中次五经》记载了苟床山等山的地理位置和山川风貌。这些山可能分布于现在的陕西、山西、河南一带。山中植物种类丰富，有现在常见的白术、槐树、芍药、梧桐等植物。山中还有一种长着三只眼睛的怪物䲃鸟。

原文

中次五经薄山之首，曰苟床之山，无草木，多怪石。

东三百里，曰首山，其阴多榖、柞，其草多茱[1]、芫，其阳多㻬琈之玉，木多槐。其阴有谷，曰机谷，多䳇[2]鸟，其状如枭而三目，有耳，其音如録[3]，食之已垫[4]。

译文

中部第五列山系叫薄山山系，它的第一座山叫苟床山，这座山上不长草木，却有很多奇形怪状的石头。

往东三百里，有座首山，山的北面有大片的构树和柞树，山上的草以茱草、芫华为多。

◑白术（明·文俶《金石昆虫草木状》）

◑苍术（明·文俶《金石昆虫草木状》）

山的南面盛产㻬琈玉，树木以槐树为多。山的北边有一个峡谷，名字叫机谷，峡谷里有许多䳇鸟，它的形状像猫头鹰，长着三只眼睛，有耳朵，啼叫的声音和鹿鸣差不多，人吃了它可以治疗湿气病。

◑䳇鸟（清·佚名《各样雀图册》）

注释

①茱（zhú）：山蓟，一种药材，分为苍术和白术。②䳇（dài）：鸟名。③録："鹿"的假借。④垫：湿气病。

原文

又东三百里，曰县𫄨[①]之山，无草木，多文石。

又东三百里，曰葱聋之山，无草木，多㾦石[②]。

东北五百里，曰条谷之山，其木多槐、桐，其草多芍药、𧀍冬[③]。

又北十里，曰超山，其阴多苍玉，其阳有井，冬有水而夏竭。

又东五百里，曰成侯之山，其上多櫄木[④]，其草多芃。

译文

再往东三百里，有座县𫄨山，山上没有草木，遍布着色彩斑斓的石头。

再向东三百里，有座葱聋山，山上不长一草一木，有很多㾦石。

向东北五百里，有座条谷山，这里的树木多是槐树和桐树，草多是芍药、门冬。

◑ 桐树（明·文俶《金石昆虫草木状》）

◑ 门冬（明·文俶《金石昆虫草木状》）

再向北十里，有座超山，山北有很多青色的玉石，山南有井，冬天有水，夏天枯竭。

再向东五百里，有座成侯山，山上长着很多椿树，生长的草多为芃草。

◑ 芃（明·文俶《金石昆虫草木状》）

注释

①县𫄨（zhú）：山名。②㾦（bàng）

石：品质仅次于玉石一等的石头。③虋（mén）冬：门冬，分为两种，一种是麦门冬，一种是天门冬。④櫄（chūn）木：椿树，包括香椿和臭椿。

原文

又东五百里，曰朝歌之山，谷多美垩。

又东五百里，曰槐山，谷多金、锡。

又东十里，曰历山，其木多槐，其阳多玉。

又东十里，曰尸山，多苍玉，其兽多麖[①]。尸水出焉，南流注于洛水，其中多美玉。

又东十里，曰良余之山，其上多穀、柞，无石。余水出于其阴，而北流注于河；乳水出于其阳，而东南流注于洛。

译文

再向东五百里，有座朝歌山，山谷中有很多优质的有色土。

再向东五百里，有座槐山，山谷中蕴藏着丰富的金矿和锡矿。

再向东十里，有座历山，山上有很多槐树，山南有很多玉石。

再往东十里，有座尸山，山上有很多苍玉，这里的野兽以麖居多。尸水从这座山发源，之后向南流入洛水，水中有很多美玉。

再向东十里，有座良余山，山上有很多构树和柞树，没有石头。余水就发源于这座山的北麓，之后向北流入黄河；乳水发源于这座山的南麓，之后向东南流入洛水。

注释

①麖（jīng）：兽名。鹿的一种。又名马鹿、黑鹿。

原文

又东南十里，曰蛊尾之山，多砺石、赤铜。龙余之水出焉，而东南流注于洛。

又东北二十里，曰升山，其木多穀、柞、棘，其草多藷藇、蕙[①]，多寇脱[②]。黄酸之水出焉，而北流注于河，其中多璇玉。

又东十二里，曰阳虚之山，多金，临于玄扈之水。

凡薄山之首，自苟床之山至于阳虚之山，凡十六山，二千九百八十二里。升山，冢也，其祠礼：太牢，婴用吉玉。首山，䰠也，其祠用稌、黑牺太牢之具、糵酿③；干儛④，置鼓；婴用一璧。尸水，合天也，肥牲祠之，用一黑犬于上，用一雌鸡于下，刉⑤一牝羊，献血。婴用吉玉。采之，飨⑥之。

译文

再向东南十里，有座蛊尾山，山中有很多粗磨刀石和赤铜。龙余水发源于蛊尾山，之后向东南流入洛水。

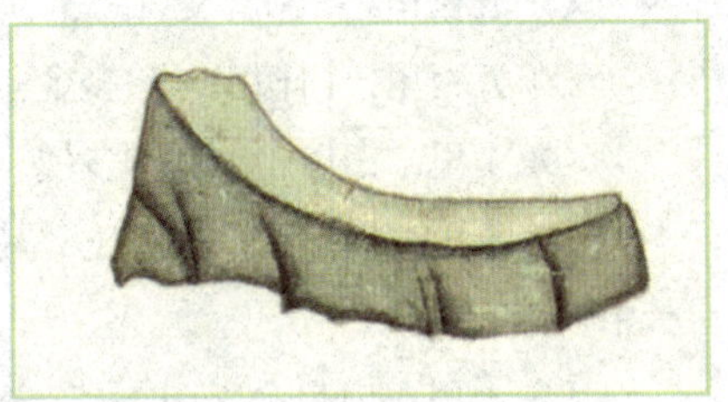

◑ 砺石（明·文俶《金石昆虫草木状》）

再向东北二十里，有座升山，山中生长的树多为构树、柞树和酸枣树，生长的草多为山药和蕙草，还长着很多寇脱。黄酸水发源于升山，之后向北流入黄河，水中有很多璇玉。

再往东十二里，有座阳虚山，山上有很多金矿石，阳虚山临近玄扈水。

薄山山系，从苟床山到阳虚山，一共有十六座山，绵延二千九百八十二里。其中的升山是大的山神所在之处，祭祀的礼仪如下：用牛、羊、猪三牲齐备的太牢之礼，以彩色的玉作为挂在山神颈上的饰物。首山是有神灵的山，祭祀首山要用糯米、纯黑色的牛、羊、猪三牲齐备的太牢之礼及美酒，祭祀者手持盾牌起舞，并配以鼓乐；以一块璧作为挂在他颈上的饰物。尸水之神上与天合，要用很肥的牲畜来祭祀他，具体方法是，把一只黑狗供在上面，一只母鸡供在下面，再用刀割雌羊的血来祭献。以彩色的玉作为他颈上的饰物。用有彩色花纹的丝织物品把祭品包裹起来，并请他享用祭品。

◑ 藷萸（明·文俶《金石昆虫草木状》）

注释

①蕙：香草名。②寇脱：一种生长在南方的草。③糵（niè）酿：用糵作酒曲酿造的酒。糵，酒母，制酒时所用的发酵物。④干儛（wǔ）：手持盾牌跳舞。干，盾。⑤刉（jī）：划破，割。⑥飨（xiǎng）：用酒食款待。也指祭祀。

中次六经

导读

《中次六经》记载了平逢山等山的地理位置和山川风貌。这些山可能分布于现在的河南省一带。山中有一位长着两个脑袋的骄虫神。此外，还记载了许多有药用价值的动物，如鸰鹦、脩辟鱼等。

骄虫

旋龟

鸰鹦

脩辟鱼

原文

中次六经缟羝①山之首，曰平逢之山，南望伊、洛，东望穀城之山，无草木，无水，多沙石。有神焉，其状如人而二首，名曰骄虫，是为螫虫②，实惟蜂蜜之庐。其祠之：用一雄鸡，禳③而勿杀。

西十里，曰缟羝之山，无草木，多金、玉。

译文

中部第六列山系是缟羝山山系，它的第一座山是平逢山，从这座山向南望可以看见伊水和洛水，向东可以望见穀城山，山中不长草木，没有水，有很多沙石。山中有一位神，样子像人，长着两个脑袋，名字叫骄虫，他是所有螫虫的首领，这座山是蜜蜂一类虫子筑巢聚集的地方。祭祀这位山神的礼仪：用一只雄鸡为祭品来祈祷，但不要把它杀死。

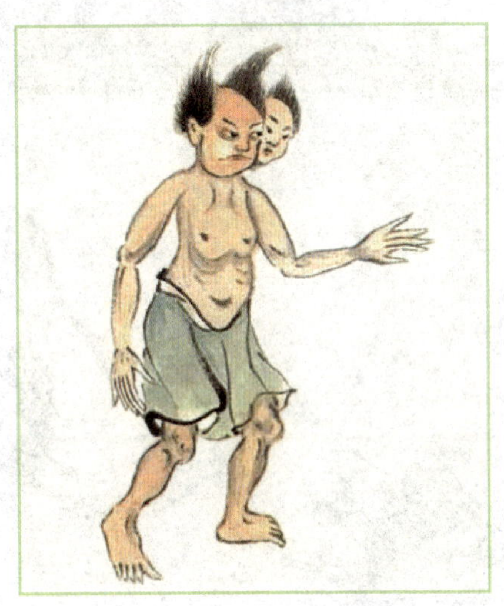

◑ 骄虫（清·吴任臣《〈山海经〉广注》上色版）

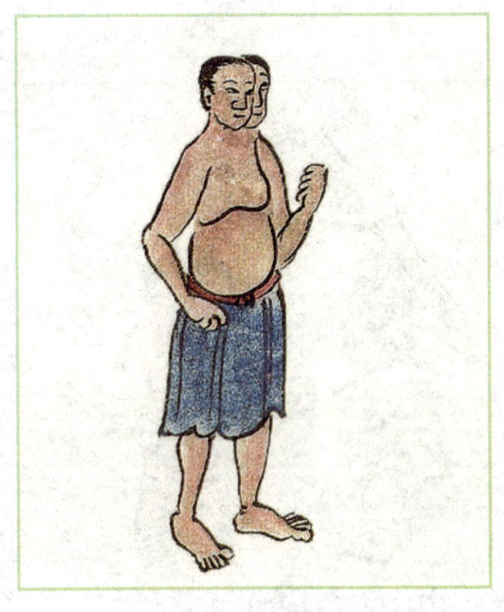

◑ 骄虫（《谟区查抄本》）

再向西十里，有座缟羝山，山上没有一草一木，有很多金属矿物和玉石。

注释

①缟羝（gǎo dī）：山系名。②螫（shì）虫：有毒针可伤人的虫。③禳（ráng）：祭祀时祈祷神灵以消除灾殃。

原文

又西十里，曰廆山[①]，其阴多㻬琈之玉。其西有谷焉，名曰雚谷[②]，其木多柳、楮。其中有鸟焉，状如山鸡而长尾，赤如丹火而青喙，名曰鸰鹀[③]，其鸣自呼，服之不眯。交觞之水出于其阳，而南流注于洛；俞随之水出于其阴，而北流注于穀水。

又西三十里，曰瞻诸之山，其阳多金，其阴多文石。谢水[④]出焉，而东南流注于洛；少水出其阴，而东流注于穀水。

又西三十里，曰娄涿之山，无草木，多金、玉。瞻水出于其阳，而东流注于洛；陂水[⑤]出于其阴，而北流注于穀水，其中多茈石、文石。

又西四十里，曰白石之山，惠水出于其阳，而南流注于洛，其中多水玉。涧水出于其阴，西北流注于穀水，其中多麋石、栌丹[⑥]。

译文

再向西十里，有座廆山，山的北面有很多㻬琈玉。山的西面有一道峡谷，名字叫雚谷，山里的树木大多是柳树、构树。山里有一种鸟，形状像野鸡，拖着一条长尾巴，身上羽毛像火一样红，嘴巴是青色的，它的名字叫鸰鹀，它的叫声就是自己的名字，吃了它能使人远离梦魇。交觞水从这座山的南麓流出，之后向南注入洛水；俞随水从这座山的北麓流出，之后向北注入穀水。

再向西三十里，有座瞻诸山，山的南面有大量金属，山的北面则盛产带有美丽花纹的石头。谢水从这座山流出，之后向东南注入洛水；少水从这座山的北边流出，之后向东注入穀水。

再向西三十里，有座娄涿山，山中不长草木，有很多金属矿物和玉石。瞻水发源于山的南面，之后向东流入洛水；陂水发源于山的北面，之后向北流入穀水，水中有很多紫色的石头和带花纹的石头。

再向西四十里，有座白石山。惠水发源于白石山的南面，之后向南流入洛水，水中有很多水晶石。涧水发源于山的北面，之后向西北流入穀水，水中有很多眉石和栌丹。

注释

①廆（guī）山：山名。在今河南省洛阳市西南方。②雚（guàn）谷：谷名。③鸰鹀（líng yāo）：鸟名。④谢（xiè）水：古水名。⑤陂（bēi）水：古水名。⑥麋石、栌（lú）丹：麋石，即眉石，也叫画眉石，指石墨、煤；栌丹，一种矿物。

原文

又西五十里，曰穀山，其上多穀，其下多桑。爽水出焉，而西北流注于穀水，其中多碧绿[1]。

又西七十二里，曰密山，其阳多玉，其阴多铁。豪水出焉，而南流注于洛。其中多旋龟，其状鸟首而鳖尾，其音如判木。无草木。

又西百里，曰长石之山，无草木，多金、玉。其西有谷焉，名曰共谷，多竹。共水出焉，西南流注于洛，其中多鸣石。

译文

再向西五十里，有座穀山，山上长着很多构树，山下长着很多桑树。爽水发源于穀山，之后向西北流入穀水，水中有很多孔雀石。

再向西七十二里，有座密山，山南面有很多玉，山北面有很多铁。豪水从这座山发源，之后向南流入洛水。水中有很多旋龟，它的头像鸟头一样，尾巴像鳖的尾巴一样，发出的声音好像劈木头声。这座山不长草木。

◑桑树（明·文俶《金石昆虫草木状》）

再向西一百里，有座长石山，山上没有草木，有丰富的金属矿物和玉石。这座山的西面有一道峡谷，名字叫共谷，生长着许多竹子。共水从这座山发源，之后向西南流入洛水，水中有很多鸣石。

注释

①碧绿：疑是孔雀石，可以制成绿色染料。

原文

又西一百四十里，曰傅山，无草木，多瑶、碧。厌染之水出于其阳，而南流注于洛，其中多人鱼。其西有林焉，名曰墦冢[①]。榖水出焉，而东流注于洛，其中多珚玉[②]。

又西五十里，曰橐山[③]，其木多樗，多㯗木[④]，其阳多金玉，其阴多铁，多萧。橐水出焉，而北流注于河。其中多脩辟之鱼，状如黾而白喙，其音如鸱，食之已白癣。

又西九十里，曰常烝[⑤]之山，无草木，多垩。潐水[⑥]出焉，而东北流注于河，其中多苍玉。菑水[⑦]出焉，而北流注于河。

译文

再向西一百四十里，有座傅山，山中不长草木，有很多美玉和青绿色的玉石。厌染水发源于傅山的南面，之后向南流入洛水，水中有很多人鱼。山的西面有一大片树林，名叫墦冢。榖水发源于傅山，之后向东流入洛水，水中有很多珚玉。

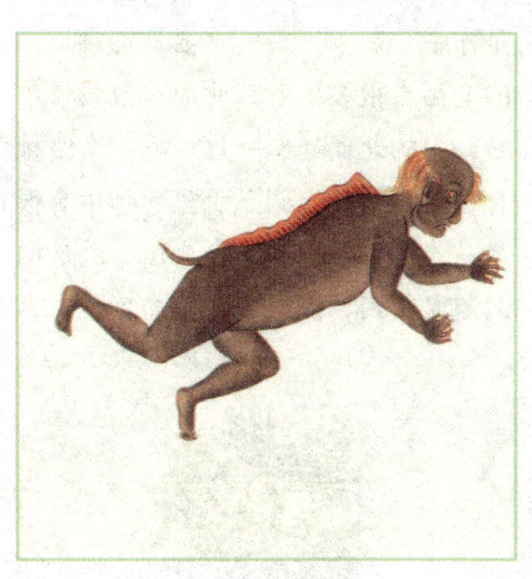

◑ 人鱼（清·聂璜《海错图》）

再向西五十里，有座橐山，山里的树木以臭椿树为多，还有很多㯗树，山的南边有大量的金属矿物和玉石，北边则有储量丰富的铁，还有大量的萧草。橐水就从这座山发源，之后向北注入黄河。水里有很多脩辟鱼，这种鱼的形状像蛙类，长着白色的嘴巴，它的叫声好像猫头鹰的叫声，人吃了这种鱼能治白癣病。

再向西九十里，有座常烝山，山上没有草木，有很多垩土。潐水发源于这座山，之后向东北流入黄河，水中有很多苍玉。菑水也发源于这座山，之后往北流入黄河。

注释

①墦（fán）冢：树林的名字。②珚（yān）玉：一种美玉。③橐（tuó）山：山名。④㯗（bèi）木：一种落叶乔木，在七八月间吐穗的树，根、叶、花可入药。⑤常烝：山名。⑥潐（qiáo）水：古水名。在今河南省陕县境内。⑦菑（zī）水：水系名。

原文

又西九十里，曰夸父之山，其木多棕、楠，多竹箭，其兽多牸牛、羬羊，其鸟多赤鷩，其阳多玉，其阴多铁。其北有林焉，名曰桃林，是广员三百里，其中多马。湖水出焉，而北流注于河，其中多珚玉。

译文

再向西九十里，有座夸父山。山上生长着很多棕榈树和楠树，还有很多低矮的箭竹，山上出没的兽类主要是牸牛、羬羊，鸟类主要是锦鸡，山的南面有很多玉石，北面有很多铁矿石。山的北面还有一片树林，名叫桃林，这片树林方圆三百里，林中有很多马。湖水就发源于这座山，之后向北流入黄河，湖水中有很多珚玉。

◑ 锦鸡（清·佚名《各样雀图册》）

◑ 棕榈（明·文俶《金石昆虫草木状》）

◑ 楠树（明·文俶《金石昆虫草木状》）

原文

又西九十里，曰阳华之山，其阳多金、玉，其阴多青、雄黄，其草多藷藇，多苦辛，其状如橚[①]，其实如瓜，其味酸甘，食之已疟[②]。杨水出焉，而西南流注于洛，其中多人鱼。门水出焉，而东北流注于河，其中多玄礵。缙姑[3]之水出于其阴，而东流注于门水，其上多铜。门水出于河，七百九十里入雒水。

凡缟羝山之首，自平逢之山至于阳华之山，凡十四山，七百九十里。岳[4]在其中，以六月祭之，如诸岳之祠法，则天下安宁。

译文

再向西九十里，有座阳华山，山的南面有很多金属矿物和玉石，北面有很多石青和雄黄，山中生长的草多为山药，还有很多细辛，这草的形状像楸树，结的果实像瓜，味道酸甜，人吃了以后可以治疗疟疾。杨水发源于阳华山，之后向西南流入洛水，水中有很多人鱼。门水也发源于阳华山，之后向东北流入黄河，水中有很多黑磨刀石。缙姑水发源于阳华山的北面，之后向东流入门水，岸上有很多铜。门水出自黄河，流七百九十里入雒水。

缟羝山系，从平逢山到阳华山，共十四座山，绵延七百九十里。在这一山系中有大的山岳，要在每年的六月举行祭祀山神的活动，祭祀的方法与祭祀其他山的神一样，祭祀过后天下就会太平安宁。

◑细辛（明·文俶《金石昆虫草木状》）

注释

①橚（xiāo）：楸树。楸树是高大的落叶乔木，木质优良，果实可入药。②疟（nüè）：疟疾，多由蚊虫引发的周期性传染病。表现为忽冷忽热，可引起贫血和脾肿大。③缙（jí）姑：古水名。④岳：泛指高大的山。

中次七经

导读

《中次七经》记载了休与山等山的地理位置和山川风貌。这些山可能分布于现在的河南省一带。这列山中有许多怪兽，如三足龟、山膏等。此外。经中还记录了天帝之女死后化身为䔄草、天愚神呼风唤雨等神话故事。

原文

中次七经苦山之首，曰休与之山，其上有石焉，名曰帝台之棋，五色而文，其状如鹑卵，帝台之石，所以祷百神者也，服之不蛊。有草焉，其状如蓍[1]，赤叶而本丛生，名曰夙条，可以为簳[2]。

东三百里，曰鼓钟之山，帝台之所以觞百神也。有草焉，方茎而黄华，员叶而三成[3]，其名曰焉酸，可以为毒[4]。其上多砺，其下多砥。

又东二百里，曰姑媱[5]之山，帝女死焉，其名曰女尸，化为䔄草[6]，其叶胥[7]成，其华黄，其实如菟丘[8]，服之媚于人[9]。

译文

中部第七列山系是苦山山系，它的第一座山是休与山。山上有一种石头，是帝台的棋子，这种棋子五彩斑斓，还有花纹，形状像鹌鹑蛋。帝台的这种石头是用来向百神祈祷的，人佩戴它可以不受毒热恶气的侵袭。山中有一种草，形状像蓍草，叶子是红色的，茎干丛生，名字叫夙条，可以用来做箭杆。

向东三百里，有座鼓钟山，这是帝台请百神饮酒聚会的地方。山中有一种草，茎干呈方形，开黄色的花，叶子是圆形的，有三重，名字叫焉酸，可以用来解毒。山上有很多粗磨刀石，山下有很多细磨刀石。

再往东二百里，有座姑媱山，天帝的一个女儿死在这座山上，她的名字叫女尸，死后变成䔄草，这草的叶子是一层层密集地长在一起的，花朵是黄色的，果实与菟丝子的果实相似，女子服用它能为人所宠爱。

◑ 蓍草（明·文俶《金石昆虫草木状》）

注释

①蓍（shī）：蓍草，俗名锯齿草，多年生草本植物。古人取蓍草的茎作占筮之用。②簳（gǎn）：箭杆。③成：层，重。④为毒：解毒。⑤姑媱（yáo）：山名。⑥䔄（yáo）草：草名，类似灵芝。⑦胥：聚集。⑧菟丘：菟丝子，又名女萝。一种缠绕寄生的草本植物。⑨媚于人：为人所宠爱。

原文

又东二十里，曰苦山，有兽焉，名曰山膏，其状如豚，赤若丹火，善詈[①]。其上有木焉，名曰黄棘，黄华而员叶，其实如兰，服之不字[②]。有草焉，员叶而无茎，赤华而不实，名曰无条，服之不瘿。

又东二十七里，曰堵山，神天愚居之，是多怪风雨。其上有木焉，名曰天楄[③]，方茎而葵状，服者不哩。

又东五十二里，曰放皋之山，明水出焉，南流注于伊水，其中多苍玉。有木焉，其叶如槐，黄华而不实，其名曰蒙木，服之不惑。有兽焉，其状如蜂，枝尾而反舌[④]，善呼，其名曰文文。

译文

再向东二十里，有座苦山。山中有种野兽，名字叫山膏，样子像猪，浑身红得像火，这个野兽喜欢骂人。山上有一种树，名叫黄棘，开黄色的花，叶子是圆形的，所结的果实与兰草的果实相似，女人吃了它以后就不会生育。山中有一种草，叶子是圆形的，没有茎干，开红色的花，不结果实，名字叫无条，吃了它以后颈上不会长大瘤子。

◑ 山膏（清·余省、张为邦《清宫兽谱》）

再向东二十七里，有座堵山，神人天愚住在这里，这座山上时常有怪风、怪雨。山上生长着一种树木，名叫天楄，这树有方的茎干，就像葵菜的样子，服用了它能使人吃饭不噎着。

再向东五十二里，有座放皋山。明水发源于此，之后向南流入伊水，水中有很多苍玉。山中有一种树，叶子像槐叶，开黄色的花，不结果实，名字叫蒙木，人吃了它以后不会犯糊涂。山中有一种野兽，形状像蜂，尾巴有分叉，舌头倒着长，喜欢呼叫，名字叫文文。

◑ 文文（清·余省、张为邦《清宫兽谱》）

注释

①詈（lì）：骂，责骂。②字：生育，生子。③天楄（biān）：树名。④反舌：舌头倒长。

原文

又东五十七里，曰大苦之山，多㻬琈之玉，多麋玉[①]。有草焉，其叶状如榆，方茎而苍伤[②]，其名曰牛伤[③]，其根苍文，服者不厥[④]，可以御兵。其阳狂水出焉，西南流注于伊水。其中多三足龟，食者无大疾，可以已肿。

又东七十里，曰半石之山，其上有草焉，生而秀[⑤]，其高丈余，赤叶赤华，华而不实，其名曰嘉荣，服之者不畏霆[⑥]。来需之水出于其阳，而西流注于伊水，其中多鯩鱼[⑦]，黑文，其状如鲋，食者不睡。合水出于其阴，而北流注于洛，多䲢鱼[⑧]，状如鳜[⑨]，居逵[⑩]，苍文赤尾，食者不痈，可以为瘘。

译文

再往东五十七里，有座大苦山，山里盛产㻬琈玉，还有很多麋玉。山里有一种草，叶子和榆树的叶子相似，有方形的茎，茎上长满了青色的刺，它的名字叫牛伤，草根上有青色的斑纹，吃了这草能使人不得昏厥病，还能防御兵器的伤害。狂水从这山的南边流出来，之后向西南注入伊水。附近的水里有很多三足龟，吃了它的肉，人就不生大病，还能消除痈肿。

再向东七十里，有座半石山。山上长着一种草，一出土就抽穗开花，高一丈多，叶子与花都是红色的，开花后不结果实，名叫嘉荣，服用它就能使人不怕霹雳雷震。来需水从半石山南麓发源，之后向西流入伊水，水中生长着很多鯩鱼，这些鱼浑身长满黑色斑纹，形状像鲫鱼，人吃了它的肉就不容易瞌睡。合水从半石山北麓发源，然后向北流入洛水，水中生长着很多䲢鱼，这种鱼的形状像鳜鱼，它们栖息在水底洞穴，身上有青色斑纹，拖着一条红尾巴，人吃了它的肉就不患毒疮，还能治好瘘疮。

注释

①麋玉：一种像玉的石头。②苍伤：青色的刺。伤，刺。③牛伤：牛棘 。④厥：失去知觉，不省人事；昏倒。⑤生而秀：一开始生长就抽穗开花。秀，草木开花。⑥霆：短促暴烈的雷。⑦鯩（lún）鱼：鱼名。⑧䲢（téng）鱼：瞻星鱼，身体后部侧扁。⑨鳜（guì）：鳜鱼。俗称桂鱼，身体侧扁嘴大下颌突出，细鳞。⑩逵：本指通向四面八方的大路。这里指水中四通八达的穴道。

原文

又东五十里，曰少室之山，百草木成囷[①]。其上有木焉，其名曰帝休，叶状如杨，其枝五衢[②]，黄华黑实，服者不怒。其上多玉，其下多铁。休水出焉，而北流注于洛，其中多䱱鱼，状如盩蜼[③]而长距，足白而对，食者无蛊疾，可以御兵。

又东三十里，曰泰室之山，其上有木焉，叶状如梨而赤理，其名曰栯木[④]，服者不妒。有草焉，其状如茶[⑤]，白华黑实，泽如蘡薁[⑥]，其名曰䔄草，服之不昧[⑦]。上多美石。

译文

再向东五十里，有座少室山，这座山上有各种草木，聚集在一起就像圆形的仓库。这座山里有种树，名字叫帝休，叶子的形状与杨树叶差不多，树枝交错杂乱地伸向四方，开黄色的花，结黑色的果实，吃了它，人就不发怒。山上有大量玉石，山底下有储量丰富的铁。休水就从这座山发源，之后向北注入洛水，水里有很多䱱鱼，这种鱼的形状像猕猴，长着公鸡的爪子，有白色的脚相对而生，人吃了它的肉就不会得神经错乱的病，还能躲避兵器的伤害。

再向东三十里，有座泰室山。山上有一种树木，叶子的形状像梨树叶却有红色纹理，名叫栯木，人吃了它就没了嫉妒心。山中还有一种草，形状像术草，开白色花，结黑色果实，果实的光泽就像野葡萄一样，名叫䔄草，吃了它就能使人的眼睛明亮。山上还有很多漂亮的石头。

◑ 栯木（明·文俶《金石昆虫草木状》）

注释

①囷（qūn）：圆形的仓库。②衢（qú）：这里指树枝交错杂出的样子。③盩（zhōu）蜼：一种像猕猴的野兽。④栯（yǒu）木：树名。⑤茶（zhú）：白术、苍术一类的药材。“茶”是“术”的本字。⑥蘡薁（yīng yù）：一种藤本植物，俗称野葡萄。夏季开花，果实是黑色的，可以酿酒，根叶可入药。⑦昧：昏暗。引申为眼目不明。

原文

又北三十里，曰讲山，其上多玉，多柘，多柏。有木焉，名曰帝屋，叶状如椒，反伤①赤实，可以御凶。

又北三十里，曰婴梁之山，上多苍玉，錞于玄石。

又东三十里，曰浮戏之山，有木焉，叶状如樗而赤实，名曰亢木，食之不蛊。汜水出焉，而北流注于河。其东有谷，因名曰蛇谷，上多少辛②。

又东四十里，曰少陉之山，有草焉，名曰茵草③，叶状如葵，而赤茎白华，实如蘡薁，食之不愚。器难之水出焉，而北流注于役水。

译文

再向北三十里，有座讲山，山上有很多玉，还长着很多柘树和柏树。山中有一种树，名叫帝屋，叶子像花椒叶，长着倒刺，结红色的果实，可以用来防御凶险。

再向北三十里，有座婴梁山，山上盛产苍玉，这些苍玉都附着在黑色石头里。

再向东三十里，有座浮戏山，山中有一种树，叶子的形状像臭椿叶，结红色的果实，名叫亢木，吃了它的果实后不会受毒热恶气的侵袭。汜水发源于浮戏山，之后向北流入黄河。山的东面有一个山谷，谷中有很多蛇，因此命名为蛇谷，山谷的上面长着很多细辛。

◑细辛（明·文俶《金石昆虫草木状》）

再向东四十里，有座少陉山。山上长有一种草，名叫茵草，这种草的叶子有点像山葵，茎是红色的，花是白色的，果实像野葡萄，吃了这种果实人不会愚钝。器难水从这里发源，之后向北流入役水。

注释

①反伤：倒长着刺。②少辛：又名小辛、细辛，一种草药。③茵（gāng）草：一种草名。

原文

又东南十里，曰太山，有草焉，名曰梨，其叶状如荻[1]而赤华，可以已疽。太水出于其阳，而东南流注于役水；承水出于其阴，而东北流注于役水。

又东二十里，曰末山，上多赤金。末水出焉，北流注于役水。

又东二十五里，曰役山，上多白金，多铁。役水出焉，北流注于河。

又东三十五里，曰敏山，上有木焉，其状如荆，白华而赤实，名曰蓟柏，服者不寒。其阳多㻬琈之玉。

译文

再向东南十里，有座太山。山里有一种草，名叫梨，叶子的形状像蒿草叶，开红色的花，可以用来治疗痈疽。太水从这座山的南麓流出，之后向东南流入役水；承水从这座山的北麓流出，之后向东北流入役水。

再向东二十里，有座末山，山上有很多赤金矿石。末水就发源于这座山，之后向北流入役水。

再向东二十五里，有座役山。山上有很多白金矿石和铁矿石。役水发源于这座山，之后向北流入黄河。

再往东三十五里，有座敏山。山上有种树，形状和荆树相似，开白色的花，结红色的果实，名字叫蓟柏，吃了它人就不怕寒冷。敏山南边有大量㻬琈玉。

注释

①荻（qiū）：草名。一种蒿类植物，茎干约有一丈高。

原文

又东三十里，曰大騩之山，其阴多铁、美玉、青垩。有草焉，其状如蓍而毛，青华而白实[1]，其名曰𦬸，服之不夭，可以为[2]腹病。

凡苦山之首，自休与之山至于大騩之山，凡十有九山，千一百八十四里。其十六神者，皆豕身而人面。其祠：毛牷用一羊羞[3]，婴用一藻玉瘗。苦山、少室、太室皆冢也。其祠之：太牢之具，婴以吉玉。其神状皆人面而三首，其余属皆豕身人面也。

译文

再往东三十里，有座大騩山，山的北边出产很多的铁、美玉和青色垩土。山里有种草，形状像蓍草，长着绒毛，开青色的花，结白色的果实，名字叫䓘，人吃了它就能延年益寿，还可以医治各种腹部的疾病。

苦山山系，从休与山开始到大騩山止，一共有十九座山，绵延一千一百八十四里。其中十六个山神都是猪身人面。祭祀他们的礼仪如下：用一只完整纯色的羊为带毛的动物祭品，用一块有彩纹的玉作为山神颈上的饰物，祭祀后把它埋入地下。苦山、少室山、太室山都是大的山神居住的地方，祭祀这三个山神的礼仪如下：用牛、羊、猪三牲齐备的太牢之礼，用彩色的玉作为挂在山神颈上的饰物。这三位山神都有三个脑袋，长着人一样的脸，其余十六位山神都是猪身人面。

◑ 人面三首神（明·蒋应镐《山海经》上色版）

注释

①青华而白实：一作“青华而不实”。②为：治。一作“已”。③羞：进献食品。

中次八经

导读

《中次八经》记载了景山等山的地理位置和山川风貌。这些山可能分布于现在的湖北和安徽一带。这列山系盛产黄金、玉石、铁、垩土等矿物，还栖息着许多野兽，如牦牛、虎、豹、麋、麂、兕等。

原文

中次八经荆山之首，曰景山，其上多金、玉，其木多杼[①]、檀。雎水[②]出焉，东南流注于江，其中多丹粟，多文鱼。

东北百里，曰荆山，其阴多铁，其阳多赤金，其中多犛牛[③]，多豹、虎。其木多松、柏，其草多竹，多橘、櫾[④]。漳水出焉，而东南流注于雎，其中多黄金，多鲛鱼[⑤]，其兽多闾、麋。

又东北百五十里，曰骄山，其上多玉，其下多青雘，其木多松、柏，多桃枝、钩端。神蟲围[⑥]处之，其状如人面而羊角虎爪，恒游于雎、漳之渊，出入有光。

译文

中部第八列山系是荆山山系，它的第一座山是景山。山上有很多金属矿物和玉石，山上的树多为栎树和檀树。雎水发源于景山，之后向东南流入长江，水中有很多粟米粒大小的丹砂，还有很多身上有斑纹的鱼。

向东北一百里，有座荆山。山的南面有很多铁，北面有很多赤金。山中有很多犛牛、豹和虎，山中生长的树多为松树和柏树，生长的草多为低矮茂密的竹丛，还生长着很多橘子树和柚子树。漳水发源于荆山，之后向东南流入雎水，水中有很多黄金，还有很多鲛鱼，山里的兽类多为驴和麋鹿。

再往东北一百五十里，有座骄山，山上有很多玉石，山下有很多青雘，山上的树木多是松树、柏树，还有很多桃枝竹和钩端竹。神蟲围住在这座山里，它长着像人一样的脸，却长着羊角，有虎的爪子，时常在雎水和漳水的深渊一带活动，出入时都有亮光。

◑ 蟲围（清·吴任臣《〈山海经〉广注》上色版）

注释

①杼（shù）：栎树。②雎（jū）水：水名。③犛（máo）牛：牛名。牦牛。④櫾（yòu）：同“柚”，一种常绿乔木，种类很多，果实叫柚子，比橘子大。⑤鲛（jiāo）鱼：鲨鱼。⑥蟲（tuó）围：神祇名。

原文

又东北百二十里，曰女几之山，其上多玉，其下多黄金，其兽多豹、虎，多闾、麋、麖、麂[①]，其鸟多白鷮[②]，多翟，多鸩[③]。

又东北二百里，曰宜诸之山，其上多金、玉，其下多青雘。洈水[④]出焉，而南流注于漳，其中多白玉。

又东北三百五十里，曰纶山，其木多梓、柟，多桃枝，多柤、栗、橘、櫾，其兽多闾、麈、麢、㚟[⑤]。

又东二百里，曰陆郈[⑥]之山，其上多㻬琈之玉，其下多垩，其木多杻、橿。

译文

再向东北一百二十里，有座女几山，山上玉石蕴藏丰富，山下有很多黄金，山中的野兽多为豹和虎，还有很多驴、麋鹿、麖和麂，山中的鸟以白鷮居多，还有很多翟鸟、鸩鸟。

再往东北二百里，有座宜诸山，山上有很多金属和玉石，山下有很多青雘。洈水发源于这座山，之后向南流入漳水，水中有很多白色的玉石。

再向东北三百五十里，有座纶山，山里的树木以梓树、楠树居多，还有很多桃枝竹，以及大量的柤树、栗子树、橘子树、柚子树，山里的野兽以山驴、驼鹿、羚羊、㚟居多。

◑ 橘子树（明·文俶《金石昆虫草木状》）

◑ 柚子树（明·文俶《金石昆虫草木状》）

再向东二百里，有座陆郈山，山上盛产㻬琈玉，山下则出产各种颜色的垩土，山中的树木以杻树和橿树居多。

注释

①麂（jǐ）：兽名。鹿属。②白鷮（jiāo）：一种像野鸡一样有较长尾羽的鸟，边飞边鸣叫。③鸩（zhèn）：传说中的一种毒鸟，常捕食蝮蛇。④浇水：水名。⑤㲋（chuò）：一种有青色皮毛，与兔子相似却长着鹿脚的野兽。⑥陆郈（guǐ）：山名。

原文

又东百三十里，曰光山，其上多碧，其下多水。神计蒙处之，其状人身而龙首，恒游于漳渊，出入必有飘风暴雨。

又东百五十里，曰岐山，其阳多赤金，其阴多白珉[①]，其上多金、玉，其下多青雘，其木多樗。神涉鼍[②]处之，其状人身而方面三足。

又东百三十里，曰铜山，其上多金、银、铁，其木多榖、柞、柤、栗、橘、櫾，其兽多犳。

译文

再向东一百三十里，有座光山，山上有很多青绿色的玉石，山下流水众多。神仙计蒙住在这里，他有着人的身子和龙的脑袋，经常在漳潭中巡游，出入时一定会伴有暴风骤雨。

再向东一百五十里，有座岐山，山的南边盛产赤金，山的北边出产大量的白色珉石，山上盛产金属和玉石，山下有很多青雘，山上的树木以臭椿树居多。神仙涉鼍就住在这座山上，他有着人的身体、方形的面孔、三只脚。

再向东一百三十里，有座铜山，山上有丰富的金、银、铁，树木以构树、柞树、柤树、栗子树、橘子树、柚子树居多，野兽多是长着豹子斑纹的犳。

◑计蒙（清·吴任臣《〈山海经〉广注》上色版）

注释

①珉（mín）：似玉的美石。②涉鼍（tuó）：神祇名。

原文

又东北一百里，曰美山，其兽多兕、牛，多闾、麈，多豕、鹿。其上多金，其下多青雘。

又东北百里，曰大尧之山，其木多松、柏，多梓、桑，多机，其草多竹，其兽多豹、虎、麢、㚟。

又东北三百里，曰灵山，其上多金、玉，其下多青雘，其木多桃、李、梅、杏。

又东北七十里，曰龙山，上多寓木[1]，其上多碧，其下多赤锡，其草多桃枝、钩端。

译文

再向东北一百里，有座美山，山中的野兽以兕、野牛居多，还有很多山驴、麈，以及许多野猪、鹿，这山上多出产金属矿物，山下多出产青雘。

◑山驴（明·文俶《金石昆虫草木状》）

◑麈（清·余省、张为邦《清宫兽谱》）

再向东北一百里，有座大尧山，山里的树木以松树和柏树居多，还有众多的梓树、桑树，以及机树，这里的草多是低矮丛生的小竹子，野兽则以豹、虎、羚羊、㚟居多。

再向东北三百里，有座灵山，山上有丰富的金属矿物和玉石，山下盛产青雘，这里的树木多是桃树、李树、梅树、杏树。

再向东北七十里，有座龙山，山上有很多寄生树，还盛产碧玉，山下有很多红色锡土，山上的草多是桃枝、钩端之类的低矮竹丛。

注释

①寓木：又叫宛童，一种寄生在其他树木上的植物。寓，寄居。

原文

又东南五十里，曰衡山，上多寓木、榖、柞，多黄垩、白垩。

又东南七十里，曰石山，其上多金，其下多青雘，多寓木。

又南百二十里，曰若山，其上多㻬琈之玉，多赭，多封石[①]，多寓木，多柘。

又东南一百二十里，曰彘山，多美石，多柘。

又东南一百五十里，曰玉山，其上多金、玉，其下多碧、铁，其木多柏。

又东南七十里，曰讙山，其木多檀，多封石，多白锡。郁水出于其上，潜于其下，其中多砥砺。

译文

再向东南五十里，有座衡山，山上有许多寄生树、构树、柞树，还盛产黄色垩土和白色垩土。

再向东南七十里，有座石山，山上有许多金属矿物，山下蕴藏丰富的青雘，还有许多寄生树。

再向南一百二十里，有座若山，这座山上盛产㻬琈玉，还出产大量的赭石，以及很多封石，山上到处是寄生树、柘树。

再向东南一百二十里，有座彘山，山里有很多漂亮的石头，有很多柘树。

再向东南一百五十里，有座玉山，山上有丰富的金属矿物和玉石，山下有丰富的碧玉和铁，山里的树木以柏树居多。

再向东南七十里，有座讙山，这座山里的树木多是檀树，盛产封石，还出产白色锡土。郁水从这座山上发源，潜流到山下，水里有很多磨刀石。

◑ 柏树（明·文俶《金石昆虫草木状》）

注释

①封石：一种可作药用的矿物，味甜无毒。

原文

又东北百五十里，曰仁举之山，其木多榖、柞，其阳多赤金，其阴多赭。

又东五十里，曰师每之山，其阳多砥砺，其阴多青雘，其木多柏，多檀，多柘，其草多竹。

又东南二百里，曰琴鼓之山，其木多榖、柞、椒[1]、柘，其上多白珉，其下多洗石，其兽多豕鹿，多白犀，其鸟多鸩。

凡荆山之首，自景山至琴鼓之山，凡二十三山，二千八百九十里。其神状皆鸟身而人面。其祠：用一雄鸡祈瘗，婴用一藻圭，糈用稌。骄山，冢也。其祠：用羞酒少牢祈瘗，婴用一璧。

译文

再向东北一百五十里，有座仁举山，山上生长着许多构树和柞树，山的南面有很多赤金矿石，山的北面有很多赭矿石。

再向东五十里，有座师每山，山南多出产磨刀石，山北多出产青雘，山中的树木以柏树居多，还有很多檀树，以及很多柘树，草类多是丛生的低矮竹子。

再向东南二百里，有座琴鼓山，这里的树木多是构树、柞树、椒树和柘树，山上多出产白色珉石，山下多出产洗石，这里的野兽多是野猪、鹿，还有许多白色犀牛，鸟类则多是鸩鸟。

荆山山系，从景山到琴鼓山，一共有二十三座山，绵延二千八百九十里。这些山的山神都是鸟身人面。祭祀他们的礼仪如下：用一只公鸡为祭品，祭祀后埋入地下，祭神的玉用一块有彩纹的圭，用糯米作祭神的精米。骄山是大的山神居住的地方，祭祀其山神的礼仪如下：用酒、猪、羊为祭品，祭祀后埋入地下，祭祀的玉器用一块玉璧。

◑ 椒树（明·文俶《金石昆虫草木状》）

注释

①椒：此处的椒树指一种矮小丛生的树，与花椒树不是同一物种。

中次九经

导读

《中次九经》记载了女几山等山的地理位置和山川风貌。这些山可能分布于现在的四川、重庆、湖北一带。这列山系中草木繁盛，而山中怪物较少，都是猪、鹿、羚羊之类的寻常兽类，出产的矿物多为铁和白金。

原文

中次九经岷山之首，曰女几之山，其上多石涅①，其木多杻、橿，其草多菊、茶。洛水出焉，东注于江。其中多雄黄，其兽多虎、豹。

又东北三百里，曰岷山，江水出焉，东北流注于海，其中多良龟，多鼍②。其上多金、玉，其下多白珉。其木多梅、棠，其兽多犀、象，多夔牛③，其鸟多翰、鷩。

译文

中部第九列山系是岷山山系，第一座山是女几山，山上多出产石涅，这里的树木以杻树、橿树居多，花草以野菊、术草居多。洛水从这座山发源，之后向东流入长江。山里有很多雄黄，野兽以老虎、豹子居多。

◑ 菊（明·文俶《金石昆虫草木状》）

◑ 扬子鳄（明·文俶《金石昆虫草木状》）

再向东北三百里，有座岷山。长江发源于岷山，之后向东北流入大海，水中有很多品种优良的龟，还有很多扬子鳄。山上有很多金属矿物和玉石，山下有很多似玉的白石。山中生长的树多为梅树和海棠，山中的野兽多为犀牛和大象，也有很多夔牛，山中的鸟多为翰鸟和赤鷩鸟。

注释

①石涅：涅石，一种可作黑色染料的矿石。②鼍（tuó）：爬行动物。鳄鱼的一种，又名扬子鳄。③夔牛：传说中身躯庞大的野牛。

原文

又东北一百四十里，曰崍山，江水出焉，东流注于大江。其阳多黄金，其阴多麋、麈，其木多檀、柘，其草多䪥[①]韭，多药、空夺[②]。

又东一百五十里，曰崌山[③]，江水出焉，东流注于大江，其中多怪蛇，多鰲鱼[④]。其木多楢[⑤]、杻，多梅、梓，其兽多夔牛、麢、㚟、犀、兕。有鸟焉，状如鸮而赤身白首，其名曰窃脂，可以御火。

又东三百里，曰高梁之山，其上多垩，其下多砥砺，其木多桃枝、钩端。有草焉，状如葵而赤华，荚实、白柎，可以走马。

译文

再向东北一百四十里，有座崃山。江水从崃山发源，之后向东流入长江。山的南面有很多黄金，山的北面有很多麋鹿和麈，山中生长的树多为檀树和柘树，草多为䪥和野韭菜，还有很多白芷和寇脱。

再向东一百五十里，有座崌山。江水就从这座山发源，之后向东注入长江，水里生活着许多怪蛇，还有很多鰲鱼。山里的树木以楢树和杻树居多，也有很多梅树和梓树，野兽以夔牛、羚羊、㚟、犀牛、兕居多。这山里有种鸟，身形和猫头鹰差不多，有着红色的身体和白色的脑袋，名字叫窃脂，可以躲避火灾。

◑ 犀牛（清·余省、张为邦《清宫兽谱》）

◑ 窃脂（清·陈梦雷《古今图书集成·禽虫典》）

再向东三百里，有座高梁山，山上有大量垩土，山下有很多磨刀石，山里的草木以桃枝竹和钩端竹居多。山里有一种草，这种草的形状像葵菜，开红色的花朵，结带荚的果实，有白色的花萼，马吃了它就能跑得更快。

注释

①䪥（xiè）：同“薤”。植物名，即藠头。②空夺：上文提到过的寇脱。③崌（jū）山：山名。④鰲（zhì）鱼：神话传说中的鱼名。⑤楢（yóu）：古代的一种木材，可做车轮，也可取火。

原文

又东四百里，曰蛇山，其上多黄金，其下多垩，其木多栒[①]，多豫章，其草多嘉荣、少辛。有兽焉，其状如狐，而白尾长耳，名𤜣狼[②]，见则国内有兵。

又东五百里，曰鬲山[③]，其阳多金，其阴多白珉。蒲鸏之水出焉，而东流注于江，其中多白玉。其兽多犀、象、熊、罴，多猿、蜼。

又东北三百里，曰隅阳之山，其上多金、玉，其下多青雘，其木多梓、桑，其草多茈。徐之水出焉，东流注于江，其中多丹粟。

又东二百五十里，曰岐山，其上多白金，其下多铁，其木多梅、梓，多杻、楢。減水出焉，东南流注于江。

译文

◑ 𤜣狼（清·余省、张为邦《清宫兽谱》）

再向东四百里，有座蛇山。这座山上有很多黄金，山下有很多垩土，山上以栒树居多，也有许多豫章树，草类以嘉荣、少辛居多。这座山里有种野兽，长得像狐狸，有白色的尾巴，耳朵很长，名字叫𤜣狼，这种野兽出现的国家会发生战争。

再向东五百里，有座鬲山。山的南边有很多黄金，山的北边有大量的白色珉石。蒲鸏水就从这座山发源，之后向东注入长江，水里有很多白色的玉石。这座山里的野兽以犀牛、大象、熊、罴居多，也有大量的猿猴和长尾猿。

◑ 熊（明·文俶《金石昆虫草木状》）

◑ 蜼（清·余省、张为邦《清宫兽谱》）

再向东北三百里，有座隅阳山，山上有丰富的金属和玉石，山下有丰富的青雘，山里的树木多是梓树和桑树，草多是紫草。徐水从这座山发源，之后向东流入长江，水中有许多粟米粒大小的丹砂。

再向东二百五十里，有座岐山，山上蕴藏着丰富的白金，山下蕴藏着丰富的铁，山上的树木多是梅树和梓树，还有很多杻树和楢树。減水就发源于这座山，之后向东南流入长江。

注释

①栒（xún）：木名。②犰（yǐ）狼：传说中的兽类。③鬲（gé）山：山名。古代鬲山相传为夏桀的死地。

原文

又东三百里，曰勾檷[1]之山，其上多玉，其下多黄金。其木多栎、柘，其草多芍药。

又东一百五十里，曰风雨之山，其上多白金，其下多石涅。其木多椒、椫[2]，多杨。宣余之水出焉，东流注于江，其中多蛇。其兽多闾、麋、麈，多豹、虎，其鸟多白鷮。

译文

再往东三百里，有座勾檷山，山上盛产玉石，山下盛产黄金。山里的树木以栎树和柘树居多，草类则以芍药居多。

再往东一百五十里，有座风雨山，山上盛产白金，山下盛产石涅，山里的树木以椒树和椫树居多，也有很多杨树。宣余水就从这座山发源，之后向东注入长江，水里有很多水蛇。山里的野兽以山驴、麋鹿、麈居多，也有大量的豹和虎，鸟类则以白鷮居多。

◑芍药（明·文俶《金石昆虫草木状》）

注释

①勾檷（mí）：山名。②椒椫（zōu shàn）：椒，神话传说中的木名。椫，树名。又名白理木，一种有白色纹理的树木，木质坚硬，古代用来制梳、勺等。

原文

又东北二百里，曰玉山，其阳多铜，其阴多赤金。其木多豫章、楢、杻，其兽多豕、鹿、麢、㚟，其鸟多鸩。

又东一百五十里，曰熊山，有穴焉，熊之穴，恒出入神人。夏启而冬闭，是穴也，冬启乃必有兵。其上多白玉，其下多白金，其木多樗、柳，其草多寇脱。

又东一百四十里，曰騩山，其阳多美玉、赤金，其阴多铁，其木多桃枝、荆、芑。

又东二百里，曰葛山，其上多赤金，其下多瑊石[①]，其木多柤、栗、橘、櫾、楢、杻，其兽多麢、㚟，其草多嘉荣。

译文

再往东北二百里，有座玉山。这座山的南边盛产铜，山的北边盛产赤金，这座山里的树木以豫章树、楢树、杻树居多，野兽则以野猪、鹿、羚羊、㚟居多，鸟类则以鸩鸟居多。

再往东一百五十里，有座熊山。这座山上有一个洞穴，这个洞穴是熊的巢穴，洞穴里时常有神人出入。这个洞穴夏季开启，冬季关闭，洞穴如果在冬季开启，天下一定会发生战争。山上盛产白色玉石，山下盛产白金，这座山里的树木以臭椿树和柳树居多，草类以寇脱居多。

再往东一百四十里，有座騩山，这座山的南边盛产美玉和赤金，山的北边出产丰富的铁矿，这里的草木以桃枝竹、牡荆树、枸杞树居多。

再往东二百里，有座葛山，这座山上盛产赤金，山下出产大量瑊石，山里的树木以柤树、栗子树、橘子树、柚子树、楢树、杻树居多，野兽以羚羊和㚟居多，草类则以嘉荣居多。

注释

①瑊（jiān）石：一种质地比玉石差一等的美石。

原文

又东一百七十里，曰贾超之山，其阳多黄垩，其阴多美赭，其木多柤、栗、橘、櫾，其中多龙脩[①]。

凡岷山之首，自女几山至于贾超之山，凡十六山，三千五百里。其神状皆马身而龙首。其祠：毛用一雄鸡瘗，糈用稌。文山、勾檷、风雨、䰠之山，是皆冢也，其祠之：羞酒，少牢具，婴毛一吉玉。熊山，帝[2]也。其祠：羞酒，太牢具，婴毛一璧。干儛，用兵以禳；祈，璆[3]冕[4]舞。

译文

再向东一百七十里，有座贾超山，山的南面有很多黄垩，山的北面有很多优质的红土，山中生长的树多为山楂树、栗子树、橘子树和柚子树，山中还长着很多龙须草。

岷山山系，从女几山到贾超山，共十六座山，绵延三千五百里。这些山的山神的形状都是马身龙头。祭祀他们的礼仪如下：以一只公鸡为带毛的动物祭品，祭祀后把它埋入地下，用糯米作祭神用的精米。文山、勾祢山、风雨山、䰠山都是大的山神居住的地方，祭祀这些山神的礼仪如下：向他们敬酒，用猪、羊作祭品，用一块彩色的玉作为祀神的玉。熊山的山神是众山神之主，祭祀他的礼仪如下：向他敬酒，用猪、羊、牛三牲齐备的太牢之礼，用一块璧作为祀神的玉。祭祀时，手持盾牌而舞，并手持兵器，以求消除灾殃；祈祷时手持美玉，戴上礼帽跳舞。

◑龙须草（明·文俶《金石昆虫草木状》）

◑马身龙首神（明·蒋应镐《山海经》上色版）

注释

①龙脩：龙须草，可以用来织席和造纸。②帝：魁首，领袖。③璆（qiú）：美玉。④冕：礼帽，是古代帝王、诸侯及卿大夫所戴。

中次十经

导读

《中次十经》记载了首阳山等山的地理位置和山川风貌。这些山可能分布于现在的河南、湖北一带。这列山系中的山草木繁盛，盛产黄金、玉石、铁等矿物，山中还有一种能预测瘟疫的鸟叫跂踵。

原文

中次十经之首，曰首阳之山，其上多金、玉，无草木。

又西五十里，曰虎尾之山，其木多椒、椐，多封石，其阳多赤金，其阴多铁。

又西南五十里，曰繁缋[1]之山，其木多楢、杻，其草多枝勾。

又西南二十里，曰勇石之山，无草木，多白金，多水。

又西二十里，曰复州之山，其木多檀，其阳多黄金。有鸟焉，其状如鸮，而一足彘尾，其名曰跂踵，见则其国大疫。

又西三十里，曰楮山，多寓木，多椒、椐，多柘，多垩。

译文

中部第十列山系的第一座山是首阳山，山上有很多金属和玉石，不长草木。

◑ 花椒树（明·文俶《金石昆虫草木状》）

再向西五十里，有座虎尾山，山中生长的树多为花椒树和椐树，山上还有很多封石，山的南面有很多赤金，北面有很多铁。

再向西南五十里，有座繁缋山，山中生长的树多为楢树和杻树，生长的草多为桃枝、钩端之类的低矮竹丛。

再往西南二十里，有座勇石山，山上没有草木，有很多白金，还有很多水。

再往西二十里，有座复州山，山里的树木以檀树居多，山南有丰富的黄金。山中有一种鸟，形状像猫头鹰，长着一只爪子和猪一样的尾巴，名叫跂踵，这种鸟出现的国家会发生大瘟疫。

◑ 跂踵鸟（清·吴任臣《〈山海经〉广注》上色版）

再往西三十里，有座楮山，山上有很多寄生树、花椒树、椐树、柘树，还有很多垩土。

注释

①繁缋（huì）：山名。

原文

又西二十里，曰又原之山，其阳多青雘，其阴多铁，其鸟多鸜鹆[①]。

又西五十里，曰涿山，其木多榖、柞、杻，其阳多㻬琈之玉。

又西七十里，曰丙山，其木多梓、檀，多弞杻[②]。

凡首阳山之首，自首山至于丙山，凡九山，二百六十七里。其神状皆龙身而人面。其祠之：毛用一雄鸡瘗，糈用五种之糈[③]。堵山，冢也，其祠之：少牢具，羞酒祠，婴毛一璧瘗。騩山，帝也，其祠：羞酒，太牢具，合巫[④]祝[⑤]二人儛，婴一璧。

译文

再向西二十里，有座又原山，山的南面有很多可作青色颜料的矿物，北面有很多铁，山中的鸟多为八哥。

再向西五十里，有座涿山，山上的树木以构树、柞树、杻树居多，山的南边盛产㻬琈玉。

再向西七十里，有座丙山，山中生长的树多为梓树和檀树，还有很多高大的杻树。

◑ 鸜鹆（明·文俶《金石昆虫草木状》）

首阳山山系，从首阳山到丙山，一共九座山，绵延二百六十七里。这些山的山神都是龙身人面。祭祀他们的礼仪如下：以一只雄鸡为带毛的动物祭品，祭祀后把它埋入地下，用去皮壳后的黍、稷、稻、粱、麦作为祭神用的精米。堵山是大山神居住的地方，祭祀这位山神的礼仪如下：用猪、羊作祭品，并向他献酒，用一块玉璧作为他颈上的饰物，祭祀后把它埋入地下。騩山的山神是众山神之主，祭祀他的礼仪如下：向他献酒，用猪、羊、牛三牲齐备的太牢之礼，让巫师和祝师一起跳舞，用一块玉璧作为山神颈上的饰物。

注释

①鸜鹆（qú yù）：同“鸲（qú）鹆”。鸟名。即八哥。②弞（shěn）杻：高大的杻树。③五种之糈：指去皮壳后的黍、稷、稻、粱、麦。④巫：古代以求神、占卜等为职业的人。女曰巫，男曰觋（xí）。⑤祝：宗庙中主持祭礼的人。

中次十一经

导读

《中次十一经》记载了翼望山等山的地理位置和山川风貌。这些山可能分布于现在的河南、湖北、安徽一带。这列山系中记录的山众多，但山中的动植物都很常见。怪兽只有为数不多的几种，如雍和、獜等。

狙如

獜

移即

三足鳖

梁渠

原文

中次一十一山经荆山之首，曰翼望之山。湍水[1]出焉，东流注于济；贶水[2]出焉，东南流注于汉，其中多蛟。其上多松、柏，其下多漆、梓，其阳多赤金，其阴多珉。

又东北一百五十里，曰朝歌之山，沅水出焉，东南流注于荥，其中多人鱼。其上多梓、枏，其兽多麢、麋。有草焉，名曰莽草，可以毒鱼。

又东南二百里，曰帝囷之山，其阳多㻬琈之玉，其阴多铁。帝囷之水出于其上，潜于其下，多鸣蛇。

又东南五十里，曰视山，其上多韭。有井焉，名曰天井，夏有水，冬竭。其上多桑，多美垩、金、玉。

译文

中部第十一列山系是荆山山系，它的第一座山叫翼望山。湍水就从这座山发源，之后向东注入济水；贶水也从这座山发源，之后向东南注入汉水，附近的水里有很多蛟龙。这座山上遍布着松树和柏树，山下有很多漆树和梓树，山的南边盛产赤金，山的北边出产大量珉石。

再往东北一百五十里，有座朝歌山。沅水就从这座山发源，之后向东南注入荥水，附近的水里生长着大量的人鱼。这座山里有大量梓树和楠树，山里的野兽以羚羊、麋鹿居多。山里有种草，名叫莽草，能够用来毒鱼。

再往东南二百里，有座帝囷山。这座山的南边盛产㻬琈玉，山的北边盛产铁。帝囷水就从这座山的顶端发源，之后潜流到山底，附近的水里有很多鸣蛇。

再向东南五十里，有座视山，山上生长着很多山韭菜。山上有一口井，名叫天井。井中夏季有水，而到了冬季就干枯了。山上有很多桑树和上等的垩土，还有丰富的金属和玉石。

◑ 莽草（明·文俶《金石昆虫草木状》）

注释

①湍（zhuān）水：水名，源出河南省内乡县熊耳山。②贶（kuàng）水：水系名。

原文

又东南二百里，曰前山，其木多槠[1]，多柏，其阳多金，其阴多赭。

又东南三百里，曰丰山，有兽焉，其状如蝯，赤目、赤喙、黄身，名曰雍和，见[2]则国有大恐。神耕父处之，常游清泠[3]之渊，出入有光，见则其国为败。有九钟焉，是和霜鸣。其上多金，其下多榖、柞、杻、橿。

又东北八百里，曰兔床之山，其阳多铁，其木多藷藇，其草多鸡谷，其本如鸡卵，其味酸甘，食者利于人。

又东六十里，曰皮山，多垩，多赭，其木多松、柏。

译文

再向东南二百里，有座前山，山中的树多为槠树，还有很多柏树，山的南面有很多黄金，北面有很多赭石。

再向东南三百里，有座丰山。山中有一种野兽，样子像猿猴，长着红色的眼睛、红色的嘴巴、黄色的身子，名叫雍和，它出现的国家会发生大的恐慌事件。神耕父住在这座山里，他常常在清泠渊畅游，出入时都有闪光，他出现的国家将会衰败。这座山还有九口钟，它们都应和霜的降落而鸣响。山上有丰富的金属矿物，山下有茂密的构树、柞树、杻树、橿树。

◑ 雍和（清·余省、张为邦《清宫兽谱》）

再向东北八百里，有座兔床山，山南有丰富的铁，山里的树木以山药居多，花草以鸡谷草居多，它的根像鸡蛋似的，味道酸中带甜，服食它对人的身体有益。

再向东六十里，有座皮山，山里有大量的垩土，还有很多赭石，山里的树木多是松树和柏树。

注释

①槠（zhū）：树名。木质坚硬，果实球形，可食。②见：通“现”，出现。③泠（líng）：清澈。

原文

又东六十里，曰瑶碧之山，其木多梓、柟，其阴多青雘，其阳多白金。有鸟焉，其状如雉，恒食蜚，名曰鸩。

又东四十里，曰支离之山，济水出焉，南流注于汉。有鸟焉，其名曰婴勺，其状如鹊，赤目、赤喙、白身，其尾若勺，其鸣自呼。多㸲牛，多羬羊。

又东北五十里，曰祑篙[①]之山，其上多松、柏、机、桓[②]。

又西北一百里，曰堇理[③]之山，其上多松、柏，多美梓，其阴多丹雘，多金，其兽多豹、虎。有鸟焉，其状如鹊，青身白喙，白目白尾，名曰青耕，可以御疫，其鸣自叫。

译文

再向东六十里，有座瑶碧山，山中生长的树多为梓树与楠树，山的北面有很多可作青色颜料的矿物，南面有很多白金。山中有一种鸟，样子像野鸡，经常吃蜚蝗，名字叫鸩。

◑ 梓树（明·文俶《金石昆虫草木状》）

◑ 鸩鸟（清·佚名《各样雀图册》）

再往东四十里，有座支离山。济水就从这座山发源，之后向南注入汉水。山里有种鸟，它的名字叫婴勺，样子像喜鹊，长着红色的眼睛和嘴巴，还有白色的身体，尾巴长得像酒勺，这鸟的叫声就是它自己的名字。山里还有大量㸲牛、羬羊。

再往东北五十里，有座祑篙山，山上有大量的松树、柏树、机树、桓树。

再往西北一百里，有座堇理山，山上有很多松树、柏树，还有很多优良的梓树，山北多出产丹雘，有丰富的金，这里的野兽以豹子和老虎居多。山中有一种鸟，形状像喜鹊，有青色的身子、白色的嘴巴、白色的眼睛、白色的尾巴，名叫青耕，它可以躲避瘟疫，它的叫声就是它的名字。

注释

①袟篙（zhì diāo）：山名。②桓（huán）：树名，又称无患树。古人认为它有祛邪避恶的功能。③堇（qín）理：山名。

原文

又东南三十里，曰依轱[①]之山，其上多杻、橿，多苴[②]。有兽焉，其状如犬，虎爪有甲，其名曰獜[③]，善驶坌[④]，食者不风。

又东南三十五里，曰即谷之山，多美玉，多玄豹，多闾、麈，多麢、㚟。其阳多珉，其阴多青雘。

又东南四十里，曰鸡山。其上多美梓，多桑，其草多韭。

译文

再往东南三十里，有座依轱山，山上有很多杻树和橿树，以及柤树。山中有一种野兽，样子像狗，长着老虎一样的爪子，身上有鳞甲，它的名字是獜，擅长跳跃腾扑，吃了它的肉就能使人不患风痹病。

◑獜（清·余省、张为邦《清宫兽谱》）

再往东南三十五里，有座即谷山，山中有很多优质的玉石，有大量黑豹，也有很多山驴、麈、羚羊和㚟。山南有很多珉石，山北有很多青雘。

再往东南四十里，有座鸡山，山上有大量优良的梓树，还有很多桑树，草类以野韭菜居多。

注释

①依轱（kū）：山名。②苴（jū）：通“柤”。树名。③獜（lìn）：传说中的怪兽。④驶坌（yāng fèn）：奔腾跳跃。

原文

又东南五十里，曰高前之山，其上有水焉，甚寒而清，帝台之浆也，饮之者不心痛。其上有金，其下有赭。

又东南三十里，曰游戏之山，多杻、橿、榖，多玉，多封石。

又东南三十五里，曰从山，其上多松、柏，其下多竹。从水出于其上，潜于其下，其中多三足鳖，枝尾，食之无蛊疾。

又东南三十里，曰婴硜①之山，其上多松、柏，其下多梓、櫄②。

又东南三十里，曰毕山，帝苑之水出焉，东北流注于濝③，其中多水玉，多蛟。其上多㻬琈之玉。

译文

再往东南五十里，有座高前山，山上有水，水非常凉而又特别清澈，是神仙帝台用过的浆水，饮用了它能使人不患心痛病。山上有丰富的黄金，山下有丰富的赭石。

再往东南三十里，有座游戏山，山上有很多杻树、橿树、构树，还有很多玉石和封石。

再往东南三十五里，有座从山，山上有很多松树和柏树，山下有很多的竹子。从水从从山的山顶发源，潜流到山下，水中有很多三足鳖，这种鳖长着开叉的尾巴，吃了它的肉能使人不患神经错乱的病。

再往东南三十里，有座婴硜山，山上遍布着松树和柏树，山下有茂密的梓树和櫄树。

再往东南三十里，有座毕山，帝苑水就从这座山发源，之后向东北注入濝水，水里出产大量水晶石，还有很多蛟龙。山上盛产㻬琈玉。

注释

①婴硜（zhēn）：古山名。②櫄（chūn）：又叫椿树，指香椿树。③濝（qìn）：水名，在河南省境内，为汝水支流之一。

◑ 蛟（清·聂璜《海错图》）

原文

又东南二十里，曰乐马之山，有兽焉，其状如彙，赤如丹火，其名曰𤟤[①]，见则其国大疫。

又东南二十五里，曰葴山[②]，视水出焉，东南流注于汝水，其中多人鱼，多蛟，多颉[③]。

又东四十里，曰婴山，其下多青雘，其上多金、玉。

又东三十里，曰虎首之山，多苴、椆[④]、椐。

又东二十里，曰婴侯之山，其上多封石，其下多赤锡。

又东五十里，曰大孰之山，杀水出焉，东北流注于视水，其中多白垩。

又东四十里，曰卑山，其上多桃、李、苴、梓，多纍[⑤]。

译文

再往东南二十里，有座乐马山，山里有种野兽，样子像刺猬，全身一团火红，这野兽的名字叫𤟤，它出现的国家会发生大瘟疫。

◑ 𤟤（明·文俶《金石昆虫草木状》）

再往东南二十五里，有座葴山。视水从这座山发源，之后向东南流入汝水，水中有很多人鱼，又有很多蛟龙，还有很多的颉。

再往东四十里，有座婴山，山下有很多青雘，山上有很多金属矿物和玉石。

再往东三十里，有座虎首山，山上有茂密的柤树、椆树、椐树。

再往东二十里，有座婴侯山，山上多出产封石，山下多出产红色锡土。

再往东五十里，有座大孰山。杀水从这座山发源，之后向东北流入视水，水中多是白色垩土。

再往东四十里，有座卑山，山上有很多桃树、李树、柤树、梓树，还有很多藤蔓。

注释

①𤟤（lì）：传说中的怪兽名。②葴（zhēn）山：山名。③颉（xié）：传说中的兽名。状如青狗。④椆（chóu）：树名。⑤纍（lěi）：蔓生植物。

原文

又东三十里，曰倚帝之山，其上多玉，其下多金。有兽焉，状如鼣鼠[1]，白耳白喙，名曰狙如[2]，见则其国有大兵。

又东三十里，曰鯢山[3]，鯢水出于其上，潜于其下，其中多美垩。其上多金，其下多青雘。

又东三十里，曰雅山，澧水出焉，东流注于溉水，其中多大鱼。其上多美桑，其下多苴，多赤金。

又东五十五里，曰宣山，沦水出焉，东南流注于溉水，其中多蛟。其上有桑焉，大五十尺，其枝四衢，其叶大尺余，赤理黄华青柎，名曰帝女之桑。

译文

再往东三十里，有座倚帝山，山上有很多玉石，山下有很多金属矿物。山中有一种野兽，样子像鼣鼠，长着白耳朵白嘴巴，名叫狙如，它出现的国家会发生大规模战争。

◑ 狙如（清·余省、张为邦《清宫兽谱》）

再往东三十里，有座鯢山。鯢水从这座山的山顶发源，之后潜流到山下，这里有很多优良的垩土。山上有储量丰富的黄金，山下有大量的青雘。

再往东三十里，有座雅山。澧水从这座山发源，之后向东流入溉水，水中有很多大鱼。山上有很多优良的桑树，山下有很多柤树，这里还盛产赤金。

再往东五十五里，有座宣山。沦水从这座山发源，之后向东南流入溉水，水中有很多蛟龙。山上有一种桑树，树干合抱有五十尺粗，树枝交叉伸向四方，树叶有一尺多大，有红色的纹理、黄色的花朵、青色的花萼，名叫帝女桑。

注释

①鼣（fèi）鼠：古书上说的一种叫声像狗的鼠。②狙（jū）如：兽名。③鯢（ní）山：山名。

原文

又东四十五里，曰衡山，其上多青雘，多桑，其鸟多鸜鹆。

又东四十里，曰丰山，其上多封石，其木多桑，多羊桃，状如桃而方茎，可以为皮张[①]。

又东七十里，曰妪山，其上多美玉，其下多金，其草多鸡谷。

又东三十里，曰鲜山，其木多楢、杻、苴，其草多亹冬，其阳多金，其阴多铁。有兽焉，其状如膜犬，赤喙、赤目、白尾，见则其邑有火，名曰狢即[②]。

又东三十里，曰章山，其阳多金，其阴多美石。皋水出焉，东流注于澧水，其中多脃石[③]。

译文

再向东四十五里，有座衡山。山上盛产青雘，还有很多桑树，山里的鸟以八哥居多。

再向东四十里，有座丰山，山上多出产封石，这里的树木多是桑树，还有大量的羊桃，形状像一般的桃树，却有着方形的树干，可以用它医治人的皮肤肿胀病。

再向东七十里，有座妪山。山上盛产优良的玉石，山下盛产金，山里的草以鸡谷草最为繁盛。

再向东三十里，有座鲜山，这里的树木以楢树、杻树、柤树居多，花草以门冬居多，山南盛产黄金，山北盛产铁。山中有一种野兽，样子像膜犬，长着红嘴巴、红眼睛、白尾巴，它出现的地方会发生火灾，它的名字叫狢即。

再向东三十里，有座章山，山南多出产金，山北多出产漂亮的石头。皋水从这座山发源，之后向东流入澧水，水中有许多脃石。

◑狢即（清·余省、张为邦《清宫兽谱》）

注释

①为皮张：为，治疗。张，通“胀”。浮肿。②狢（yí）即：传说中的怪兽名。③脃（cuì）石：脃，“脆”的本字。脃石是一种轻软易断的石头。

原文

又东二十五里，曰大支之山，其阳多金，其木多榖、柞，无草。

又东五十里，曰区吴之山，其木多苴。

又东五十里，曰声匈之山，其木多榖，多玉，上多封石。

又东五十里，曰大騩之山，其阳多赤金，其阴多砥石。

又东十里，曰踵臼之山，无草木。

又东北七十里，曰历石之山，其木多荆、芑，其阳多黄金，其阴多砥石。有兽焉，其状如狸，而白首虎爪，名曰梁渠，见则其国有大兵。

又东南一百里，曰求山，求水出于其上，潜于其下，中有美赭。其木多苴，多䉋。其阳多金，其阴多铁。

译文

再向东二十五里，有座大支山，山南盛产黄金，山里的树木多是构树和柞树，但不长草。

再向东五十里，有座区吴山，这里的树木以柤树居多。

再向东五十里，有座声匈山，这里有很多构树，山上到处是玉石，还产封石。

再向东五十里，有座大騩山，山南多出产赤金，山北多出产细磨刀石。

再向东十里，有座踵臼山，山上不长草木。

再向东北七十里，有座历石山，这里的树多是荆条、枸杞，山南有很多黄金，山北多出产细磨刀石。山上有种野兽，形似狸猫，长着白色的脑袋和与老虎一样的爪子，这种野兽叫梁渠，出现这种野兽的国家将有大战乱发生。

◑ 梁渠（清·余省、张为邦《清宫兽谱》）

再向东南一百里，有座求山。求水就从这座山的山顶发源，之后潜流到山下，这座山里有丰富的优良赭石。山中到处都是柤树，还有低矮丛生的䉋竹。山的南边盛产黄金，山的北边则有储量丰富的铁。

原文

又东二百里，曰丑阳之山，其上多椆、椐[①]。有鸟焉，其状如乌而赤足，名曰鸩鵌[②]，可以御火。

又东三百里，曰奥山，其上多柏、杻、橿，其阳多㻬琈之玉。奥水出焉，东流注于瀙水。

又东三十五里，曰服山，其木多苴，其上多封石，其下多赤锡。

又东三百里，曰杳山[③]，其上多嘉荣草，多金、玉。

译文

再向东二百里，有座丑阳山，山上有大量的椆树和椐树。这座山里有种鸟，这种鸟的样子就像乌鸦，生有红色的爪子，名字叫鸩鵌，可以预防火灾。

再往东三百里，有座奥山，这座山上有大量的柏树、杻树、橿树，山的南边盛产㻬琈玉。奥水就发源于这座山，之后向东注入瀙水。

◑ 鸩鵌（日本·佚名《怪奇鸟兽图卷》）

◑ 鸩鵌（清·陈梦雷《古今图书集成·禽虫典》）

再往东三十五里，有座服山，山上的树木以柤树居多，山上还有大量的封石，山下有很多红色锡土。

再向东三百里，有座杳山，山上有很多嘉荣草，还有丰富的金属矿物和玉石。

注释

①椆、椐：都是树木名。②鸩鵌（zhǐ tú）：鸟名。③杳（yǎo）山：山名。

原文

又东三百五十里，曰几山。其木多楢、檀、杻，其草多香。有兽焉，其状如彘，黄身、白头、白尾，名曰闻獜[①]，见则天下大风。

凡荆山之首，自翼望之山至于几山，凡四十八山，三千七百三十二里。其神状皆彘身人首。其祠：毛用一雄鸡祈，瘗用一珪，糈用五种之精。禾山，帝也。其祠：太牢之具，羞瘗，倒毛[②]，婴用一璧。牛无常[③]。堵山、玉山，冢也，皆倒祠，羞用少牢，婴用吉玉。

译文

再向东三百五十里，有座几山，山中生长的树多为楢树、檀树和杻树，生长的草多为香草。山中有一种野兽，样子像猪，有黄色的身子和白色的脑袋，以及白色的尾巴，名叫闻獜，只要它一出现，就会刮起大风。

◑ 闻獜（清·余省、张为邦《清宫兽谱》）

荆山山系，从翼望山到几山，共四十八座山，绵延三千七百三十二里。这些山的山神都是猪身人头。祭祀他们的礼仪如下：用一只公鸡作为带毛的动物祭品，祈祷后把它埋入地下，用一块珪作为挂在山神颈上的饰物，用去皮壳后的黍、稷、稻、粱、麦作为祭祀用的精米。禾山的山神是众山神之主，祭祀他的礼仪如下：用牛、羊、猪三牲齐备的太牢之礼，敬献后把它们倒转身子埋入地下；祭祀的玉器用一块璧玉。虽然用太牢之礼，但不一定要用牛作祭品。堵山、玉山是大的山神居住的地方，都用把祭祀后的毛物倒转身子埋入地下的方法来祭祀，用牛、羊作为敬献的祭品，用彩色的玉作为献祭的玉。

注释

①闻獜：一种怪兽名。②倒毛：把祭祀后的毛物倒转身子埋葬。③牛无常：祭祀时不一定非用牛作祭品。

中次十二经

导读

《中次十二经》记录了篇遇山等山的地理位置和山川风貌。这些山可能分布于现在的湖南、湖北及江西一带。经中记述了舜帝的两位妻子娥皇、女英的故事，还记载了不少动植物和矿物。本篇是五篇山经的结束篇，在篇末总结了天下名山。

扫码对话
AI山海灵探
进入山海幻境

- 寻迹山海秘境
- 奇遇山海异兽
- 结交山海众神
- 承袭先民智慧

于儿神

娥皇

女英

原文

中次十二经洞庭山之首，曰篇遇之山，无草木，多黄金。

又东南五十里，曰云山，无草木，有桂竹①，甚毒，伤人必死。其上多黄金，其下多㻬琈之玉。

又东南一百三十里，曰龟山，其木多穀、柞、椆、椐，其上多黄金，其下多青、雄黄，多扶竹②。

又东七十里，曰丙山，多筀竹③，多黄金、铜、铁，无木。

又东南五十里，曰风伯之山，其上多金、玉，其下多痠石、文石，多铁，其木多柳、杻、檀、楮。其东有林焉，名曰莽浮之林，多美木、鸟兽。

又东一百五十里，曰夫夫之山，其上多黄金，其下多青、雄黄，其木多桑、楮，其草多竹、鸡鼓。神于儿居之，其状人身而手操两蛇，常游于江渊，出入有光。

译文

中部第十二列山系是洞庭山系，洞庭山系的第一座山是篇遇山，山中不长草木，蕴藏着丰富的黄金。

再往东南五十里，有座云山，不长草木。山上有一种桂竹，毒性特别大，被刺着的人一定会死。山中盛产黄金，山下盛产㻬琈玉。

再向东南一百三十里，有座龟山，山里的树木以构树、柞树、椆树、椐树居多，山上多出产黄金，山下多出产石青、雄黄，还有很多扶竹。

再往东七十里，有座丙山，山上有很多筀竹，蕴藏着丰富的黄金、铜和铁，只是不生长草木。

再向东南五十里，有座风伯山，山上有很多金属矿物和玉石，山下有很多痠石和带花纹的石头，还有很多铁，山中生长的树多为柳树、杻树、檀树和构树。山的东面有一片树林，名叫莽浮林，林中有很多外形美观的树木和鸟兽。

再向东一百五十里，有座夫夫山，山上盛产黄金，山下盛产石青、雄黄，山上的树木多为桑树和构树，草多为竹子和鸡鼓草。有位名叫于儿的神仙居住在这座山上，他长着人一样的身体，手中握着两条蛇，常常在江水的深潭中巡游，出入时会发出光亮。

注释

①桂竹：竹子的一种。比较高，茎粗，叶大节长，皮是红色的。②扶竹：邛竹，因可制手杖而得名。③筀竹：桂竹。

原文

又东南一百二十里，曰洞庭之山，其上多黄金，其下多银、铁，其木多柤、梨、橘、櫾，其草多葌、蘪芜、芍药、芎䓖。帝之二女居之，是常游于江渊。澧、沅之风，交潇湘之渊，是在九江之间，出入必以飘风暴雨。是多怪神，状如人而载[1]蛇，左右手操蛇。多怪鸟。

又东南一百八十里，曰暴山，其木多棕、楠、荆、芑、竹、箭、䉋、箘[2]，其上多黄金、玉，其下多文石、铁，其兽多麋、鹿、麢、就[3]。

译文

再向东南一百二十里，有座洞庭山，山上有很多黄金，山下有很多银和铁，山中生长的树多为柤树、梨树、橘子树和柚子树，生长的草多为葌草、蘪芜、芍药和芎䓖。天帝的两个女儿居住在洞庭山中，她们常常去江水的深潭中游玩。从澧水和沅水刮来的风，在湘江的深潭处交汇，这个地方位于九条江水汇合的中心地带，她们二人出入时，必然伴有狂风暴雨。这一带有很多怪神，他们的形状像人，身上盘着蛇，两只手上也握着蛇。这座山上还有很多怪鸟。

◑娥皇女英图（清·王翙绘《百美新咏图传》）

再向东南一百八十里，有座暴山，山里的树木多为棕榈树、楠树、牡荆树、枸杞、小竹、箭竹、䉋竹、箘竹，山上盛产黄金和玉石，山下有很多带花纹的石头和铁，山中的兽多为麋鹿、鹿、麢，鸟多为鹫鹰。

注释

①载：携带。②箘（jùn）：一种小竹子，可用来制作箭杆。③就：通“鹫”。雕。

原文

又东南二百里，曰即公之山，其上多黄金，其下多㻬琈之玉，其木多柳、杻、檀、桑。有兽焉，其状如龟，而白身赤首，名曰蛫[①]，是可以御火。

又东南一百五十九里，有尧山，其阴多黄垩，其阳多黄金，其木多荆、芑、柳、檀，其草多藷薁、苿。

又东南一百里，曰江浮之山，其上多银、砥砺，无草木，其兽多豕、鹿。

又东二百里，曰真陵之山，其上多黄金，其下多玉，其木多榖、柞、柳、杻，其草多荣草。

又东南一百二十里，曰阳帝之山，多美铜，其木多橿、杻、檿[②]、楮，其兽多䴥、麝。

译文

再向东南二百里，有座即公山，这座山上盛产黄金，山下盛产㻬琈玉，这山上的树木以柳树、杻树、檀树、桑树为多。山里有种野兽，它的样子就像乌龟，有白色的身体和红色的脑袋，它的名字叫蛫，可以躲避火灾。

◑ 蛫（清·余省、张为邦《清宫兽谱》）

再向东南一百五十九里，有座尧山，这座山的北边出产大量的黄色垩土，山的南边盛产黄金，这座山上的树以牡荆树、枸杞树、柳树、檀树居多，草类以山药、苿草为最多。

再向东南一百里，有座江浮山，这座山上盛产银和磨刀石，山里没有草木，野兽以野猪、鹿居多。

再往东二百里，有座真陵山，山上盛产黄金，山下盛产玉石，山上生长着很多构树、柞树、柳树、杻树，生长的草类主要是荣草。

再往东南一百二十里，有座阳帝山，山上有很多优质的铜，山里的树木多是橿树、杻树、山桑树、楮树，而野兽以羚羊和香獐居多。

注释

①蛫（guǐ）：一种传说中的怪兽，形似龟。②檿（yǎn）：树名。

原文

又南九十里，曰柴桑之山，其上多银，其下多碧，多泠石、赭，其木多柳、芑、楮、桑。其兽多麋、鹿，多白蛇、飞蛇[①]。

又东二百三十里，曰荣余之山，其上多铜，其下多银，其木多柳、芑，其虫多怪蛇、怪虫。

凡洞庭山之首，自篇遇之山至于荣余之山，凡十五山，二千八百里。其神状皆鸟身而龙首。其祠：毛用一雄鸡、一牝豚刉[②]，糈用稌。凡夫夫之山、即公之山、尧山、阳帝之山，皆冢也，其祠：皆肆[③]瘗，祈用酒，毛用少牢，婴用一吉玉。洞庭、荣余山，神也，其祠：皆肆瘗，祈酒太牢祠，婴用圭璧十五，五采惠[④]之。

译文

再向南九十里，有座柴桑山，山上盛产白银，山下盛产碧玉、泠石和赭石，山中生长的树多为柳树、枸杞树、楮树和桑树，山中的野兽多为麋、鹿，还有很多白蛇和飞蛇。

再向东二百三十里，有座荣余山，山上盛产铜，山下盛产白银，山中生长的树多为柳树和枸杞树，山中的动物多为怪蛇和怪虫。

洞庭山山系，从篇遇山到荣余山，共十五座山，绵延二千八百里。这些山的山神都是鸟身龙头。祭祀这些山神的礼仪如下：用一只公鸡和一头母猪作为带毛的动物祭品，割取它们的血来祭祀，用糯米做祭神用的精米。夫夫山、即公山、尧山和阳帝山是大的山神所在的地方，祭祀这些山的山神的礼仪如下：先陈列祭品，然后把这些祭品埋入地下，祈祷时要敬献美酒，以猪、羊作祭品，用一块彩色的玉作为挂在山神颈上的饰物。洞庭山和荣余山都是神山，祭祀这两位山神的礼仪如下：先陈列祭品，然后把这些祭品埋入地下，祈祷时敬献美酒，用猪、羊、牛三牲齐备的太牢之礼来祭祀，用十五块圭和璧作为挂在山神颈上的饰物，在这些圭和璧上都绘上青、赤、白、黑、黄五种颜色。

注释

①飞蛇：神话里所说的螣（téng）蛇，亦作“腾蛇”。相传能够腾云驾雾飞行。②刉（jī）：割。③肆：陈设，摆设。④惠：通“绘”，描绘。

原文

右中经之山，大凡百九十七山，二万一千三百七十一里。

大凡天下名山五千三百七十，居地，大凡六万四千五十六里。

禹曰：天下名山，经五千三百七十山，六万四千五十六里，居地也。言其“五臧”①，盖其余小山甚众，不足记云。天地之东西二万八千里，南北二万六千里，出水者八千里，受水者八千里，出铜之山四百六十七，出铁之山三千六百九十。此天地之所分壤树谷②也，戈矛之所发也，刀铩③之所起也，能者有余，拙者不足。封④于太山，禅于梁父⑤，七十二家，得失之数⑥，皆在此内，是谓国用⑦。

右《五臧山经》五篇，大凡一万五千五百三字。

译文

以上是中部山脉的记述，共一百九十七座山，绵延二万一千三百七十一里。

天下名山总计五千三百七十座，分布在各个方位占地总计六万四千零五十六里。

大禹说：天下的名山，经过了五千三百七十座，六万四千零五十六里的占地，只说这五臧山系，是因为其他的小山实在太多，不能够一一列举记述。天地间从东到西为两万八千里，从南到北为两万六千里，有河流发源的山有八千里，河流流经的地方有八千里，出产铜的山有四百六十七座，出产铁的山有三千六百九十座。这些大山是用来划分疆域、种植庄稼的标准，戈和矛因此而产生，刀和铩由此而兴起，它使有能力的人富足有余，能力差的人匮乏不足。上古帝王在泰山上筑坛祭天，在梁父山上辟场祭地，有德行能力封禅的帝王有七十二家，他们的兴衰成败都在这些山川间上演，国家财富用度也都是从这些土地上获得的。

以上就是《五臧山经》五篇，总计一万五千五百零三字。

注释

①五臧（zàng）：臧，通“脏”。五臧就是五脏。这里把山比作中土的五脏。②树谷：树，种植、培育。谷，这里泛指各种农作物。③铩：古代一种兵器，长刃的矛。④封：指上古帝王在泰山上筑坛祭天。⑤禅（shàn）于梁父：“禅”是和“封”同时进行的仪式，是上古帝王在泰山南面的梁父山上祭地的活动。⑥数：天命，命运。⑦国用：国家的物产财富来源，即为国所用。

海外南经

山海经第六

本章按照从西南到东南的顺序记载了在中土本部之外南部的文明。它位于南山经所述地域的南面，可能位于我国的南方，但具体位置无法确定。

海外南经

导读

《海外南经》共记载了十二个国家，里面居住着不同的人，包括胸部骨肉向外凸出的结匈国人、浑身长满羽毛的羽民国人、口中能喷火的厌火国人等，还介绍了神奇的动物，如翅膀并在一起的比翼鸟、人面独脚的毕方鸟等。此外，经中还涉及一些历史故事和神话传说，如帝尧、帝喾、周文王、火神祝融等。

原文

地之所载，六合①之间，四海之内，照之以日月，经②之以星辰，纪之以四时③，要④之以太岁⑤。神灵所生，其物异形，或夭或寿，唯圣人能通其道。

海外自西南陬⑥至东南陬者。

结匈国在其⑦西南，其为人结匈⑧。

南山在其东南。自此山来，虫为蛇，蛇号为鱼。一曰南山在结匈东南。

比翼鸟在其东。其为鸟青、赤，两鸟比翼⑨。一曰在南山东。

译文

凡是大地承载的，天地四方之间，四海之内，有日月照耀着，有星辰运行着，用春夏秋冬表示季节，用太岁星来纪年。由神灵产生的万物，形状各不相同，寿命或长或短，其中的道理，只有圣人才能通晓。

海外南经所记载的地方从西南角到东南角。

结匈国在海外南经所记之地的西南部，这里的人胸部的骨肉都向前凸出。

南山在结匈国的东南部。从南山来的人，把虫称为蛇，把蛇称为鱼。一说南山在结匈国的东南。

比翼鸟栖息的地方在它的东边，这种鸟是一青一红，两只鸟必须配合才能飞翔。一说比翼鸟栖息的地方在南山的东边。

◑ 比翼鸟（清·佚名《各样雀图册》）

◑ 比翼鸟（日本·佚名《怪奇鸟兽图卷》）

注释

①六合：天地四方。②经：经过，经历，循行。③四时：春、夏、秋、冬四季。④要：矫正，更正。⑤太岁：古代天文学中假设的一个星名，与岁星（即木星）相对应，也称岁阴或太阴，古时以每年太岁在黄道上的位置来纪年。⑥陬（zōu）：隅，角落。⑦其：指海外南经。⑧结匈：指胸部的骨肉向前凸出。⑨比翼：翅膀并在一起。

原文

羽民国在其东南。其为人长头，身生羽。一曰在比翼鸟东南，其为人长颊。

有神人二八，连臂，为帝司夜[1]于此野。在羽民东。其为人小颊赤肩。尽十六人。

毕方鸟在其东，青水西，其为鸟人面一脚。一曰在二八神东。

译文

羽民国在比翼鸟栖息之地的东南，这个国家的人脑袋很长，身上长着羽毛。一说羽民国在比翼鸟栖息之地的东南，这个国家的人脸颊很长。

有个名叫二八的神人，他的两条臂膊连在一起，在野外为天帝守夜。这个神人住在羽民国的东边。那里的人有小小的脸颊和红色的肩膀。总计十六个人。

毕方鸟在它的东边，青水的西边，这种鸟长着人脸，只有一只脚。还有一种说法认为毕方鸟在二八神人的东面。

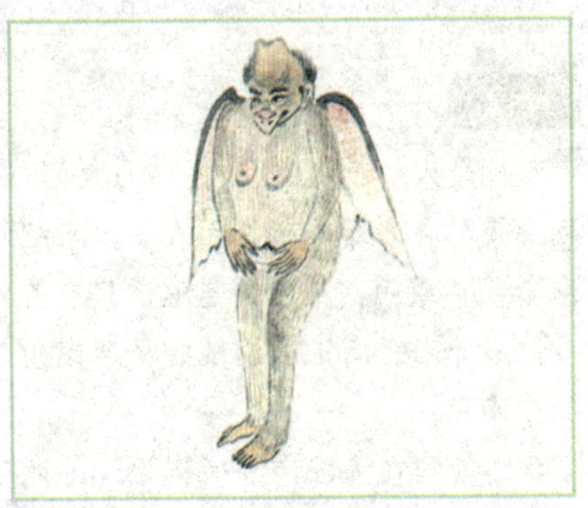

◑ 羽民国人（清·陈梦雷《古今图书集成·边裔典》上色版）

◑ 毕方鸟（清·吴任臣《〈山海经〉广注》上色版）

注释

①司夜：守夜。

原文

讙头[1]国在其南，其为人人面有翼，鸟喙，方捕鱼。一曰在毕方东。或曰讙朱国。

厌火国在其国南，兽身黑色，生火出其口中。一曰在讙朱东。

三珠树在厌火北，生赤水上，其为树如柏，叶皆为珠。一曰其为树若彗[②]。

三苗国在赤水东，其为人相随[③]。一曰三毛国。

臷国[④]在其东，其为人黄，能操弓射蛇。一曰臷国在三毛东。

译文

讙头国在它南面，国中的人长了一张人的面孔却有两只翅膀，还有张鸟嘴，正在捕鱼。还有种说法认为讙头国在毕方鸟的栖息地以东。也有人认为讙头国也叫讙朱国。

厌火国在它南面，国中的人长着野兽般的身子，全身是黑色的，火从他们的嘴里吐出来。一种说法认为厌火国在讙朱国东边。

◑ 厌火国人（清·吴任臣《〈山海经〉广注》上色版）

◑ 厌火国人（日本·佚名《怪奇鸟兽图卷》）

三珠树在厌火国的北边，生长在赤水上，这种树的形状像柏树，树叶都是珍珠。还有一种说法认为这种树的形状像彗星。

三苗国在赤水东面，那里的人彼此跟随着结伴行走。另一种说法认为三苗国就是三毛国。

臷国在它的东面，那里的人都是黄色皮肤，能开弓射蛇。另一种说法认为臷国在三毛国的东面。

注释

①讙头：讙朱、丹朱等，可能都是指被放逐于南方的帝尧的长子丹朱一系。②彗：彗星。③为人相随：人们彼此排队跟随，似乎要远徙的样子。④臷（zhì）国：传说中的国名。

原文

贯匈国在其东，其为人匈有窍。一曰在𦏧国东。

交胫[①]国在其东，其为人交胫。一曰在穿匈[②]东。

不死民在其东，其为人黑色，寿，不死。一曰在穿匈国东。

岐舌国在其东，一曰在不死民东。

昆仑虚在其东，虚[③]四方。一曰在岐舌东，为虚四方。

羿与凿齿战于寿华之野，羿[④]射杀之。在昆仑虚东。羿持弓矢，凿齿持盾。一曰持戈。

三首国在其东，其为人一身三首。一曰在凿齿[⑤]东。

译文

贯匈国在它的东边。那里的人胸膛上有个洞。另一种说法认为贯匈国在𦏧国的东面。

交胫国在它的东边。这个国家的人的两条腿是互相交叉的。另一种说法认为交胫国在贯匈国的东边。

◑ 贯匈国人（清·吴任臣《〈山海经〉广注》上色版）

◑ 交胫国人（清·吴任臣《〈山海经〉广注》上色版）

不死民在它的东边。这里的人皮肤是黑色的，都很长寿，不死。也有说不死民在贯匈国的东边。

岐舌国在它的东边。还有一种说法认为它在不死民的东边。

昆仑山在它的东面，山脚呈四方形。另一种说法认为，昆仑山在岐舌国的东面，山脚是四方形的。

羿与凿齿在寿华的原野上交战，羿用箭射死了凿齿。交战的地点位于昆仑山的东边。羿拿着弓箭，凿齿拿着盾牌。也有说法认为凿齿拿的是戈。

三首国在它的东面，这里的人都长着三个脑袋。还有一种说法认为在凿齿所在之地的东边。

◑羿持弓射日图（清·萧云从插图）

◑三首国人（清·吴任臣《〈山海经〉广注》上色版）

注释

①交胫（jìng）：就是小腿相交。胫：小腿。泛指腿。②穿匈：贯匈。匈，同“胸”。③虚：大土山，大丘。④羿（yì）：夏代有穷国的君主，善射。⑤凿齿：古代传说中的野人，据说他的牙齿像凿，长五六尺。

原文

周饶国在其东，其为人短小，冠带①。一曰焦侥国在三首东。

长臂国在其东，捕鱼水中，两手各操一鱼。一曰在焦侥东，捕鱼海中。

狄山，帝尧②葬于阳，帝喾③葬于阴。爰有熊、罴、文虎、蜼、豹、离朱、视肉④。吁咽⑤、文王皆葬其所。一曰汤山。一曰爰有熊、罴、文虎、蜼、豹、离朱、鸱久、视肉、虖交。其范林方三百里。

南方祝融⑥，兽身人面，乘两龙。

译文

周饶国在它的东边。这里的人长得矮小，戴帽束带。还有一种说法认为它叫焦侥国，在三首国的东边。

长臂国在它的东边。这里的人在水中捕鱼，两只手各抓一条鱼。另外还有一种说法认为长臂国在焦侥国的东边，此地的人常在海中捕鱼。

有座狄山，帝尧葬在这座山的南面，帝喾葬在这座山的北面。那里有熊、罴、花纹虎、长尾猿、豹、离朱鸟和视肉兽。吁咽和周文王也都葬在这里。还有一种说法认为狄山也叫汤山。那里有熊、罴、花纹虎、长尾猿、豹、离朱鸟、鸱久、视肉兽、虖交。有一片方圆三百里的范林。

南方神祝融，有野兽的身子和人的面孔，乘驾着两条龙。

注释

①冠带：戴帽束带。②帝尧：尧，传说的“五帝”之一，号陶唐氏，名放勋，史称唐尧。他死后由舜继位。③帝喾（kù）：传说中的“五帝”之一，黄帝之子玄嚣的后裔。④视肉：一说又叫聚肉，这种动物形状像牛肝，长着两只眼睛，从它身上割去一块肉，很快又会长出来。⑤吁咽：可能指舜。⑥祝融：传说中楚国君主的祖先，名重黎，是颛顼的后代，帝喾时任掌管火的官，后人尊他为火神。

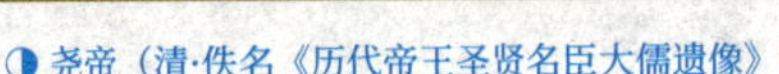

◑ 尧帝（清·佚名《历代帝王圣贤名臣大儒遗像》）

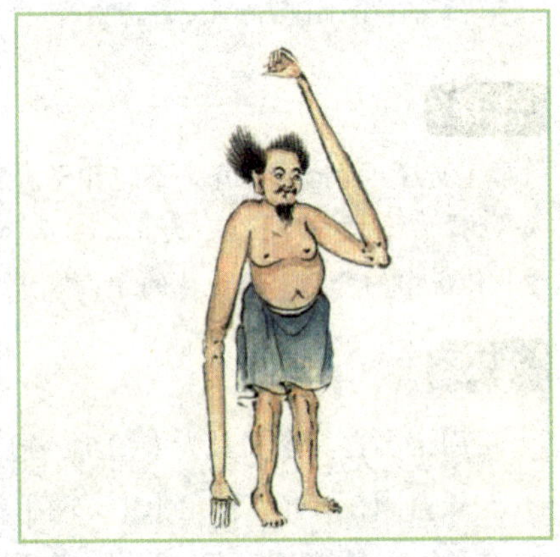

◑ 长臂国人（清·吴任臣《〈山海经〉广注》上色版）

海外西经

本章记载了海外从西南到西北等国家的物产、文明及神话传说。如夏后启在大乐之野举行歌舞；刑天被天帝砍掉脑袋后以乳为目、以脐为口，『操干戚而舞』的故事；大禹将王位传给儿子启，后者建立了我国第一个王朝夏。

海外西经

导读

《海外西经》记载了西部许多国家的地理位置及人物风貌。如三身国中的人一颗脑袋下有三个身子，一臂国中的人只长着一只眼睛、一个鼻孔和一条胳膊，奇肱国中的人长着一条胳膊、三只眼睛，女子国中的人都是女子等等。

原文

海外[1]自西南陬至西北陬者。

灭蒙鸟在结匈国北，为鸟青，赤尾。

大运山高三百仞，在灭蒙鸟北。

大乐之野，夏后启[2]于此儛[3]《九代》，乘两龙，云盖[4]三层。左手操翳[5]，右手操环[6]，佩玉璜[7]。在大运山北。一曰大遗之野。

译文

海外西经所记载的地方从西南角到西北角。

灭蒙鸟栖息的地方在结匈国的北边，这种鸟羽毛是青色的，尾巴是红色的。

大运山高三百仞，在灭蒙鸟栖息地的北边。

大乐野，是夏后启观看乐舞《九代》的地方，夏后启驾两条龙，有三重呈盖状的云环绕在他头上。他的左手举着用羽毛做的华盖，右手拿着玉环，腰间佩戴一块玉璜。大乐野在大运山的北边。还有一种说法认为夏后启观看《九代》乐舞的地方是大遗野。

注释

①海外：指海外西经所记载的地方。②夏后启：禹之子启，夏代国君。传说禹曾选定东夷族的伯益为继承人，禹死后，启自继王位，与伯益争斗，杀伯益，并确立帝位传子制度。③儛（wǔ）：跳舞。④云盖：呈盖状的云。⑤翳（yì）：用羽毛做的华盖。⑥环：玉环。⑦璜（huáng）：一种半圆形的玉器。

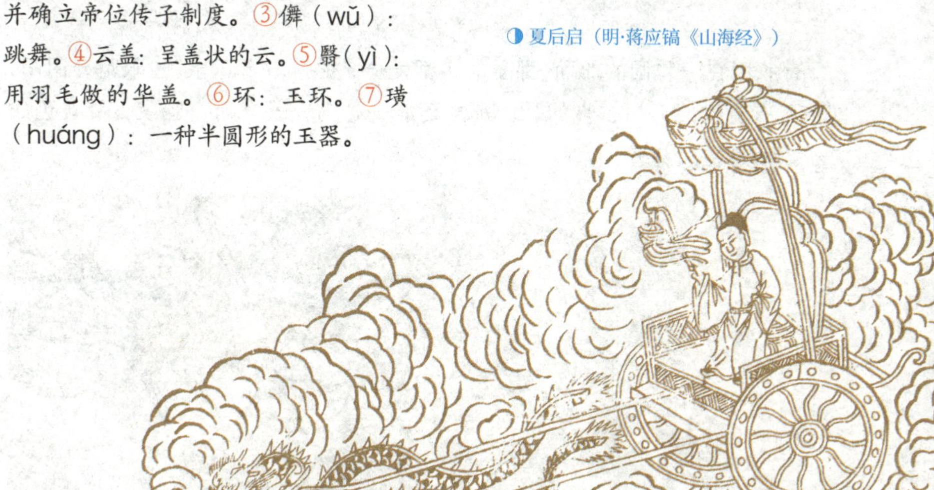

◑ 夏后启（明·蒋应镐《山海经》）

原文

三身国在夏后启北，一首而三身。

一臂国在其北，一臂、一目、一鼻孔。有黄马虎文，一目而一手[①]。

奇肱[②]之国在其北，其人一臂三目，有阴有阳，乘文马[③]。有鸟焉，两头，赤黄色，在其旁。

译文

三身国在夏后启北边，这个国家的人长着一个脑袋、三个身子。

一臂国在三身国的北面，那里的人都是一条胳膊、一只眼睛和一个鼻孔。那里还有黄色的马，这种马身上有老虎斑纹，长着一只眼睛和一只蹄子。

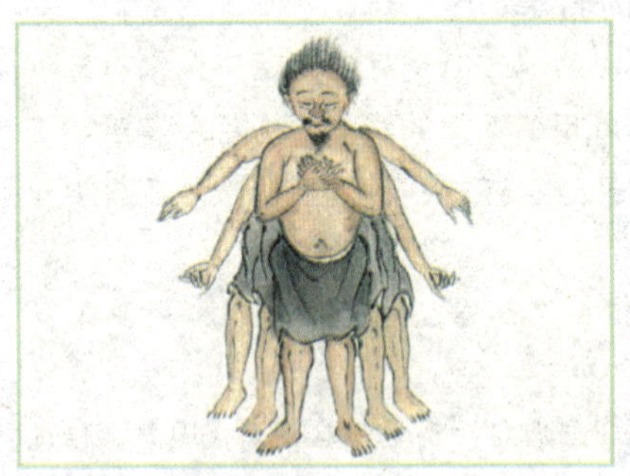

◑ 三身国人（清·吴任臣《〈山海经〉广注》上色版）

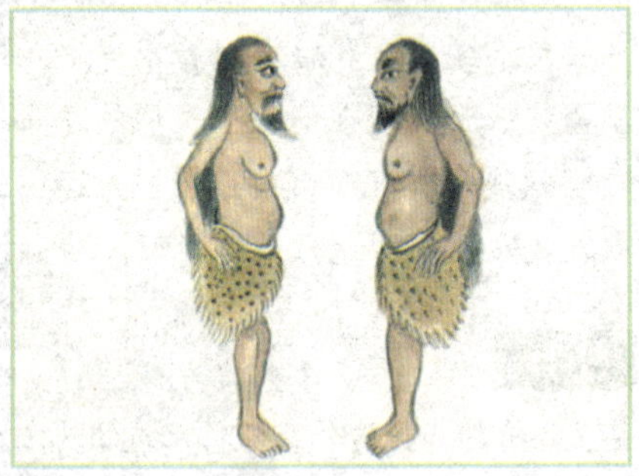

◑ 一臂国人（清·吴任臣《〈山海经〉广注》上色版）

奇肱国在一臂国的北面，那里的人都是一条胳膊和三只眼睛，眼睛分阴阳，都骑着有花纹的名叫吉良的马。那里还有一种鸟，长着两个脑袋，红黄色的身子，栖息在人身旁。

◑ 奇肱国（清·吴任臣《〈山海经〉广注》上色版）

◑ 奇肱国（明·蒋应镐《山海经》上色版）

注释

①手：这里指马蹄。②奇肱（jī gōng）：国名。③文马：吉良马，白身子，红鬃毛，眼睛像黄金，骑上它，寿命可达一千年。

原文

刑天与帝争神，帝断其首，葬之常羊之山。乃以乳为目，以脐为口，操干[①]戚[②]以舞。

女祭、女戚[③]在其北，居两水间。戚操鱼䱇，祭操俎[④]。

䳐鸟、鶬鸟[⑤]，其色青黄，所经国亡。在女祭北。䳐鸟人面，居山上。一曰维鸟，青鸟、黄鸟所集。

译文

刑天与天帝争权，天帝砍下了他的脑袋，并把他的脑袋埋入常羊山中。刑天于是以双乳为眼睛，以肚脐为嘴巴，挥舞着手中的盾牌和大斧继续作战。

◑ 刑天（清·吴任臣《〈山海经〉广注》上色版）

祭、戚两个女巫住在刑天与天帝发生争斗之地的北面，正好处于两条河流的中间。戚手里拿着一只小酒杯，祭手里捧着一只俎。

䳐鸟和鶬鸟，颜色都是青中带黄，它们经过的国家都会灭亡。它们的栖息地在女巫祭所在之处的北面。䳐鸟长着人一样的面孔，栖息在山上。还有一种说法认为这两种鸟在一起称为维鸟，是青鸟和黄鸟聚集在一起的混称。

◑ 䳐鸟（清·陈梦雷《古今图书集成·禽虫典》）

注释

①干：盾牌。②戚：古代兵器名，即大斧。③女戚："戚"为女巫名。④俎（zǔ）：古代祭祀时或宴会时用来盛牲体或食物的礼器。⑤䳐（cì）鸟：鸟名。鶬（zhān）鸟：鸟名。

原文

丈夫国在维鸟北，其为人衣冠带剑。

女丑之尸，生而十日炙[①]杀之。在丈夫北。以右手鄣[②]其面。十日居上，女丑居山之上。

巫咸国在女丑北，右手操青蛇，左手操赤蛇。在登葆山，群巫所从上下也。

并封在巫咸东，其状如彘[③]，前后皆有首，黑。

女子国在巫咸北，两女子居，水周之。一曰居一门中。

轩辕之国在此穷山之际，其不寿者八百岁。在女子国北，人面蛇身，尾交首上。

译文

丈夫国在维鸟的北边，这个国家的人穿衣戴帽，腰佩宝剑。

有一具女丑的尸体，她生前是被十个太阳活活烤死的。女丑尸体所处之地位于丈夫国的北边。女丑尸体的右手遮着脸。十个太阳高悬空中，女丑尸体就在山上。

◑ 巫咸国人（清·陈梦雷《古今图书集成·边裔典》）

巫咸国在女丑所处之地的北边，这个国家的人右手握着青蛇，左手握着红蛇。国中有座登葆山，是众巫师来往于天界与人间的通道。

并封兽出没在巫咸国的东边，体形似猪，头尾各长一只脑袋，全身都是黑色的。

◑ 并封（清·吴任臣《〈山海经〉广注》上色版）

◑ 并封（清·余省、张为邦《清宫兽谱》）

女子国在巫咸国的北边，有两个女子住在这里，四周有水环绕。还有一种说法认为她们住在一道门里面。

轩辕国在穷山边上，这里的人寿命最短的也能活八百岁。轩辕国在女子国的北边，这里的人都长着人样的面孔和蛇样的身形，尾巴缠绕在头上。

◑ 女子国人（清·陈梦雷《古今图书集成·边裔典》）

◑ 轩辕国人（明·蒋应镐《山海经》）

◑ 黄帝（清·佚名《历代帝王圣贤名臣大儒遗像》）

注释

①炙（zhì）：烤。②鄣（zhāng）：遮挡，遮掩。③彘（zhì）：猪。

原文

穷山在其北，不敢西射，畏轩辕之丘。在轩辕国北，其丘方，四蛇相绕。

诸沃之野，鸾鸟自歌，凤鸟[①]自舞。凤皇卵，民食之；甘露[②]，民饮之，所欲自从也。百兽相与群居。在四蛇北。其人两手操卵食之，两鸟居前导之。

龙鱼[③]陵居[④]在其北，状如鲤。一曰鰕[⑤]。即有神圣乘此以行九野[⑥]。一曰鳖鱼在沃野北，其为鱼也如鲤。

白民之国在龙鱼北，白身被发。有乘黄，其状如狐，其背上有角，乘之寿二千岁。

肃慎之国在白民北，有树名曰雄常，先入伐帝，于此取衣。

长股之国在雄常北，被⑦发。一曰长脚。

西方蓐收，左耳有蛇，乘两龙。

译文

穷山在轩辕国北边，这里的人拉弓射箭不敢朝着西方，因为畏惧轩辕丘。轩辕丘在轩辕国的北边，呈方形，上面有四条蛇互相环绕。

有个沃野，鸾鸟在那里自由自在地歌唱，凤鸟在那里自由自在地舞蹈。老百姓吃凤凰生下的蛋，饮用天上降下的甘露，一切都可随心所欲。各种野兽成群地居住在这里。这个地方在有四条蛇环绕的轩辕丘的北边。国中的人用双手捧着凤凰蛋吃，有两只鸟在他们前面引导。

◑ 龙鱼（清·聂璜《海错图》）

在山陵中居住的龙鱼在沃野的北边，它的形状像鲤鱼。还有一种说法认为龙鱼像鰕虎鱼。有神人骑着龙鱼在九州之地巡行。有一种说法认为鳖鱼在沃野的北边，这种鱼的形状像鲤鱼。

白民国在龙鱼居住的山陵的北边，这个国家的人浑身雪白，披散着头发。有一种叫乘黄的野兽，样子像狐，背上长角，人若骑上它可以活两千岁。

◑ 乘黄（清·吴任臣《〈山海经〉广注》上色版）

◑ 乘黄（清·余省、张为邦《清宫兽谱》）

肃慎国在白民国的北边，这里有一种树，名叫雄常，每当中原地区有圣明的天子继位时，雄常树就会长出一种树皮，那里的人就用这种树皮来做衣服。

长股国在长着雄常树之地的北边，这个国家的人都披散着头发。一种说法认为长股国叫长脚国。

西方有尊神，名叫蓐收，他左耳内有一条蛇守护着，常乘两条龙出行。

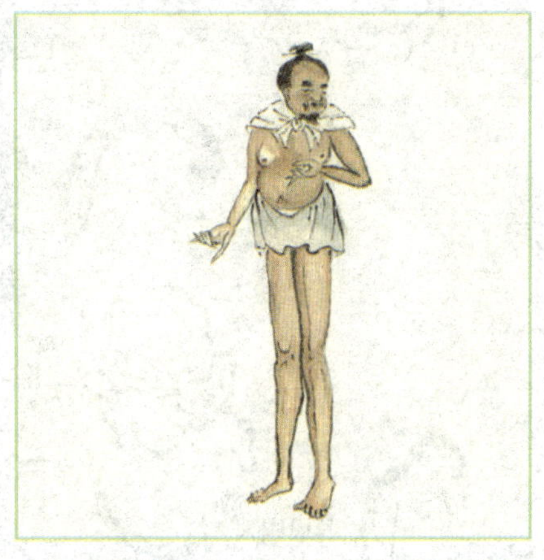

◑ 长股国人（清·吴任臣《〈山海经〉广注》上色版）

◑ 蓐收（《谟区查抄本》）

◑ 蓐收（清·吴任臣《〈山海经〉广注》上色版）

注释

①凤鸟：雄的凤凰。②甘露：甜美的雨露。③龙鱼：鱼名。④陵居：居住在山陵中。⑤鰕（xiā）：大鲵，一种两栖类动物。⑥九野：指九州之地。⑦被（pī）：同“披”。指披散。

蓐收

长股国人

◑ 蓐收（明·蒋应镐《山海经》）

海外北经

本章按照从西北向东北的顺序记载了中土本土以北的文明，但具体位置很难考证。

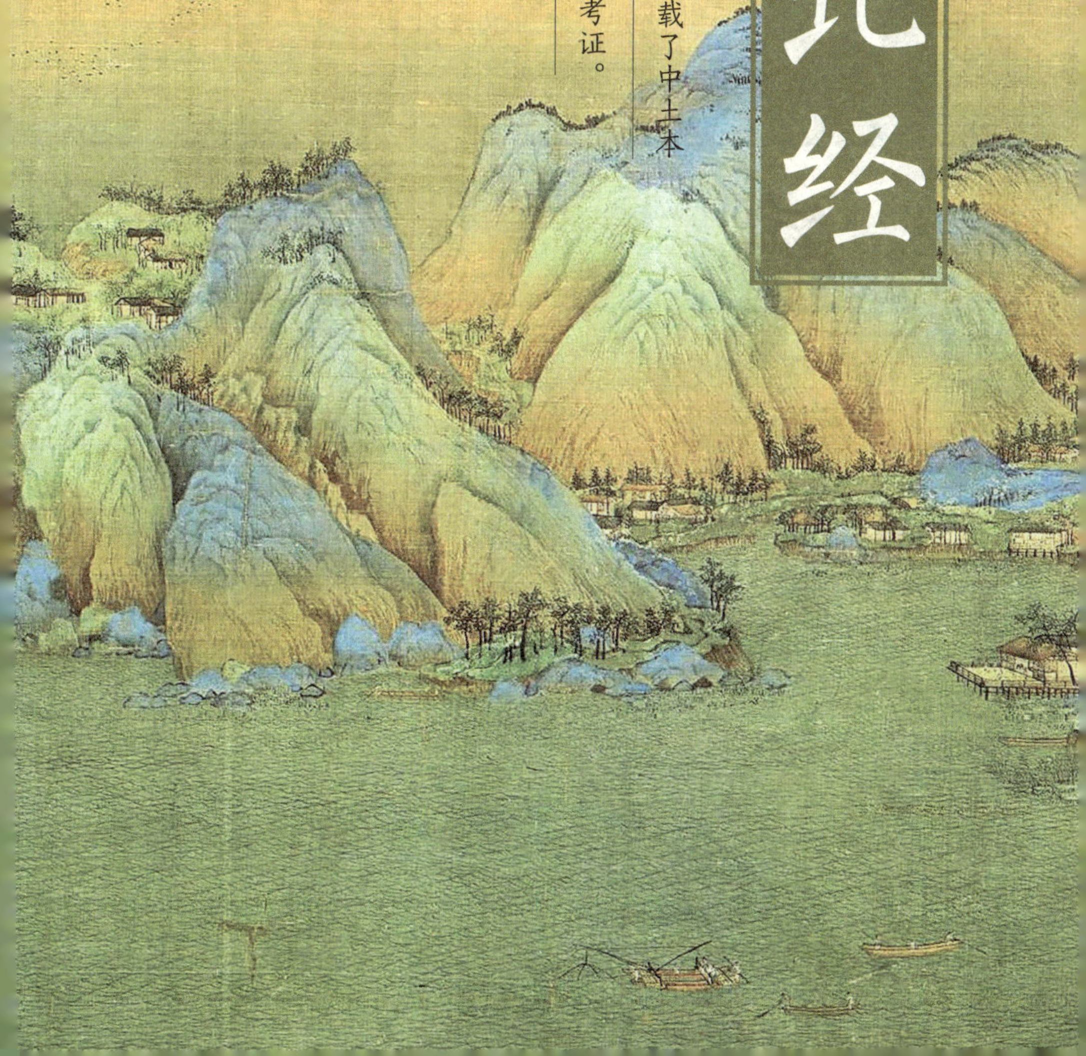

海外北经

导读

《海外北经》记载了我们所熟知的夸父逐日、禹杀相柳氏的故事，以及钟山之神烛阴的传说。经中还记载了西方九个国家，包括国中人只长一只眼的一目国，只有一手一足的柔利国，肚里没肠子的无肠国，以及聂耳国等。

原文

海外自东北陬至西北陬者。

无䏿[1]之国在长股东，为人无䏿。

锺山之神，名曰烛阴，视为昼，瞑[2]为夜，吹为冬，呼为夏，不饮，不食，不息，息为风，身长千里。在无䏿之东。其为物，人面，蛇身，赤色，居锺山下。

译文

海外从东北角至西北角。

无䏿国在长股国的东面，那里的人不生育子孙后代。

◑ 无䏿国人（清·吴任臣《〈山海经〉广注》上色版）

锺山的山神名叫烛阴，他睁开眼睛，天下就变成了白天，他一闭上眼睛，天下就变成了黑夜，他吹一口气，天下就成了冬天，他呼一口气，天下就成了夏天，他不喝水，不吃东西，不呼吸，他一呼吸，就会刮起风来，他身长一千里。他住在无䏿国的东边。他有着人一样的脸，蛇一样的身子，浑身红色，就住在锺山脚下。

◑ 烛阴（日本·佚名《怪奇鸟兽图卷》）

◑ 烛阴（《谟区查抄本》）

注释

①无䏿（qǐ）：没有后代。②瞑：合眼，闭眼。

原文

一目国在其东，一目中其面而居。一曰有手足。

柔利国在一目东，为人一手一足，反膝[①]，曲足居上[②]。一云留利之国，人足反折[③]。

译文

一目国在锺山的东边，这里的人只有一只眼睛，眼睛在脸的正中间。另一种说法认为像普通的人有手有脚。

◑ 一目国（清·吴任臣《〈山海经〉广注》上色版）

◑ 一目国（明·蒋应镐《山海经》上色版）

柔利国在一目国的东边，这里的人只长着一只手、一只脚，膝盖反着长，足弓长在脚背上，脚尖上翘。还有一种说法认为柔利国也叫留利国，国中人的脚向反方向弯折。

◑ 柔利国（清·吴任臣《〈山海经〉广注》上色版）

◑ 柔利国（《谟区查抄本》）

注释

①反膝：膝盖骨长在后面。②曲足居上：足弓长在脚背上，脚尖上翘。③反折：向反方向弯折。

原文

共工①之臣曰相柳氏，九首，以食于九山。相柳之所抵②，厥③为泽溪。禹杀相柳，其血腥，不可以树④五谷种。禹厥之，三仞⑤三沮⑥，乃以为众帝之台。在昆仑之北，柔利之东。相柳者，九首人面，蛇身而青。不敢北射，畏共工之台。台在其东。台四方，隅有一蛇，虎色，首冲南方。

译文

共工的一位臣子名叫相柳氏，有九个头，在九座山上取食。相柳氏的身体所接触的地方，都会被挖成池泽和溪流。禹杀了相柳氏，相柳氏身上流出的血腥臭不堪，凡是他的血浸泡过的地方都不能种植五谷。禹掘土填埋这块地方，填满了三次，塌陷了三次，禹就把挖出来的土为众帝建造了帝台。帝台在昆仑山的北边、柔利国的东边。相柳氏长着九个脑袋，每个脑袋都是人的面孔，他有蛇一样的身体，浑身青色。射箭的人不敢向北方射，是因为敬畏共工威灵所在的共工台。共工台在相柳的东边，呈四方形，每个角上都有一条蛇，蛇有虎一样的斑纹，头朝着南方。

◑ 相柳氏（明·蒋应镐《山海经》上色版）

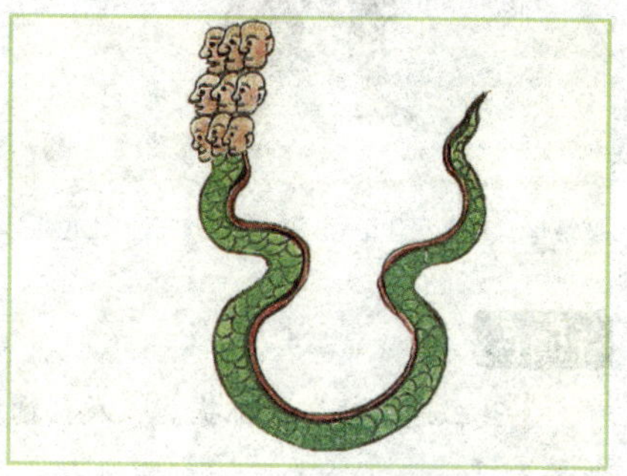

◑ 相柳氏（《谟区查抄本》）

注释

①共工：神话传说中的人物。据传他与颛顼争夺帝位，发怒而触撞不周山，导致天崩地裂。②抵：触。③厥：通“掘”，挖掘。④树：种植。⑤仞（rèn）：通“轫（rèn）”，充满。⑥沮（jǔ）：毁坏。这里指向下陷。

原文

深目国在其东，为人深目，举一手。一曰在共工台东。

无肠之国在深目东，其为人长而无肠。

聂[①]耳之国在无肠国东，使两文虎，为人两手聂其耳。县居海水中，及[②]水所出入奇物。两虎在其东。

译文

深目国在相柳氏所在地的东面，这里的人眼睛深深陷在眼窝里，总是举着一只手，另一种说法认为深目国在共工台的东面。

无肠国在深目国的东面，这里的人身形高大，肚子里没有肠子。

聂耳国在无肠国的东面，这里的人驱使着两只花斑大虎，行走时用双手托着自己的大耳朵。聂耳国孤悬在大海中，能看到出入海水的各种怪物。有两只老虎在聂耳国的东面。

◑ 聂耳国（清·吴任臣《〈山海经〉广注》上色版）

◑ 聂耳国（明·蒋应镐《山海经》上色版）

注释

①聂：通“摄”。抓握。②及：通“极”。极尽之意。

原文

夸父与日逐走，入日。渴欲得饮，饮于河渭，河渭不足，北饮大泽。未至，道渴而死。弃其杖，化为邓林。

夸父国在聂耳东，其为人大，右手操青蛇，左手操黄蛇。邓林在其东，二树木。一曰博父。

禹所积石之山在其东，河水所入。

拘瘿[1]之国在其东，一手把瘿。一曰利瘿之国。

寻木长千里，在拘瘿南，生河上西北。

跂踵[2]国在拘瘿东，其为人两足皆支。一曰反踵[3]。

欧丝之野在反踵东，一女子跪据树欧丝[4]。

三桑无枝，在欧丝东，其木长百仞，无枝。

译文

◑夸父（佚名）

夸父与太阳赛跑，已追上了太阳。这时夸父很渴，想要喝水，于是就到黄河和渭河去喝水，喝干了两条河的水还是不解渴，又向北去喝大泽中的水。他还没跑到就渴死在半路上了。他死时抛掉的拐杖，变成了邓林。

夸父国在聂耳国的东面，那里的人身体高大，右手握着青蛇，左手握着黄蛇。邓林在它的东面，邓林其实是由两棵非常大的树木形成的树林。另一种说法是夸父国就是博父国。

禹所积石山在博父国的东面，是黄河流入的地方。

拘瘿国在禹所积石山的东面，那里的人常用一只手托着脖颈上的大肉瘤。另一种说法认为拘瘿国就是利瘿国。

有种寻木高达千里，生长在拘瘿国的南边，黄河上游的西北方。

跂踵国在拘瘿国的东边，这里的人走路脚跟不着地。另一种说法认为跂踵国就是反踵国。

欧丝野在反踵国的东边，有一位女子跪在地上靠着树吐丝。

三棵没有树枝的桑树，在欧丝野的东边，桑树高达百仞，没有树枝。

注释

①瘿（yǐng）：长在颈部的大瘤子。②跂踵（qǐ zhǒng）：就是走路时脚跟不着地。跂，踮起。踵，脚后跟。③反踵：脚是反着长的，脚跟在前，脚尖在后。④据树欧丝：靠着树吐丝。据，倚靠。欧，“呕”的古字，吐。

原文

范林方三百里，在三桑东，洲环其下。

务隅之山，帝颛顼①葬于阳，九嫔葬于阴。一曰爰有熊、罴、文虎、离朱、鸱久、视肉。

平丘在三桑东，爰有遗玉、青鸟、视肉、杨柳、甘柤、甘华，百果所生。在两山夹上谷，二大丘居中，名曰平丘。

北海内有兽，其状如马，名曰騊駼②。有兽焉，其名曰駮，状如白马，锯牙，食虎豹。有素兽焉，状如马，名曰蛩蛩③。有青兽焉，状如虎，名曰罗罗。

北方禺彊④，人面鸟身，珥⑤两青蛇，践⑥两青蛇。

译文

范林方圆达三百里，在三棵桑树的东边，周围有陆地环绕。

有座务隅山，颛顼帝就埋葬在山的南面，他的九个嫔妃埋葬在山的北面。一种说法认为这里有熊、罴、文虎、离朱鸟、鸱久、视肉兽。

平丘在三棵桑树的东边。这里有遗玉、青鸟、视肉兽、杨柳树、甘柤树、甘华树，生长着各种果树。在两座山之间有一道山谷，山谷中间有两个大的土丘，叫平丘。

北海内有种野兽，样子像马一般，名叫騊駼。有种野兽叫駮，形状像白马，长着锯齿般的牙齿，吃老虎和豹子。还有一种白色的野兽，样子像马，名叫蛩蛩。还有一种青色的野兽，样子像老虎，名叫罗罗。

◑罗罗（清·余省、张为邦《清宫兽谱》）

北方神禺彊，脸似人，身形似鸟，耳朵上穿挂着两条青蛇，脚下踩着两条青蛇。

注释

①颛顼（zhuān xū）：中国上古部落联盟首领，“五帝”之一，号高阳氏，黄帝之孙，是主管北方的天帝。②騊駼（táo tú）：马名。北方之良马。③蛩蛩（qióng qióng）：传说中的兽名。④禺彊（qiáng）：玄冥，就是水神。⑤珥（ěr）：垂挂于耳。⑥践：踩，踏。

海外东经

山海经第九

本章是按照由东南到东北的顺序进行记叙的，记述的地域大概在我国的东部，但具体位置难以确定。

海外东经

导读

《海外东经》记载了海外八个国家和地区的地理物产、民俗传说及独特风貌。如大人国中居民身材高大，君子国中居民衣冠带剑，青丘国中栖息着九尾狐，黑齿国中居民牙齿乌黑，等等。此外，经中还记载了人面八首的天吴神、兽身人面的奢比尸等神祇。

原文

海外自东南陬至东北陬者。

䟽丘[1]，爰有遗玉、青马、视肉、杨、柳、甘柤、甘华，甘果所生。在东海，两山夹丘，上有树木。一曰嗟丘。一曰百果所在，在尧葬东。

大人国在其北，为人大，坐而削船[2]。一曰在䟽丘北。

奢比之尸在其北，兽身、人面、大耳，珥两青蛇。一曰肝榆之尸在大人北。

译文

海外从东南角到东北角的国家。

䟽丘有遗玉、青马、视肉兽、杨树、柳树、甘柤树、甘华树。长着甜美果子的树就生长在这里。在东海，两座山夹着䟽丘，䟽丘上面有树木。另一种说法认为䟽丘也叫嗟丘。还有一种说法认为䟽丘是各种果树生长的地方，在帝尧葬地的东面。

大人国在它的北面，那里的人身形高大，坐在船上撑船。一种说法认为大人国在䟽丘的北面。

奢比尸在大人国的北面，他长着野兽的身子、人的面孔、很大的耳朵，耳朵上穿挂着两条青蛇。另一种说法认为肝榆尸在大人国的北面。

◑ 薰华草（明·文俶《金石昆虫草木状》）

◑ 大人国人（清·陈梦雷《古今图书集成·边裔典》）

注释

①䟽（jiē）丘：地名。②削（shāo）船：划船，行船。削，通“梢”，长竿。

原文

君子国在其北，衣冠带剑，食兽，使二文虎在旁，其人好让不争。有薰华草，朝生夕死。一曰在肝榆之尸北。

虿虿在其北，各有两首。一曰在君子国北。

朝阳之谷，神曰天吴，是为水伯。在虿虿北两水间。其为兽也，八首人面，八足八尾，背青黄。

译文

君子国在奢比尸所在之地的北边，这里的人衣帽整齐，身上佩剑，吃野兽，驱使两只有斑纹的虎，他们喜欢谦让，不争斗。这里有一种薰华草，早上刚长出来，到晚上就枯死了。还有一种说法认为君子国在肝榆尸所在之地的北边。

◑ 君子国人（清·陈梦雷《古今图书集成·边裔典》）

虿虿国在它的北面，这里的人长着两个脑袋。一种说法认为虿虿国在君子国的北边。

在朝阳谷有个神叫天吴，就是水伯。天吴住在虿虿国北面两条河流的中间。天吴作为兽的形象，有八个脑袋，每个脑袋上都有人一样的面孔，有八条腿、八条尾巴，背部是青黄色的。

◑ 天吴（清·吴任臣《〈山海经〉广注》上色版）

◑ 天吴（《谟区查抄本》）

原文

青丘国在其北，其人食五谷，衣丝帛。其狐四足九尾。一曰在朝阳北。

帝命竖亥[①]步，自东极至于西极，五亿十选[②]九千八百步。竖亥右手把算[③]，左手指青丘北。一曰禹令竖亥。一曰五亿十万九千八百步。

黑齿国在其北，为人黑齿，食稻啖[④]蛇，一赤一青，在其旁。一曰在竖亥北，为人黑手，食稻使蛇，其一蛇赤。

译文

青丘国在天吴的北边，这里的人吃五谷，穿丝帛。国中有一种狐，长着四条腿、九条尾巴。还有一种说法是青丘国在朝阳谷的北边。

◑ 九尾狐（《谟区查抄本》）

◑ 九尾狐（清·吴任臣《〈山海经〉广注》上色版）

天帝命令竖亥用脚步测量大地，从最东边到最西边，一共为五亿十万九千八百步。竖亥右手拿着算筹，左手指着青丘国的北边。一种说法是大禹命令竖亥用脚步测量大地。还有一种说法认为测量结果是五亿十万九千八百步。

黑齿国在它的北边，这里的人牙齿都是黑色的，吃稻米和蛇，有一红一青两条蛇伴在身边。还有一种说法认为黑齿国在竖亥所处之地的北边，这里的人长着黑色的手，吃稻米，会驱使蛇，其中的一条蛇是红色的。

注释

①竖亥：传说中一个走得很快的人，为大禹的臣子。②选（suàn）：数词。万。③算：通“筭”，古代计数用的筹码，长六寸。④啖（dàn）：吃。

原文

下有汤谷[1]。汤谷上有扶桑[2]，十日所浴，在黑齿北。居水中，有大木，九日居下枝，一日居上枝。

雨师妾在其北，其为人黑，两手各操一蛇，左耳有青蛇，右耳有赤蛇。一曰在十日北，为人黑身人面，各操一龟。

玄股之国在其北，其为人股[3]黑，衣鱼[4]食鷗[5]，两鸟夹之。一曰在雨师妾北。

毛民之国在其北，为人身生毛。一曰在玄股北。

译文

◑雨师妾国人（清吴任臣《〈山海经〉广注》上色版）

黑齿国的下面是汤谷。汤谷有一棵扶桑树，那里是十个太阳洗浴的地方，在黑齿国的北边。在水中有一棵大树，九个太阳住在下面的树枝上，一个太阳住在上面的树枝上。

雨师妾国在汤谷的北边。这里的人长着黑色的皮肤，两只手分别握着一条蛇，左耳挂着一条青蛇，右耳挂着一条红蛇。还有一种说法认为雨师妾国在十个太阳所居之地的北边，那里的人有黑色身子，有人的面孔，手中各拿着一只龟。

玄股国在雨师妾国的北边。这里的人大腿是黑色的，身穿鱼皮做的衣服，吃海鸥，有两只鸟跟随在他们身边。有一种说法认为玄股国在雨师妾国的北边。

◑毛民国人（清·吴任臣《〈山海经〉广注》上色版）

◑毛民国人（明·蒋应镐《山海经》上色版）

毛民国在玄股国的北边，这里的人浑身是毛。还有一种说法认为毛民国在玄股国的北边。

注释

①汤（yáng）谷：旸（yáng）谷，传说中的日出之处。②扶桑：一种传说中的神树。③股：大腿。④衣鱼：以鱼皮为衣。衣，穿。⑤鴎：也作鸥，一种海鸟。

原文

劳民国在其北，其为人黑[①]。或曰教[②]民。一曰在毛民北，为人面目手足尽黑。

东方句芒[③]，鸟身人面，乘两龙[④]。

译文

劳民国在毛民国的北边，这里的人长得很黑。有人说劳民国是教民国。还有种说法认为劳民国在毛民国的北边，那里的人面部、眼睛、手和脚都是黑色的。

东方的句芒神，长着鸟一样的身体，人一样的脸，驾着两条龙。

◑ 劳民国人（明·蒋应镐《山海经》上色版）

◑ 句芒神（明·蒋应镐《山海经》）

注释

①一曰“其为人黑”后云：“食果草实也。有一鸟两头。”②教：与劳声相近。③句（gōu）芒：神话中掌管东方的木神。④一曰“乘两龙”后云：“建平元年四月丙戌，待诏太常属臣望校治，侍中光禄勋臣龚、侍中奉车都尉光禄大夫臣秀领主省。”此非正文也。

海内南经

本章按照由东到西的顺序，记叙了从海内的东南角到西南角的山川、国家、动物、植被及相关神话传说。所记述的地域大致在我国的湖南、湖北、四川一带。

海内南经

导读

《海内南经》所记事物多且杂乱，有伯虑国、离耳国、氐人国、匈奴国等国家，也有大可吞象的巴蛇、知道人名的狌狌等传说中的异兽，还有一些著名历史人物的故事，如夏启之臣孟涂断案的故事。

原文

海内东南陬以西者。

瓯[①]居海中。闽在海中，其西北有山。一曰闽中山在海中。

三天子鄣[②]山在闽西海北。一曰在海中。

桂林八树在番隅东。

伯虑国、离耳国、雕题国、北朐[③]国皆在郁水南。郁水出湘陵南海。一曰相虑。

枭阳[④]国在北朐之西，其为人人面长唇，黑身有毛，反踵，见人则笑，左手操管。

译文

海内东南角以西的地方。

瓯位于海中。闽也在海中，它的西北方有山。一种说法是闽一带的山在海里。

三天子鄣山在闽的西边、海的北边。一种说法是该山在海里。

由八棵巨大的桂树组成的树林在番隅的东面。

伯虑国、离耳国、雕题国、北朐国都在郁水的南面。郁水发源于湘陵南海。一种说法认为伯虑国又叫相虑国。

枭阳国在北朐国的西面，这里的人长着人一样的脸，嘴唇很长，皮肤是黑色的，有浓密的毛，脚跟在前，脚尖在后，见到别人就笑，左手拿着竹管。

◑ 雕题国人（清·陈梦雷《古今图书集成·边裔典》）

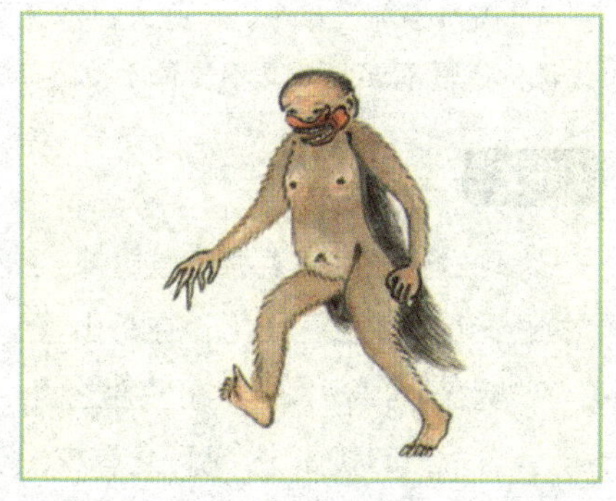

◑ 枭阳国人（清·吴任臣《〈山海经〉广注》上色版）

注释

①瓯（ōu）：古代地名，在今浙江省温州市一带，后为温州的别称。②三天子鄣（zhāng）：山名。③北朐（qú）：国名。④枭（xiāo）阳：国名。

原文

兕[①]在舜葬东，湘水南，其状如牛，苍黑，一角。

苍梧之山，帝舜葬于阳，帝丹朱[②]葬于阴。

氾林方三百里，在狌狌东。

狌狌知人名，其为兽如豕而人面，在舜葬西。

狌狌西北有犀牛，其状如牛而黑。

译文

◑兕（日本·佚名《怪奇鸟兽图卷》）

兕生活在舜所葬之地的东面、湘江的南面，它的样子像牛，苍黑色，长着一只角。

苍梧山，帝舜葬在这座山的南面，帝丹朱葬在这座山的北面。

氾林方圆三百里，在狌狌生活之地的东面。

狌狌知道人的名字，它的形状像猪，长着人一样的脸，生活在舜所葬之地的西面。

狌狌生活之地的西北方有犀牛，它的样子像牛，浑身黑色。

注释

①兕（sì）：犀牛。②丹朱：传说中帝尧之子，名朱，因居丹水，名为丹朱。据说他傲慢荒淫，故尧不传位于他，而是传给了舜。

原文

夏后启之臣曰孟涂，是司神[①]于巴，巴人讼于孟涂之所，其衣有血者乃执之，是请生。居山上，在丹山[②]西。

窫窳[③]居弱水[④]中，在狌狌之西，其状如貙[⑤]，龙首，食人。

有木，其状如牛，引[⑥]之有皮，若缨、黄蛇。其叶如罗，其实如栾，其木若蓲[⑦]，其名曰建木。在窫窳西弱水上。

氐人国[⑧]在建木西，其为人人面而鱼身，无足。

巴蛇食象，三岁而出其骨，君子服之，无心腹之疾。其为蛇青、黄、赤、黑。一曰黑蛇青首，在犀牛西。

译文

夏代国君启的一个臣子名叫孟涂，到巴地任主管之神。当地人去孟涂那里请他审理案件，他把衣服上沾有血的人抓了起来，算是好生之德。孟涂住在山上，他所住的山在丹山的西面。

窫窳居住在弱水中，在狌狌所居之地的西面，它的体形像貙，长着龙一样的脑袋，会吃人。

◑ 氐人国人（清·陈梦雷《古今图书集成·边裔典》）

有一种树，形状像牛，一拉树皮就剥落下来，树皮像缨带或黄色的蛇。它的叶子像罗网，结的果实像栾华一样，树干像刺榆，它的名字叫建木。它生长在窫窳所居之地西面弱水的岸上。

氐人国在建木之地的西面，这个国家的人长着人一样的脸、鱼一样的身子，没有脚。

巴蛇吞吃了大象，三年后才把象骨吐出来，君子吃了这种骨头，便不会得心脏和腹部的疾病。巴蛇有青、黄、红、黑四种颜色。另一种说法是巴蛇有黑色身体和青色脑袋，在犀牛生活之地的西面。

◑ 巴蛇（清·吴任臣《〈山海经〉广注》上色版）

◑ 巴蛇吞象图（明·蒋应镐《山海经》）

注释

①司神：主管之神。②丹山：山名，即今巫山，因山势曲折盘错，形如“巫”字，故名。③窫窳（yà yǔ）：古代传说中的一种食人的怪兽。④弱水：水名，名叫弱水的河流很多。古人也把浅而不能载舟的水流称为弱水。⑤貙（chū）：兽名。又名虎。⑥引：牵引，牵拉。⑦蓲（ōu）：刺榆树。⑧氐（dī）人国：传说中的国名。

原文

旄马[1]，其状如马，四节[2]有毛。在巴蛇西北，高山南。

匈奴、开题之国[3]、列人之国并在西北。

译文

旄马的样子像马，四肢的关节部位都长有毛。它生活在巴蛇所居之地的西北面，高山的南面。

匈奴国、开题国、列人国都在西北地区。

◑ 旄马（日本·佚名《怪奇鸟兽图卷》）

注释

①旄（máo）马：兽名。②四节：四肢的关节。③开题之国：国名。

◑ 旄马（清·吴任臣《〈山海经〉广注》上色版）

◑ 旄马（《谟区查抄本》）

山海经第十一

海内西经

本章按照由东到西的顺序，记载了从今天的西北地区西部一直向西，即古代西域地区的国家、山脉、河流和物产。本章所记述的地域大致为陕西、山西、河北、内蒙古和辽宁一带。

海内西经

导读

《海内西经》重点记载了昆仑山及其附近的山川河流，以及这些区域流传着的神话，如九头开明神兽守护昆仑山的传说、六巫用不死药救窫窳神的故事。

原文

海内西南陬以北者。

贰负之臣曰危，危与贰负杀窫窳。帝乃梏之疏属之山，桎其右足，反缚两手与发，系之山上木。在开题西北。

大泽方百里，群鸟所生及所解。在雁门北。

雁门山，雁出其间。在高柳北。

高柳在代北。

后稷①之葬，山水环之。在氐国西。

译文

海内西南角以北的地方。

贰负神的臣子叫危，危与贰负合伙杀死了窫窳神。天帝便把他拘禁在疏属山中，并给他的右脚戴上刑具，还反绑着他的双手与头发，拴在山上的大树上。这个地方在开题国的西北面。

大泽方圆一百里，是各种禽鸟孵化幼鸟和脱换羽毛的地方。大泽在雁门的北面。

雁门山，是大雁冬去春来出入的地方。雁门山在高柳山的北面。

高柳山在代地的北面。

后稷所葬之地，山水环绕。墓地在氐国西面。

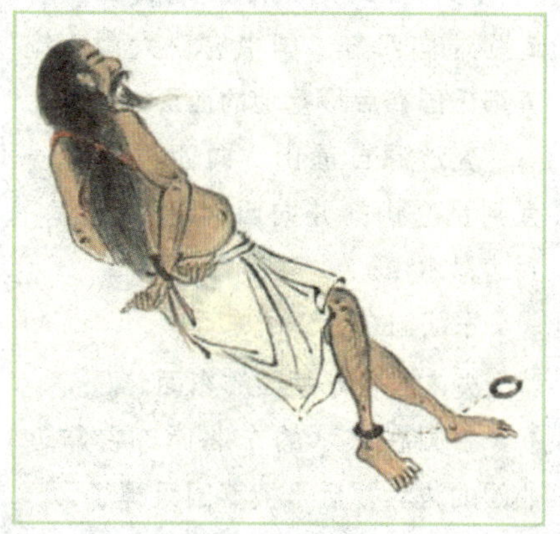

◑ 危（清·吴任臣《〈山海经〉广注》上色版）

◑ 危（明·蒋应镐《山海经》上色版）

注释

①后稷：周的先祖。相传他的母亲曾欲弃之不养，故名弃。为舜农官，封于邰。

原文

流黄酆氏[1]之国，中[2]方三百里，有涂[3]四方，中有山。在后稷葬西。

流沙出锺山，西行又南行昆仑之虚，西南入海，黑水之山。

东胡在大泽东。

夷人在东胡东。

貊国在汉水东北。地近于燕，灭之。

孟鸟在貊国东北。其鸟文赤、黄、青，东乡。

译文

流黄酆氏国，方圆三百里，有道路通向四方，国中有座大山。流黄酆氏国在后稷墓地的西面。

流沙源自锺山，向西再向南一直到昆仑山，并向西南流入大海，到达黑水山。

东胡国在大泽的东面。

夷人国在东胡国的东面。

貊国在汉水的东北面。它靠近燕国的边界，后来被燕国灭掉了。

孟鸟在貊国的东北面。这种鸟的羽毛花纹有红、黄、青三种颜色，向着东方。

◑ 后稷（清·佚名《历代帝王圣贤名臣大儒遗像》）

◑ 夷人（清·陈梦雷《古今图书集成·边裔典》）

注释

①酆（fēng）氏：国名。②中：域中，就是国土以内的意思。③涂：通“途”。道路。

原文

海内昆仑之虚，在西北，帝之下都。昆仑之虚，方八百里，高万仞。上有木禾，长五寻①，大五围②。面有九井，以玉为槛③。面有九门，门有开明兽守之，百④神之所在。在八隅之岩，赤水之际，非仁羿⑤莫能上冈之岩。

赤水出东南隅，以行其东北，西南流注南海厌火东。

译文

海内的昆仑山在西北方，是天帝在下界的都城。昆仑山方圆八百里，高达万仞。山顶有一棵像大树似的稻谷，高达五寻，需五人才能合抱。昆仑山的每一面都有九眼井，每眼井周围都有用玉石制成的围栏。昆仑山的每一面还有九道门，每道门都由开明神兽守卫着，是众多天神聚集的地方。天神们聚集的场所在八方山岩之间、赤水的岸边，不是有像羿那样仁德才智的人，就不能攀上这些山冈岩石。

◑ 昆仑山（明·王圻、王思义《三才图会》）

◑ 开明兽（明·蒋应镐《山海经》上色版）

赤水发源于昆仑山的东南角，然后流到昆仑山的东北方，再向西南流去，流入南海厌火国的东边。

注释

①寻：长度单位。古代以八尺或七尺为一寻。②围：一个成年人合抱的长度为一围。③槛（jiàn）：栏杆。④百：这里形容数量众多。⑤羿：后羿。

原文

河水出东北隅，以行其北，西南又入渤海，又出海外，即西而北，入禹所导积石山。

洋水[1]、黑水出西北隅，以东，东行，又东北，南入海，羽民南。

弱水、青水出西南隅，以东，又北，又西南，过毕方鸟东。

昆仑南渊深三百仞。开明兽身大类[2]虎而九首，皆人面，东向立昆仑上。

开明西有凤皇、鸾鸟，皆戴蛇践蛇，膺有赤蛇。

译文

黄河水发源于昆仑山的东北角，然后流到昆仑山的北面，再向西南流入渤海，流出海外，就此向西而后往北流，一直流入大禹所疏导过的积石山。

洋水、黑水发源于昆仑山的西北角，然后折向东方，朝东流，再折向东北方，再朝南流入大海，入海的地方在羽民国的南面。

弱水和青水发源于昆仑山的西南角，然后折向东方，朝北流去，再折向西南方，流经毕方鸟所在地的东面。

昆仑山南边的深渊深达三百仞。开明兽的大小和老虎差不多，有九个脑袋，每个脑袋上都是人一样的面孔，面向东站在昆仑山上。

开明兽所居之地的西面有凤凰、鸾鸟，它们头上盘着蛇，脚下踩着蛇，胸前还挂着红色的蛇。

◑ 开明兽（清·余省、张为邦《清宫兽谱》）

◑ 鸾鸟（清·佚名《各样雀图册》）

注释

①洋（xiánɡ）水：古水名。②类：类似，像。

原文

开明北有视肉、珠树、文玉树、玗琪[1]树、不死树。凤皇、鸾鸟皆戴瞂[2]。又有离朱、木禾、柏树、甘水、圣木曼兑[3]，一曰挺木牙交。

开明东有巫彭、巫抵、巫阳、巫履、巫凡、巫相，夹窫窳之尸，皆操不死之药以距[4]之。窫窳者，蛇身人面，贰负臣所杀也。

译文

开明兽的北面有视肉兽，有珠树、文玉树、玗琪树、不死树，那里的凤凰、鸾鸟都戴着盾牌。还有离朱、木禾、柏树、甜水、圣木曼兑。另一种说法认为圣木曼兑又叫挺木牙交。

◑凤凰（明·蒋应镐《山海经》）

开明兽的东面有巫彭、巫抵、巫阳、巫履、巫凡、巫相，他们围在窫窳的尸体周围，手捧不死药来抵抗死气，想使窫窳复活。窫窳长着蛇的身子和人的面孔，被贰负和他的臣子杀死。

注释

①玗（yú）琪：美玉。②瞂（fá）：盾牌。③圣木曼兑：一种叫作曼兑的圣树，服食了它可使人聪慧。④距：抗拒。

原文

服常树，其上有三头人，伺[①]琅玕[②]树。

开明南有树鸟，六首；蛟、蝮、蛇、蜼、豹、鸟秩树，于表池树[③]木；诵鸟、鶽[④]、视肉。

译文

有一种服常树，它的上面有长着三个脑袋的人，守候着琅玕树。

开明兽的南边有树鸟，长着六个脑袋；蛟龙、蝮蛇、蛇、长尾猿、豹、鸟环绕着华美的池塘，鸟秩树生长在池塘周围；这一带还有诵鸟、鶽鸟和视肉兽。

◑ 三头人（明·蒋应镐《山海经》）

注释

①伺：守候。②琅玕（láng gān）：传说中的仙树，其果实似珠。③树：环绕排列。④鶽（sǔn）：雕，一类很凶猛的鸟。

海内北经

本章记载了从海内的西北角（从西北的蛇巫山开始）经过犬戎、穷奇再到昆仑山，再越过朝鲜一带，最后到达海中的明组城和蓬莱山的概况。

海内北经

导读

《海内北经》主要记载了一些奇怪的动物，如为西王母取食的三青鸟、长着翅膀但又像老虎的穷奇。除此之外，还记载了人面蛇身的鬼国人、长得像狗的犬封人、狗头人身的环狗。

原文

海内西北陬以东者。

蛇巫之山，上有人操杯而东向立。一曰龟山。

西王母梯[①]几而戴杖。其南有三青鸟，为西王母取食。在昆仑虚北。

有人曰大行伯，把戈。其东有犬封国。贰负之尸在大行伯东。

犬封国曰犬戎国，状如犬。有一女子，方[②]跪进杯食。有文马，缟[③]身朱鬣，目若黄金，名曰吉量，乘之寿千岁。

译文

海内西北角以东的地方。

蛇巫山，上面有人拿着杯面向东站着。另一种说法认为蛇巫山叫龟山。

西王母靠倚着小桌案而头戴玉胜，手持神杖。在西王母的南面有三只勇猛善飞的青鸟，正在为西王母取食物。西王母在昆仑山的北面。

有个人叫大行伯，手中握着戈。大行伯的东面有一个犬封国。贰负的尸体在大行伯的东边。

犬封国又叫犬戎国，这里的人长得像狗。有一女子，正手持杯子，跪着向人进献食物。有种带斑纹的马，身子是白色的，鬣毛是红色的，眼睛像黄金，名叫吉量，骑这种马可寿达千岁。

◑ 仙人西王母图（清·许良标）

注释

①梯：凭，倚靠。②方：副词。正，正在。③缟（gǎo）：白色丝织物，代指白色。

原文

鬼国在贰负之尸北，为物人面而一目。一曰贰负神在其东，为物人面蛇身。

蜪犬[①]如犬，青，食人从首始。

穷奇状如虎，有翼，食人从首始，所食被发[②]。在蜪犬北。一曰从足。

帝尧台、帝喾台、帝丹朱台、帝舜台，各二台，台四方，在昆仑东北。

译文

鬼国在贰负尸体的北面，这里的人长着人的面孔却只有一只眼睛。另一种说法认为贰负在鬼国东面，那里的人有人的面孔、蛇的身子。

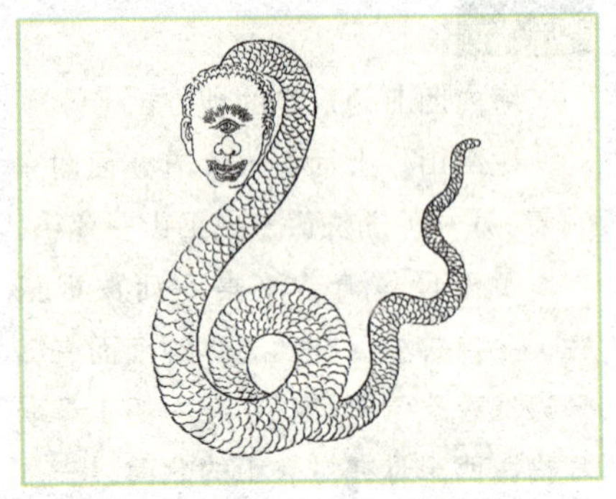
◑鬼国人（清·吴任臣《〈山海经〉广注》）

蜪犬的样子像狗，全身青色，吃人时先吃头。

穷奇的样子像老虎，生有翅膀，它吃人是从人头开始的。被吃的人都是披散着头发的。它在蜪犬的北面。另一种说法认为穷奇吃人是从人的脚开始的。

帝尧台、帝喾台、帝丹朱台、帝舜台，各自有两座，每座都是四方形，在昆仑山的东北面。

注释

①蜪（táo）犬：传说中的兽名。②被（pī）发：披头散发。被，披散，散开。

原文

大蜂，其状如螽[①]；朱蛾，其状如蛾[②]。

蟜[③]，其为人虎文，胫有䏿[④]。在穷奇东。一曰状如人，昆仑虚北所有。

阘非[⑤]，人面而兽身，青色。

据比之尸，其为人折颈被发，无一手。

环狗，其为人兽首人身。一曰蝟状如狗，黄色。

袜[⑥]，其为物人身、黑首、从目[⑦]。

戎，其为人人首三角。

译文

有一种大蜂，形状像螽斯；有一种朱蛾，形状像蚂蚁。

蟜长着人的身子却有着老虎一样的斑纹，小腿上有强健的筋肉。它在穷奇所在地的东面。另一种说法认为蟜的样子像人，是昆仑山北面独有的。

阘非，长着人的面孔和兽的身子，全身是青色的。

据比尸，他的样子像人，被折断了脖子，头发披散着，没了一只手。

◑ 据比尸（明·蒋应镐《山海经》）

◑ 环狗（明·蒋应镐《山海经》上色版）

环狗，长着野兽一样的头、人一样的身子。另一种说法是环狗像刺猬，又像狗，浑身黄色。

袜长着人一样的身体、黑色的脑袋，眼睛是竖着长的。

戎这种人虽然长着人一样的脑袋，脑袋上却有三只角。

注释

①螽（zhōng）：螽斯，一种昆虫，体呈绿色或褐色，样子像蚂蚱。②蛾（yǐ）：“蚁”的古字。蚂蚁。③蟜（qiáo）：传说中的纹身野人。④胫有脅：小腿上有小腿肚子。脅，小腿肚子。⑤阘（tà）非：传说中的野人。⑥袜（mèi）：同“魅”。鬼。⑦从（zòng）目：纵目，指眼睛竖着长。

原文

林氏国有珍兽，大若虎，五采毕具，尾长于身，名曰驺吾①，乘之日行千里。

昆仑虚南所，有氾林②方三百里。

从极之渊，深三百仞，维冰夷③恒都④焉。冰夷人面，乘两龙。一曰忠极之渊。

阳汙⑤之山，河出其中；凌门之山，河出其中。

译文

林氏国中有一种珍奇的野兽，长得像虎一样大，身上五彩斑斓，尾巴比身子还长，名叫驺吾，骑着它可以日行千里。

◑驺吾（清·吴任臣《〈山海经〉广注》上色版）

◑驺吾（《谟区查抄本》）

在昆仑山的南边，有一片茂密的树林，方圆达三百里。

从极渊深达三百仞，只有河神冰夷经常住在这里。冰夷长着人的面孔，乘着两条龙。另一种说法认为从极渊就是忠极渊。

阳汙山，黄河从这座山发源；凌门山，黄河也从这里发源。

注释

①驺（zōu）吾：传说中的一种兽。②氾林：上文所说的范林、泛林，意为茂密丛生的树林。③冰夷：冯（píng）夷、无夷，就是传说中的黄河之神。④都：居住。⑤阳汙（yū）：山名。

原文

王子夜之尸，两手、两股、胸、首、齿，皆断异处。

舜妻登比氏[①]生宵明、烛光，处河大泽[②]，二女之灵能照此所方百里。一曰登北氏。

盖国在钜燕南，倭北。倭属燕。

朝鲜在列阳东，海北山南。列阳[③]属燕。

列姑射在海河州中。

射姑国在海中，属列姑射，西南，山环之[④]。

大蟹在海中。

译文

王子夜的尸体，两只手、两条腿、胸脯、脑袋、牙齿，都被斩断而散落在不同的地方。

帝舜的妻子登比氏生了宵明、烛光两个女儿，她们都住在黄河边上的大泽中，两位神女的灵光能照亮这里方圆百里的地方。另一种说法认为帝舜的妻子叫登北氏。

盖国位于大燕国的南面、倭国的北面。倭国隶属于燕国。

◑ 大蟹（明·蒋应镐《山海经》）

朝鲜位于列阳的东面、大海的北面、山的南面。列阳属于燕国。

列姑射位于河流与大海交汇处的山地上。

姑射国在海中的岛屿上，隶属于列姑射，姑射国的西南有高山环绕。

大蟹生活在海里。

注释

①登比氏：舜有三妃，其中二妃皆是尧之女，即所谓娥皇、女英。除此二妃之外，另一位则是登比氏。②泽：河边溢漫处。③列阳：朝鲜今乐浪县，箕子所封也。列也是水名，今在带方，带方有列口县。④山环之：山环西南，海据东北。

原文

陵鱼人面、手足、鱼身，在海中。

大鳊[①]居海中。

明组邑居海中。

蓬莱山[②]在海中。

大人之市在海中。

译文

有一种陵鱼，长着人一样的脸，有手有脚，鱼一样的身子，生活在大海里。

大鳊鱼生活在海中。

明组城在海中。

蓬莱山位于大海之中。

大人国贸易的集市在大海之中。

◑陵鱼（清·吴任臣《〈山海经〉广注》上色版）

注释

①大鳊（biān）：鱼名，鲂鱼。

②蓬莱山：传说上面有仙人宫室，皆以金玉为之，鸟兽尽白，望之如云，在渤海之中。

海内东经

本章主要记叙了从中土东北角的钜燕一直南下，包括今天岷江等水流和山东半岛南端的琅邪台的概况。

海内东经

导读

《海内东经》重点介绍了一些水流的发源地、流向和流经地域，如岷江、浙江、庐江、淮水、湘水；介绍了某些风貌独特的国家，如出产美玉的白玉山国。

原文

海内东北陬以南者。

钜燕在东北陬。

国在流沙中者埻端、玺㬇[1]，在昆仑虚东南。一曰海内之郡，不为郡县，在流沙中。

国在流沙外者，大夏、竖沙、居繇[2]、月支之国。

西胡白玉山在大夏东，苍梧在白玉山西南，皆在流沙西，昆仑虚东南。昆仑山在西胡西。皆在西北。

雷泽中有雷神，龙身而人头，鼓其腹[3]。在吴西。

都州在海中。一曰郁州。

译文

海内东北角以南的地方。

大燕国在东北角。

在流沙中的国家有埻端国、玺㬇国，都在昆仑山的东南面。另一种说法认为，埻端国和玺㬇国是海内建置的郡，之所以不把它们称为郡，是因为它们处在流沙中。

在流沙外的国家，有大夏国、竖沙国、居繇国、月支国。

西胡的白玉山国在大夏国的东面，苍梧国在白玉山国的西南面，它们都在流沙的西面，昆仑山的东南面。昆仑山位于西胡的西面。它们都在西北方。

雷泽里面有一位雷神，长着龙一样的身体、人一样的脑袋，他只要敲击自己的腹部，便会发出雷声。雷泽在吴地的西边。

都州在海里。一种说法认为都州就是郁州。

◑ 雷神（清·吴任臣《〈山海经〉广注》上色版）

注释

①埻（dūn）端、玺㬇（huàn）：传说中的国名。②居繇（yáo）：国名。③鼓其腹：据传雷神敲击自己的肚子就会打雷。鼓，鼓动，敲打。

原文

琅邪台①在渤海间，琅邪之东。其北有山。一曰在海间。

韩雁在海中，都州南。

始鸠在海中，韩雁南。

会稽山②在大楚南。

岷三江：首大江出汶山③，北江出曼山，南江出高山。高山在城都西。入海在长州南。

浙江④出三天子都，在其东。在闽西北，入海，馀暨南。

庐江⑤出三天子都，入江，彭泽西。一曰天子鄣。

淮水⑥出余山，余山在朝阳东，义乡西，入海，淮浦北。

湘水⑦出舜葬东南陬，西环之。入洞庭下。一曰东南西泽。

译文

琅邪山位于渤海与海岸之间，在琅邪的东面。琅邪的北面有座山。另一种说法认为琅邪台在海中。

韩雁在海中，又在都州的南面。

始鸠在海中，又在韩雁的南面。

会稽山位于大楚国的南面。

从岷山中流出三条江水，首先是长江从汶山流出，再者北江从曼山流出，还有南江从高山流出。高山在城都的西边。三条江水最终注入大海，入海处在长州的南面。

浙江从三天子都山发源，在它的东边。在闽地的西北边，浙江最终注入大海，入海处在馀暨的南面。

庐江从三天子都山发源，注入长江，入江处在彭泽的西面。一种说法认为庐江发源地在天子鄣。

淮水从余山发源，余山在朝阳的东边、义乡的西边。淮水最终注入大海，入海处在淮浦的北面。

湘水从帝舜葬地的东南角发源，然后向西环绕流去。湘水最终注入洞庭湖下游。一种说法认为注入东南方的西泽。

注释

①琅（láng）邪（yá）台：有说法认为琅邪台是今天山东境内的一座山，

只不过形状像座高台，所以被称为琅邪台。还有说法认为琅邪台指春秋末年越王勾践修筑的琅邪台，用来观望东海。琅邪：古郡名，秦始置，在今山东省诸城市一带。②会（kuài）稽（jī）山：山名，今位于浙江省绍兴市东南部。相传禹会诸侯江南计功，故名。③汶（mín）山：山名，即岷山。岷山在四川省北部，绵延于四川、甘肃两省边境。④浙江：水名，今钱塘江及其上游富春江和新安江。⑤庐江：一名庐源水。源出今江西省婺（wù）源县西北庐岭山，西南流经德兴、乐平两个县为乐安江，经鄱（pó）阳县入鄱阳湖，入长江。⑥淮水：即淮河。源出河南省桐柏山，流经安徽、江苏省入洪泽湖。⑦湘水：水名，即湘江，湖南最大的河流。

原文

汉水①出鲋鱼之山②，帝颛顼葬于阳，九殡葬于阴，四蛇卫之。

濛水③出汉阳西，入江，聂阳④西。

温水⑤出崆峒山，在临汾南，入河，华阳北。

译文

汉水从鲋鱼山发源，帝颛顼葬在鲋鱼山的南面，帝颛顼的九个殡妃葬在鲋鱼山的北面，有四条巨蛇守卫着它。

濛水从汉阳西边发源，最终注入长江，入江处在聂阳的西面。

温水从崆峒山发源，崆峒山在临汾南面，温水最终注入黄河，入河处在华阳的北面。

◑ 颛顼（清·佚名《历代帝王圣贤名臣大儒遗像》）

注释

①汉水：水名，又名汉江。长江最长支流。上源玉带河出陕西省西南部宁强县，东流到勉县东与褒河汇合后称汉江。东南流经陕西省南部、湖北省西北部和中部，在武汉市流入长江。②鲋（fù）鱼之山：一名高阳山，又名青冢山。在今河南省濮阳市附近。传说帝颛顼高阳氏葬于此山之阳。③濛（méng）水：古水名，可能在四川省。④聂（shè）阳：在湖北省黄陂（pí）县。⑤温水：古水名，今山西省临汾市附近。

原文

颍水[1]出少室[2]，少室山在雍氏南，入淮西鄢北。一曰缑氏。

汝水[3]出天息山，在梁勉乡西南，入淮极西北。一曰淮在期思北。

泾水[4]出长城北山，山在郁郅、长垣北，北入渭，戏[5]北。

渭水[6]出鸟鼠同穴山，东注河，入华阴北。

白水[7]出蜀，而东南注江，入江州城下。

沅水[8]山出象郡镡城西，入东注江，入下隽西，合洞庭中。

赣水[9]出聂都[10]东山，东北注江，入彭泽西。

译文

颍水从少室山发源，少室山在雍氏的南边，颍水最终在西鄢的北面注入淮水。一种说法认为在缑氏注入淮水。

汝水从天息山发源，天息山在梁勉乡的西南，汝水最终在淮水的极西北处注入淮水。一种说法认为入淮处在期思的北面。

泾水从长城的北山发源，北山在郁郅、长垣的北面，向北流入渭水，入渭处在戏的北面。

渭水从鸟鼠同穴山发源，向东流入黄河，入河处在华阴的北面。

白水从蜀地流出，然后向东南流入长江，入江处在江州城下。

沅水从象郡镡城的西面发源，向东流而注入长江，入江处在下隽的西边，最后汇入洞庭湖。

赣水从聂都东边的山中发源，向东北流而注入长江，入江处在彭泽的西边。

注释

①颍（yǐng）水：颍河。淮河最大支流。发源于河南省，经安徽省入淮河。②少（shào）室：山名。在河南省登封市西北。③汝水：古水名。上游即今河南省北汝河；自偃城以下，故道南流至西平县东会沅（wǔ）水（今洪河），又南经上蔡县西至遂平县东会溉水（今沙河）；此下即今南汝河及新蔡以下的洪河。④泾水：水名。泾河。在陕西省中部。渭河支流。⑤戏：戏水。在陕西省临潼东。源出骊山，北流经古戏亭东，又北入渭水。⑥渭水：水名，渭河。黄河最大的支流。源出甘肃省渭源县，到陕西与泾水汇合流入黄河。⑦白水：白水江。源出今四川省松潘县东北，屈曲东南流，经甘肃省文县，流入白龙江，又东南流至四川省广元市西南入嘉陵江。⑧沅（yuán）水：水名，沅江。源出贵州省东南云雾山，

自湖南省黔阳县黔城镇以下始名沅江。东北流经沅陵、常德等市县，到汉寿县入洞庭湖。⑨赣（gàn）水：赣江。江西省最大的河流。东源贡水出武夷山，西源章水出大庾岭，在赣州汇合后称赣江。最后流入鄱阳湖。⑩聂（niè）都：在今江西省崇义县。

原文

泗水[1]出鲁东北而南，西南过湖陵西，而东南注东海，入淮阴北。

郁水[2]出象郡，而西南注南海，入须陵东南。

肄水[3]出临晋武西南，而东南注海，入番禺西。

潢水[4]出桂阳西北山，东南注肄水，入敦浦西。

洛水[5]出上洛西山，东北注河，入成皋之西。

汾水[6]出上窳北，而西南注河，入皮氏南。

沁水[7]出井陉山东，东南注河，入怀东南。

译文

泗水从鲁地的东北方流出，然后向南流，再往西南流经湖陵的西面，然后转向东南而流入东海，入海处在淮阴的北面。

郁水从象郡发源，然后向西南流而注入南海，入海处在须陵的东南面。

肄水从临晋武的西南方流出，向东南流而注入大海，入海处在番禺的西面。

潢水从桂阳西北的山中发源，向东南流而注入肄水，入肄处在敦浦的西面。

洛水从上洛西面的山中发源，向东北流而注入黄河，入河处在成皋的西面。

汾水从上窳的北边流出，向西南流而注入黄河，入河处在皮氏的南面。

沁水从井陉山的东边发源，向东南流而注入黄河，入河处在怀的东南面。

注释

①泗（sì）水：古河名。在山东省中部。源出山东省泗水县东蒙山南麓，四源并发。②郁（yù）水：水域名。在广西、广东境内。③肄（yì）水：古水名。在广东汇入珠江。④潢（huáng）水：古水名。即今广东省西北的湟江、连江。后又将英德至清远一段北江称洭水。⑤洛水：水名。源出陕西省洛南县西北秦岭山脉之老牛山，最终流入黄河。⑥汾水：水名，汾河。黄河第二大支流。源出山西宁武县管涔山，经太原市南流到新绛县折向西，在河津市西入黄河。⑦沁（qìn）水：水名，沁河。黄河下游支流。源出沁源东北的羊头山，南流到河南省武陟县入黄河。

原文

济水[1]出共山南东丘，绝钜鹿[2]泽，注渤海，入齐琅槐[3]东北。

潦水[4]出卫皋东，东南注渤海，入潦阳[5]。

虖沱水[6]出晋阳城南，而西至阳曲北，而东注渤海，入越章武[7]北。

漳水[8]出山阳东，东注渤海，入章武南[9]。

注释

济水从共山南边的东丘发源，流过钜鹿泽，最终注入渤海，入海处在齐地琅槐的东北面。

潦水从卫皋的东边流出，向东南注入渤海，入海处在潦阳。

虖沱水从晋阳城南边发源，然后向西流到阳曲的北边，再向东注入渤海，入海处在章武的北边。

漳水从山阳的东边流出，向东注入渤海，入海处在章武的南边。

注释

①济（jǐ）水：古水名。发源于河南省济源市王屋山。②钜（jù）鹿：即巨野泽。在今山东省巨野县北。③琅（láng）槐：西汉县名。在今山东省广饶县东北。④潦（liáo）水：辽河。有东西两源：东辽河源出吉林哈达岭；西辽河上游北源西拉木伦河出内蒙古白岔山，南源老哈河出河北省光头山；东、西辽河在辽宁省昌图县古榆树附近汇合后始称辽河。下游段原与浑河汇合，至营口以下注辽东湾。⑤潦阳：县名，属潦东。⑥虖（hū）沱水：即滹沱河。子牙河北源。在河北省西部。源出山西省五台山东北泰戏山，穿割太行山东流入河北平原，在献县县城附近和滏阳河汇合为子牙河。⑦章武：古郡名。⑧漳（zhāng）水：漳河。卫河支流。在河北、河南两省边境。有清漳河、浊漳河两源，均出山西省东南部，在河北省南部边境汇合后称漳河，向东南流入卫河。⑨一曰“入章武南”后云：“建平元年四月丙戌，待诏太常属臣望校治，侍中光禄勋臣龚、侍中奉车都尉光禄大夫臣秀领主省。”此非正文也。

大荒东经

本章记载了东海之外的山川、物产和国度。但所记述的地域难以确定。经中还记载了应龙行雨的神话传说，反映出古人对自然现象奇幻瑰丽的想象。

大荒东经

导读

《大荒东经》记载了大人国、小人国、黑齿国等国家。经中还详细讲述了摇民国建立的过程，展示了上古时期部落之间的斗争。

原文

东海之外大壑[①]，少昊之国。少昊孺[②]帝颛顼于此，弃其琴瑟。有甘山者，甘水出焉，生甘渊。

大荒[③]东南隅有山，名皮母地丘。

东海之外，大荒之中，有山名曰大言，日月所出。

有波谷山者，有大人之国。有大人之市，名曰大人之堂。有一大人踆[④]其上，张其两臂。

有小人国，名靖人[⑤]。

译文

东海之外有一个大沟峪，少昊在此建国。少昊在这里养育颛顼，颛顼幼年使用过的琴瑟现在还丢在这里。有一座甘山，甘水发源于这座山，甘水流出后，形成了甘渊。

最荒远之地的东南角有一座山，名叫皮母地丘。

东海之外，最荒远之地，有一座大言山，是日月升起的地方。

有一座波谷山，山里有一个大人国。国中有一个做买卖的集市，叫大人堂。有一个大人蹲在大人堂上，张着两只手臂。

有一个小人国，这里的人被称为靖人。

◑ 少昊（清·佚名《历代帝王圣贤名臣大儒遗像》）

◑ 靖人（清·吴任臣《〈山海经〉广注》）

注释

①壑（hè）：深沟。②孺：通“乳”，用乳汁喂养。这里是抚育、养育的意思。③大荒：最荒远的地方。④踆（dūn）：蹲。⑤靖人：也叫诤人、竫（jìng）人，古代传说中的小人。

原文

有神，人面兽身，名曰梨䰢之尸[①]。

有潏山[②]，杨水出焉。

有蒍国[③]，黍[④]食，使四鸟[⑤]：虎、豹、熊、罴。

大荒之中，有山名曰合虚，日月所出。

有中容之国。帝俊生[⑥]中容，中容人食兽、木实，使四鸟：豹、虎、熊、罴。

译文

有一个神，长着人的面孔及野兽的身子，叫梨䰢尸。

有一座潏山，杨水就从这座山发源。

有一个蒍国，这里的人以黄米为食，能够驯化并驱使四种野兽：虎、豹、熊、罴。

最荒远之地有座山，名叫合虚，是日月升起的地方。

有一个国家叫中容国。帝俊生了中容，中容国的人以兽肉和树木的果实为食，会驱使四种野兽：豹、虎、熊和罴。

◑ 豹（法国·约瑟夫《中国动物画谱》）

◑ 罴（法国·约瑟夫《中国动物画谱》）

◑ 熊（法国·约瑟夫《中国动物画谱》）

注释

①梨䰢（líng）之尸：古尸。②潏（jué）山：山名。③蒍（wěi）国：古国名。④黍（shǔ）：谷物名。籽去皮后称黏黄米。⑤鸟：这里实指兽，上古鸟兽统名。⑥生：这里指后代而言。

原文

有东口之山。有君子之国，其人衣冠带剑。

有司幽之国。帝俊生晏龙，晏龙生司幽，司幽生思士，不妻；思女，不夫[①]。食黍，食兽，是使四鸟[②]。

有大阿之山者。

大荒之中，有山名曰明星，日月所出。

有白民之国。帝俊生帝鸿[③]，帝鸿生白民，白民销姓，黍食，使四鸟：虎、豹、熊、罴。

有青丘之国。有狐，九尾。

译文

有座东口山。有个君子国，君子国里的人衣冠整齐，腰间佩剑。

有个国家叫司幽国。帝俊生了晏龙，晏龙生了司幽，司幽生了思士，思士没娶妻子；司幽还生了思女，思女没有出嫁。司幽国的人吃黄米饭，也吃野兽的肉，能驯化驱使四种野兽。

有一座山叫大阿山。

最荒远之地当中有一座高山，叫作明星山，是太阳和月亮升起的地方。

有个国家叫白民国。帝俊生了帝鸿，帝鸿的后代是白民国的第一个祖先，白民国的人都姓销，他们以黄米为食，能驯化驱使四种野兽：老虎、豹子、熊、罴。

◑ 九尾狐（日本·佚名《怪奇鸟兽图卷》）

有个国家叫青丘国。国中有一种狐狸，长着九条尾巴。

注释

①司幽生思士，不妻；思女，不夫：神话传说他们虽然不娶亲，不嫁人，但因精气感应、魂魄相合而生育孩子，延续后代。②四鸟：即虎、豹、熊、罴四兽。③帝鸿：即黄帝。

原文

有柔仆民，是维[①]嬴土[②]之国。

有黑齿之国。帝俊生黑齿，姜姓，黍食，使四鸟。

有夏州之国。有盖余之国。

有神人，八首人面，虎身十尾，名曰天吴。

大荒之中，有山名曰鞠陵于天、东极、离瞀[③]，日月所出。有神名曰折丹，东方曰折，来风曰俊[④]，处东极以出入风。

东海之渚[⑤]中，有神，人面鸟身，珥两黄蛇，践两黄蛇，名曰禺虢[⑥]。黄帝生禺虢，禺虢生禺京。禺京处北海，禺虢处东海，是为海神。

有招摇山，融水出焉。有国曰玄股，黍食，使四鸟。

译文

有一群人被称作柔仆民，他们所在的国家土地很肥沃。

有个黑齿国。帝俊的后代是黑齿，那里的人都姓姜，吃黄米饭，能驯化驱使四种野兽。

有一个夏州国。附近有一个盖余国。

有一位神人，长着八颗头，每个头上都有人的面孔，他有老虎一样的身体，有十条尾巴，名叫天吴。

最荒远之地，有三座山分别是鞠陵于天、东极和离瞀，是日月升起的地方。有一位神名叫折丹，东方称他为折，把从东方刮来的风称为俊，他在大地的最东端掌管风的出入。

东海的岛屿上，有一位神祇，长着人的面孔和鸟的身体，耳朵上挂着两条黄色的蛇，脚底踏着两条黄色的蛇，名叫禺虢。黄帝生了禺虢，禺虢生了禺京。禺京住在北海，禺虢住在东海，都是海神。

有座招摇山，融水从这里发源。有个叫玄股的国家，这里的人以黄米为食，会驱使四种野兽。

◑ 玄股国人（清·陈梦雷《古今图书集成·边裔典》）

注释

①维：语气词。用于句首或句中。②羸土：肥沃的土地。羸，肥沃。③离瞀（mào）：山名。④俊：俊风，指春季从东方刮来的风。⑤渚：水中的小块陆地。这里指海岛。⑥禺虢（hào）：海神。

原文

有困民国，勾姓，黍食。有人曰王亥，两手操鸟，方食其头。王亥托[1]于有易、河伯仆牛[2]。有易杀王亥，取仆牛。河伯念有易，有易潜出，为国于兽，方食之，名曰摇民。帝舜生戏，戏生摇民。

海内有两人，名曰女丑。女丑有大蟹。

大荒之中，有山名曰孽摇頵羝[3]。上有扶木[4]，柱[5]三百里，其叶如芥。有谷曰温源谷。汤谷上有扶木，一日方至，一日方出，皆载于乌[6]。

译文

有一个困民国，国中之人都姓勾，以黄米为食物。有一个叫王亥的人，两只手抓着鸟，正在吃鸟的头。王亥把一大群牛寄养在有易族人和河伯那里。有易族人杀了王亥，夺走了这群牛。河伯顾念与有易族人的交情，帮助有易族人偷偷跑了出来，有易族人在野兽成群出没的地方重新建立了一个国家。他们正在吃野兽的肉，因此这个国家就叫摇民国。帝舜生了戏，戏生了摇民。

◑王亥（明·蒋应镐《山海经》上色版）

海里有两个神，其中一个名叫女丑。女丑有一只大蟹。

最荒远之地，有一座山名叫孽摇頵羝。上面长着扶桑树，高耸达三百里，树叶像芥菜。这里有一个山谷，名叫温源谷。汤谷上长着扶桑树，一个太阳刚刚回到汤谷，另一个太阳就从扶桑树升上去，它们都被驮在三足乌的身上。

注释

①托：寄托。②仆牛：服牛，驯养之牛。③孽摇頵（jūn）羝（dī）：山名。④扶木：扶桑树。传说中的神树，长在东方日出处。⑤柱：直立。⑥乌：神话传说太阳有三足乌，因以“乌”为太阳的代称。

原文

有神，人面、犬耳、兽身，珥两青蛇，名曰奢比尸。

有五采之鸟，相乡弃沙。惟帝俊下友[①]。帝下两坛，采鸟是司。

大荒之中，有山名曰猗天苏门，日月所生。有壎民[②]之国。

有綦山[③]。又有摇山。有䰝山[④]。又有门户山。又有盛山。又有待山。有五采[⑤]之鸟。

东荒之中，有山名曰壑明俊疾，日月所出。有中容之国。

东北海外，又有三青马、三骓[⑥]、甘华。爰有遗玉、三青鸟、三骓、视肉、甘华、甘柤。百谷所在。

译文

◑ 奢比尸（清·吴任臣《〈山海经〉广注》上色版）

有一位神，有人的面孔、狗的耳朵、野兽的身子，耳朵上挂着两条青色的蛇，名叫奢比尸。

有一群长着五彩羽毛的鸟，相对而舞。帝俊从天上下来和它们交友。帝俊在下界的两座祭坛，由这群五彩鸟掌管着。

最荒远之地，有一座山叫猗天苏门山，是日月升起的地方。这里有一个壎民国。

大荒中有綦山、摇山、䰝山、门户山、盛山、待山。这些山上都有五彩鸟。

在东荒当中，有座山叫壑明俊疾山，是太阳和月亮升起的地方。这里有个中容国。

东北海外，又有三青马、三骓马、甘华树。这里还有遗玉、三青鸟、三骓马、视肉兽、甘华树、甘柤树。这儿是各种庄稼生长的地方。

注释

①友：交友，与……交朋友。②壎（xūn）民：古国名。③綦山：山名。④䰝（zèng）山：山名。⑤采：彩色。⑥骓（zhuī）：毛色青白间杂的马。

原文

有女和月母之国。有人名曰鹓[①]，北方曰鹓，来风曰猋，是处东极隅以止日月，使无相间[②]出没，司其短长。

大荒东北隅中，有山名曰凶犁土丘。应龙[③]处南极，杀蚩尤[④]与夸父，不得复上[⑤]。故下[⑥]数旱。旱而为应龙之状，乃得大雨。

译文

有个国家叫女和月母国。有一个神叫鹓，北方人称作鹓，从那里吹来的风叫猋，他就在大地的东北角控制太阳和月亮，使它们不会交相错乱地出没，并把握它们运行时间的长短。

最荒远之地的东北角，有座山名叫凶犁土丘。应龙住在这座山的最南端，他杀了蚩尤和夸父，不能再回到天界。天上因没有了应龙的兴云作雨，下界就多次发生旱灾。每当发生旱灾时，人们便模仿应龙的样子，向上天求雨，这样就会下大雨。

◑ 应龙（《谟区查抄本》）

◑ 应龙（清·吴任臣《〈山海经〉广注》上色版）

注释

①鹓（yuān）：古书上指凤凰一类的鸟。②间：错乱，杂乱。③应龙：古代传说中善兴云作雨的神。④蚩（chī）尤：传说中东方九黎部落首领，勇猛善战。后与黄帝战于涿鹿，兵败被杀。⑤上：指上天。⑥下：指下界。

原文

东海中有流波山，入海七千里。其上有兽，状如牛，苍身而无角，一足，出入水则必风雨，其光如日月，其声如雷，其名曰夔①。黄帝得之，以其皮为鼓，橛②以雷兽③之骨，声闻五百里，以威天下。

译文

东海中有一座流波山，在深入东海七千里的地方。山上有一种兽，体形像牛，青色的身子，没有角，只有一只脚，它从水中出入时必会伴以风雨，发出日月一样的光芒，有雷鸣般的声音，它的名字叫夔。黄帝捉住它后，用它的皮做鼓，并用雷兽身上的骨头来敲这面鼓，发出的声音可传到五百里之外，黄帝便用它来震慑天下。

◑ 夔（清·吴任臣《〈山海经〉广注》上色版）

◑ 夔（清·余省、张为邦《清宫兽谱》）

注释

①夔（kuí）：传说中的异兽名。②橛（jué）：敲，击打。③雷兽：即雷神，人面龙身。

山海经第十五

大荒南经

本章记载了南海一带的山川、鸟兽、物产和国家，留存了许多古代民族的来源传说和一些神话传说。其中的一些记叙似乎并不能完全被认为是神话，有可能包含着一些早期的民族血缘关系和民族迁移的历史。

大荒南经

导读

《大荒南经》不但记载了许多之前其他异域存在的国家和异民，如不死国、羽民国等，还记录了许多奇异的怪兽和神话，如三只青兽合并而成的双双、齿虎尾的祖状尸，以及羿射凿齿的神话。

原文

南海之外，赤水之西，流沙之东，有兽，左右有首，名曰跊踢[1]。有三青兽相并，名曰双双。

有阿山者。南海之中，有氾天之山，赤水穷焉。

赤水之东，有苍梧之野，舜与叔均[2]之所葬也。爰有文贝、离俞、鸱久、鹰、贾、委维、熊、罴、象、虎、豹、狼、视肉。

有荣山，荣水出焉。黑水之南，有玄蛇，食麈[3]。

译文

南海以外，赤水的西边，流沙的东边，有一种野兽，左右两边各有一个头，名叫跊踢。还有三只青色的野兽连体相合，名叫双双。

◑ 跊踢（清·吴任臣《〈山海经〉广注》上色版）

◑ 跊踢（清·余省、张为邦《清宫兽谱》）

◑ 双双（清·吴任臣《〈山海经〉广注》上色版）

◑ 双双（《谟区查抄本》）

有座阿山。在南海之中，还有座氾天山，赤水在这座山流到尽头。

在赤水的东面，有个地方叫苍梧野，是帝舜和叔均埋葬的地方。那里有长着花纹的贝壳、离朱鸟、鸱久、鹰、乌鸦、委维、熊、罴、大象、老虎、豹、狼、视肉兽。

有一座荣山，荣水从这里发源。黑水的南边有一条黑蛇，以驼鹿为食。

注释

①跦（chù）踢：传说中的怪兽名。②叔均：传说中帝舜的儿子，又叫商均。③麈（zhǔ）：动物名。鹿类。其尾可做拂尘。

原文

有巫山者，西有黄鸟。帝药，八斋[①]。黄鸟于巫山，司[②]此玄蛇。

大荒之中，有不庭之山，荣水穷焉。有人三身。帝俊妻娥皇，生此三身之国。姚姓，黍食，使四鸟。有渊四方，四隅[③]皆达[④]，北属[⑤]黑水，南属大荒。北旁[⑥]名曰少和之渊，南旁名曰从渊，舜之所浴也。

译文

有一座巫山，山的西边有黄鸟。天帝的药贮放在八处屋舍中。黄鸟专门在巫山上监视着黑蛇。

最荒远之地有一座不庭山，这里是荣水的尽头。这里有的人长着三个身子。帝俊的妻子叫娥皇，这些三身国的人就是他们的后代。这个国家的人都姓姚，以黄米为食，会驱使四种野兽。那里有一个深潭，呈四方形，四边都与外面相通，北边与黑水相连，南边与最荒远的地方相连。北边是少和渊，南边是从渊，是舜沐浴的地方。

注释

①斋：房舍。②司：通“伺”，伺察、探察。③隅：山水边角处。④达：通。⑤属（zhǔ）：连接。⑥旁：边，侧。

原文

又有成山，甘水穷焉。有季禺之国，颛顼之子，食黍。有羽民之国，其民皆生毛羽。有卵民之国，其民皆生卵。

大荒之中，有不姜之山，黑水穷焉。又有贾山，汔水[①]出焉。又有言山。又有登备之山。有恝恝之山[②]。又有蒲山，澧水出焉。又有隗山[③]，其西有丹，其东有玉。又南有山，漂水出焉。有尾山。有翠山。

有盈民之国，於姓，黍食。又有人方食木叶。

有不死之国，阿姓，甘木[④]是食。

大荒之中，有山名曰去痓[⑤]。南极果，北不成，去痓果。

译文

又有一座成山，甘水最终流到这座山。有个季禺国，他们是帝颛顼的子孙后代，以黄米饭为食。还有个羽民国，这里的人都长着羽毛。又有个卵民国，这里的人都是卵生的。

最荒远之地，有座不姜山，这里是黑水的尽头。还有一座贾山，汔水从这里发源。又有言山、登备山和恝恝山。另有蒲山，是澧水的发源处。还有一座隗山，它的西边有丹雘，东边有玉。南边有山，是漂水的发源处。另外还有尾山和翠山。

有一个盈民国，国中之人都姓於，以黄米为食。另外有人正在吃树叶。

有一个不死国，国中之人都姓阿，以不死树为食。

最荒远之地，有座山名叫去痓山。南极果，北不成，去痓果。

◑ 卵民国人（清·陈梦雷 《古今图书集成边裔典》）

◑ 不死国人（清·陈梦雷《古今图书集成·边裔典》）

注释

①汔（qì）水：水名。②恝恝之山：山名。③隗（wěi）山：山名。④甘木：传说中的不死树，人食用它就能长生不老。⑤去痓（zhì）：山名。

原文

南海渚中，有神，人面，珥两青蛇，践两赤蛇，曰不廷胡余。

有神名曰因因乎，南方曰因乎，来风曰乎民，处南极以出入风。

有襄山。又有重阴之山。有人食兽，曰季厘。帝俊生季厘，故曰季厘之国。有缗渊。少昊生倍伐，倍伐降[①]处缗渊[②]。有水四方，名曰俊坛。

有臷民之国[③]。帝舜生无淫，降臷处，是谓巫臷民。巫臷民朌[④]姓，食谷，不绩[⑤]不经[⑥]，服也；不稼不穑[⑦]，食也。爰有歌舞之鸟，鸾鸟自歌，凤鸟自舞。爰有百兽，相群爰处。百谷所聚。

译文

在南海的岛屿上，有一个神，有人的面孔，耳朵上挂着两条青色的蛇，脚踏两条红色的蛇，这个神叫不廷胡余。

◑ 不廷胡余（明·蒋应镐《山海经》）

有个神名叫因因乎，南方人称他为因乎，从南方吹来的风称作民，他处在大地的南极，主管风起风停。

有一座襄山。另外有一座重阴山。有个人在吃兽肉，他的名字叫季厘。帝俊生了季厘，所以叫季厘国。有一个缗渊。少昊生了倍伐，倍伐被流放到了缗渊。有一个呈四方形的水池，名字叫作俊坛。

◑ 臷民国人（清·陈梦雷《古今图书集成·边裔典》）

有一个臷民国。帝舜生了无淫，无淫被流放到臷地，这个地方的人后来就叫巫臷民。巫臷民都姓朌，以谷为食，他们不用纺织，自然有衣服穿；不用耕种，自然有粮食吃。这里有擅长唱歌跳舞的鸟，鸾鸟在自由自在地歌唱，凤鸟在自由自在地跳舞。这里有各种野兽，成群聚居在一起。这里还是百谷聚集生长的地方。

注释

①降：流放，放逐。②缗（mín）渊：深渊名。③𢦏（zhì）民之国：神话中的国名。即𢦏民国，又叫𢦏国。④肦（fén）：这里是姓氏。⑤绩（jì）：缉麻，即把麻纤维拧成线。⑥经：纺织物上的纵线。⑦穑（sè）：收割庄稼。

原文

大荒之中，有山名曰融天，海水南入焉。

有人曰凿齿，羿杀之。

有蜮[1]山者，有蜮民之国，桑姓，食黍，射蜮是食。有人方扜[2]弓射黄蛇，名曰蜮人。

有宋山者，有赤蛇，名曰育蛇。有木生山上，名曰枫木。枫木，蚩尤所弃其桎梏[3]，是为枫木。

译文

最荒远之地，有座山名叫融天山，海水从它的南边流入。

有一个人叫凿齿，羿用箭射死了他。

有一座蜮山，那里有一个蜮民国，国中之人都姓桑，以黄米为食，也用箭射蜮当食物。有一个人正在拉弓射黄蛇，他的名字叫蜮人。

有一座宋山，山中有一种红蛇，名叫育蛇。山上长着一种树，名叫枫树。枫树是蚩尤所遗弃的脚镣和手铐，长成了枫树。

◑ 蜮民国人（清·陈梦雷《古今图书集成·边裔典》）

注释

①蜮（yù）：传说中的一种害人的动物，能含沙射人的影子，使人发病。又名短狐。②扜（yū）：拉，张。③桎梏（zhì gù）：这里指脚镣和手铐。

原文

有人方齿[1]虎尾，名曰祖状之尸。

有小人，名曰焦侥之国，幾[2]姓，嘉谷是食。

大荒之中，有山名朽涂[3]之山，青水穷焉。有云雨之山，有木名曰栾。禹攻云雨，有赤石焉生栾，黄本，赤枝，青叶，群帝焉取药。

译文

有一个人正在咬老虎的尾巴，他叫祖状尸。

有一个由身材特别矮小的人组成的国家，名叫焦侥国，这个国家的人都姓幾，以优质的谷物为食。

◑ 祖状尸（明·蒋应镐《山海经》）

◑ 焦侥国人（清·陈梦雷《古今图书集成·边裔典》）

最荒远之地，有座山名叫朽涂山，青水最终流到这里。还有座云雨山，山上有一棵树叫作栾。大禹在云雨山砍伐树木，发现红色岩石上忽然生出这棵栾树，黄色的茎干，红色的枝条，青色的叶子，诸帝就到这里来采药。

注释

①齿：咬啮。②幾（jī）：这里指姓氏。③朽（xiǔ）涂：山名。

原文

有国曰伯服，颛顼生伯服，食黍。有鼬[1]姓之国。有苕山[2]。又有宗山。又有姓山。又有壑山。又有陈州山。又有东州山。又有白水山，白水出焉，而生白渊，昆吾之师所浴也。

有人名曰张弘，在海上捕鱼。海中有张弘之国，食鱼，使四鸟。

有人焉，鸟喙，有翼，方捕鱼于海。

大荒之中，有人名曰驩头③。鲧④妻士敬，士敬子曰炎融，生驩头。驩头人面鸟喙，有翼，食海中鱼，杖翼而行。维宜芑、苣⑤、穋⑥、杨是食。有驩头之国。

译文

有个国家叫伯服国，这里的人是颛顼的后代，他们吃黄米饭。有个鼬姓国。有座苕山、宗山、姓山、壑山、陈州山、东州山。还有座白水山，白水从这座山发源，然后流下来汇聚成为白渊，是昆吾的师傅洗澡的地方。

有一个叫张弘的人，在海上捕鱼。海中有一个张弘国，国中人以鱼为食，能驱使四种野兽。

有个人，长着鸟的嘴，有翅膀，正在海上捕鱼。

在大荒当中，有个人名叫驩头。鲧的妻子是士敬，士敬生的儿子叫炎融，炎融生了驩头。驩头长着人的面孔和鸟一样的嘴，有翅膀，吃海中的鱼，凭借着翅膀行走。将芑、苣、穋和杨树叶做成食物吃。于是有了驩头国。

◑张弘国人（清·陈梦雷《古今图书集成·边裔典》）

◑驩头国人（清·陈梦雷《古今图书集成·边裔典》）

注释

①鼬（yòu）：这里指姓氏。②苕（sháo）山：山名。③驩（huān）头：人名。④鲧（gǔn）：传说是大禹的父亲。⑤芑、苣（jù）：两种蔬菜类植物。芑，一种野菜，似苦菜。苣，菜名，即莴苣。⑥穋（qiú）：一种晚种早熟的谷物。

原文

帝尧、帝喾、帝舜葬于岳山。爰有文贝、离俞、鸱久、鹰、贾、延维、视肉、熊、罴、虎、豹；朱木，赤枝、青华、玄实。有申山者。

大荒之中，有山名曰天台高山，海水南入焉。

东南海之外，甘水之间，有羲和之国。有女子名曰羲和，方浴日于甘渊。羲和者，帝俊之妻，生十日。

有盖犹之山者，其上有甘柤，枝干皆赤，黄叶，白华，黑实。东又有甘华，枝干皆赤，黄叶。有青马。有赤马，名曰三骓①。有视肉。

有小人②，名曰菌人③。

有南类之山。爰有遗玉、青马、三骓、视肉、甘华，百谷所在。

译文

帝尧、帝喾、帝舜都葬在岳山。这里有文贝、离俞、鸱久、鹰、乌鸦、延维、视肉兽、熊、罴、虎、豹；还有朱木，它有红色的枝干、青色的花朵和黑色的果实。有座申山。

大荒当中，有座山叫天台高山，海水从南边流进这座山。

在东南海之外，甘水之间有个羲和国。国中有位女子名叫羲和，正在甘渊中给太阳洗澡。羲和这位女子，是帝俊之妻，生了十个太阳。

有座山叫盖犹山，山上生有甘柤树，这种树的枝条和树干都是红色的，叶子是黄色的，开白花，结黑色的果实。在这座山的东面有甘华树，这种树的枝条和树干都是红色的，叶子是黄色的。有青色马。有红色马，名叫三骓。有视肉兽。

有一种身材矮小的人，名字叫菌人。

有座南类山。山上有遗玉、青色马、三骓马、视肉兽、甘华树。各种农作物在这里生长。

注释

①三骓（zhuī）：马名。②小人：指身材特别矮小的人。③菌（jùn）人：一种矮小的人。

大荒西经

本章记载了中土大荒以西的山川、物产、氏族和神话。其中，对西王母的记载较为详尽，提到了不周山这座神话中的名山，还记载了太阳和月亮运行的轨道。

大荒西经

导读

《大荒西经》记载了丈夫国、一臂民、轩辕国等，还记录了女娲之肠化为神，帝俊的妻子生月亮等神秘浪漫的传说。此外，经中还讲述了中华文明的起源，包括农业的起源及太子长琴在松山上始作乐风，创造了音乐。

原文

西北海之外，大荒之隅，有山而不合，名曰不周①，有两黄兽守之。有水曰寒暑之水。水西有湿山，水东有幕山。有禹攻共工国山②。

有国名曰淑士，颛顼之子。

有神十人，名曰女娲③之肠，化为神，处栗广之野，横④道而处。

有人名曰石夷，来风曰韦，处西北隅以司日月之长短。

有五采之鸟，有冠，名曰狂鸟。

有大泽之长山。有白民之国。

西北海之外，赤水之东，有长胫之国。

译文

西北海外面，最荒远之地的角落，有座山裂开以后就没有再合拢，名叫不周山，有两头黄色的野兽守卫着它。有一条水流，名叫寒暑水。水流的西边有座湿山，水流的东边有座幕山。那里还有一座禹攻共工国山。

有一个国家，名叫淑士国。这个国家的人是颛顼的后代。

有十位神人，名叫女娲之肠，是由女娲的肠子变成神的，他们生活在栗广的原野上，住在道旁。

有一个人名叫石夷，从那里吹来的风叫韦，石夷在西北角掌管着日月运行时间的长短。

有一种五彩斑斓的鸟，头上有冠，名叫狂鸟。

有座大泽长山。有一个白民国。

西北海的外面，赤水的东边，有个长胫国。

◑ 长胫国人（明·蒋应镐《山海经》上色版）

注释

①不周：不周山，传说中的山名。②禹攻共工国山：指禹杀共工之臣相柳的地方。③女娲（wā）：神话传说中的女帝、女神。传说她用黄土造人，用彩石补天。④横：侧，旁边。

原文

有西周之国，姬[①]姓，食谷。有人方耕，名曰叔均。帝俊生后稷，稷降以百谷[②]。稷之弟曰台玺[③]，生叔均。叔均是代其父及稷播百谷，始作耕。有赤国妻氏。有双山。

西海之外，大荒之中，有方山者，上有青树，名曰柜格[④]之松，日月所出入也。

西北海之外，赤水之西，有天民之国，食谷，使四鸟。

有北狄之国。黄帝之孙曰始均，始均生北狄。

译文

有个西周国，这里的人姓姬，吃谷物。有个人正在耕田，名叫叔均。帝俊生了后稷，后稷把各种谷物的种子从天上带到人间。后稷的弟弟叫台玺，台玺生了叔均。叔均在这里代替父亲和后稷播种各种谷物，这才开始出现农业耕作。有个赤国妻氏。有座双山。

西海以外，最荒远之地，有座山叫方山，山上有棵青色大树，名叫柜格松，是太阳和月亮出入的地方。

西北海外，赤水西岸，有个天民国，这里的人以谷物为食，能驯化驱使四种野兽。

有个北狄国。黄帝的孙子叫始均，始均的后代子孙就是北狄国的人。

注释

①姬（jī）：姓。传说黄帝居姬水，因以为姓。周人之祖后稷亦为姬姓。②降以百谷：把各种谷物从天界带到人间。③台玺：人名。④柜格：树名。

原文

有芒山。有桂山。有榣山。其上有人，号曰太子长琴。颛顼生老童，老童生祝融，祝融生太子长琴，是处榣山，始作乐风。

有五采鸟三名：一曰皇鸟，一曰鸾鸟，一曰凤鸟。

有虫状如菟，胸以后者裸不见，青如猨状。

大荒之中，有山名曰丰沮玉门[①]，日月所入。

有灵山，巫咸、巫即、巫朌[②]、巫彭、巫姑、巫真、巫礼、巫抵、巫谢、巫罗十巫，从此升降，百药爰在。

译文

有座芒山。有座桂山。有座榣山。榣山上有一个人，号称太子长琴。颛顼生了老童，老童生了祝融，祝融生了太子长琴，太子长琴住在榣山上，始创了音乐并风行世间。

有三种长着彩色羽毛的鸟：一种叫凰鸟，一种叫鸾鸟，一种叫凤鸟。

◑凰鸟（《谟区查抄本》）

◑凤鸟（《谟区查抄本》）

有一种野兽，样子像兔子，胸以后的部位虽裸露着却看不见，因为它的皮色像猿一样发青。

最荒远之地，有一座山叫丰沮玉门，是日月落下来的地方。

有一座灵山，巫咸、巫即、巫肦、巫彭、巫姑、巫真、巫礼、巫抵、巫谢、巫罗十个巫师从这里上下天庭，山中生长着各种药物。

注释

①丰沮（jū）玉门：山名。②肦（fén）：巫师名。

原文

有西王母之山、壑山、海山。有沃民之国，沃民是处。沃之野，凤鸟之卵是食，甘露是饮。凡其所欲，其味尽存。爰有甘华、甘柤、白柳、视肉、三骓、璇瑰[1]、瑶、碧、白木、琅玕、白丹、青丹，多银、铁。鸾鸟自歌，凤鸟自舞，爰有百兽，相群是处，是谓沃之野。

有三青鸟，赤首黑目，一名曰大鵹[2]，一名少鵹，一名曰青鸟。

有轩辕之台，射者不敢西乡，畏轩辕之台。

大荒之中，有龙山，日月所入。

有三泽③水，名曰三淖④，昆吾⑤之所食也。

有人衣青，以袂蔽面，名曰女丑之尸。

有女子之国。

有桃山。有宝山⑥。有桂山。有于土山。

译文

有西王母山、壑山和海山。有个沃民国，沃民就住在这里。他们生活在一片沃野上，吃的是凤鸟的蛋，喝的是甘露。凡是他们想吃的东西，这里都有。这里还有甘华树、甘柤树、白柳树、视肉兽、三骓马、璇瑰、瑶、碧、白木树、琅玕树、白丹和青丹，另外还有很多银和铁。鸾鸟在自由自在地歌唱，凤鸟在自由自在地舞蹈，这里还有各种野兽，成群生活在一起，这就是所说的沃野。

有三只青鸟，红色的脑袋，黑色的眼睛，一只名叫大鵹，一只名叫少鵹，一只名叫青鸟。

有一座轩辕台，射箭的人都不敢向西方射，是因为敬畏轩辕台。

◑ 轩辕台（明·王圻、王思义《三才图会》）

最荒远之地，有座龙山，是太阳和月亮落下的地方。

有三个沼泽地，名叫三淖，是昆吾族人获取食物的地方。

有个人穿着青色的衣服，用袖子遮住脸面，这就是女丑之尸。

有个女子国。

有座桃山。有座宝山。有座桂山。又有座于土山。

注释

①璇（xuán）瑰：美玉名。②大鵹（lí）：鸟名。③泽：聚水的洼地。④淖（nào）：烂泥，泥沼。⑤昆吾：相传是夏商之间的一个部落名。⑥宝（méng）山：山名。

原文

有丈夫之国。

有弇州之山[①]，五采之鸟仰天，名曰鸣鸟。爰有百乐歌儛之风。

有轩辕之国。江山之南栖为吉，不寿者乃八百岁。

西海陼[②]中，有神，人面鸟身，珥两青蛇，践两赤蛇，名曰弇兹。

大荒之中，有山名曰日月山，天枢[③]也。吴姖天门[④]，日月所入。有神，人面无臂，两足反属于头上，名曰嘘。颛顼生老童，老童生重及黎，帝令重献[⑤]上天，令黎印[⑥]下地，下地是生噎，处于西极，以行日月星辰之行次。

译文

◑ 轩辕国人（明·蒋应镐《山海经》上色版）

有个丈夫国。

有一座弇州山，山上有一种五彩斑斓的鸟，仰面向天，它的名字叫鸣鸟。这里有各种各样的乐曲和歌舞风行世间。

有一个轩辕国。这里的人认为居住在江河山岭的南边可获吉祥，在这里，寿命短的人都能活到八百岁。

西海岛屿上，有一个神人，长着人的面孔、鸟的身子，耳朵上挂着两条青蛇，脚下踏着两条红蛇，名叫弇兹。

最荒远之地，有座山叫日月山，是天的枢纽。这山的主峰叫吴姖天门山，是太阳和月亮落下的地方。有一个神，长着一张人脸却没有臂膀，两只脚反转着连在头上，名叫嘘。帝颛顼生了老童，老童生了重和黎，帝颛顼命令重托着天用力往上举，又命令黎压着地使劲朝下按，于是黎来到地下并生了噎，噎就处在大地的最西端，主管着太阳、月亮和星辰运行的先后次序。

注释

①弇（yǎn）州之山：古代传说中的山名。②陼（zhǔ）：同“渚”。水中的小块陆地。③天枢（shū）：天的枢纽。④吴姖（jù）天门：山名。⑤献：用手捧着东西给人。这里是举起的意思。⑥印：通“抑”，即抑压，按下之意。

原文

有人反臂[①]，名曰天虞。

有女子方浴月。帝俊妻常羲，生月十有二，此始浴之。

有玄丹之山。有五色之鸟，人面有发。爰有青鴍[②]、黄鷔[③]，青鸟、黄鸟，其所集者其国亡。

有池，名孟翼之攻颛顼之池。

大荒之中，有山名曰鏖鏊钜[④]，日月所入者。

有兽，左右有首，名曰屏蓬。

译文

有一个人，两只胳膊反着长，他的名字叫天虞。

有一位女子，正在给月亮洗澡。帝俊的妻子常羲生了十二个月亮，并开始给月亮洗澡。

有座玄丹山。山上有一种长着五彩羽毛的鸟，这鸟有人的面孔，也有头发。这里还有青鴍、黄鷔，也就是青鸟、黄鸟一类的鸟类，它们聚集栖息的国家会灭亡。

有个水池，名叫孟翼攻颛顼池。

最荒远之地，有座山名叫鏖鏊钜山，是太阳和月亮落下的地方。

有一种野兽，左边和右边各长着一个头，名叫屏蓬。

◑ 五色鸟（明·蒋应镐《山海经》）

注释

①反臂：胳膊反着长，即肘关节长在前面。②青鴍（wén）：传说中的一种凶鸟。③黄鷔（áo）：传说中的一种凶鸟。④鏖鏊钜（áo ào jù）：山名。

原文

有巫山者。有壑山者。有金门之山，有人名曰黄姖之尸。有比翼之鸟。有白鸟，青翼、黄尾、玄喙。有赤犬，名曰天犬，其所下者有兵。

西海之南，流沙之滨，赤水之后，黑水之前，有大山，名曰昆仑之丘。

有神，人面虎身，有文有尾，皆白，处之。其下有弱水之渊环之，其外有炎火之山，投物辄然[1]。有人戴胜，虎齿，有豹尾，穴处，名曰西王母。此山万物尽有。

大荒之中，有山名曰常阳之山，日月所入。

有寒荒之国。有二人女祭、女薎[2]。

译文

有座巫山。有座壑山。还有座金门山，金门山上有个人名叫黄姖尸。有比翼鸟。有种白鸟，长着青色的翅膀、黄色的尾巴、黑色的嘴。有种红颜色的狗，名叫天犬，它所降临的地方都会发生战争。

西海的南面，流沙的边沿，赤水的后面，黑水的前面，有一座大山，名叫昆仑山。有一个神，长着人的面孔、老虎的身子，身上有花纹，有尾巴，都是白色的，住在这座昆仑山上。有条弱水汇聚成深渊环绕着昆仑山，深渊的外边有座炎火山，东西一扔进去就燃烧起来。有个人头上戴着玉制首饰，满口的老虎牙齿，有豹子似的尾巴，在洞穴中居住，名叫西王母。所有的物产在这座山中都能找到。

◑天犬（日本·佚名《怪奇鸟兽图卷》）

在最荒远之地，有座山名叫常阳山，是太阳和月亮落下的地方。

有个寒荒国。这里有两个人，女祭、女薎。

注释

①辄（zhé）然：就燃烧。辄，副词，就。然，“燃”的本字，燃烧。②女薎（miè）：人名。

原文

有寿麻之国。南岳娶州山女，名曰女虔。女虔生季格，季格生寿麻。寿麻正立无景[1]，疾呼无响。爰有大暑，不可以往。

有人无首，操戈盾立，名曰夏耕之尸。故成汤伐夏桀于章山，克之，斩耕厥[2]前。耕既立，无首，走厥咎[3]，乃降于巫山。

有人名曰吴回，奇[4]左，是无右臂。

有盖山之国。有树，赤皮支[5]干，青叶，名曰朱木。

有一臂民。

大荒之中，有山名曰大荒之山，日月所入。有人焉三面，是颛顼之子，三面一臂，三面之人不死。是谓大荒之野。

译文

有个寿麻国。南岳娶了州山的女儿为妻，她的名字叫女虔。女虔生了季格，季格生了寿麻。寿麻站立在阳光下不见任何影子，高声疾呼也没有一点儿回声。这里异常炎热，人不可以前往。

有个人没有脑袋，手拿一把戈和一面盾牌站着，名叫夏耕尸。从前成汤在章山讨伐夏桀，打败了夏桀，在他的面前斩杀了夏耕尸。夏耕尸站立起来后，发觉没了脑袋，为逃避战败的罪责，于是逃到巫山去了。

有个人名叫吴回，只有一条左臂膀，没有右臂膀。

有个盖山国。这里有一种树木，树皮、树枝、树干都是红色的，叶子是青色的，名叫朱木。

◑ 夏耕尸（明·蒋应镐《山海经》）

◑ 三面人（清·吴任臣《〈山海经〉广注》上色版）

有个只长了一条臂膀的人。

最荒远之地，有一座山叫大荒山，是太阳和月亮落下的地方。这里有一种人，头上长了三张脸，是颛顼的后代，有三张面孔和一只胳膊，这种有三张面孔的人永远不死。这里就是所说的大荒野。

注释

①景（yǐng）："影"的古字，影子。②厥：代词，他的。③丢厥咎：这里是逃避的意思。厥，这里指代夏耕尸。咎，罪责。④奇（jī）：单数。这里指与配偶事物相对而言的单个事物。⑤支：枝，枝条。后作"枝"。

原文

西南海之外，赤水之南，流沙之西，有人珥两青蛇，乘两龙，名曰夏后开[①]。开上三嫔[②]于天，得《九辩》与《九歌》以下。此天穆之野，高二千仞，开焉得始歌《九招》[③]。

有氐人之国。炎帝之孙名曰灵恝[④]，灵恝生氐人，是能上下于天。

有鱼偏枯，名曰鱼妇，颛顼死即复苏[⑤]。风道北来，天乃大水泉，蛇乃化为鱼，是为鱼妇。颛顼死即复苏。

有青鸟，身黄，赤足，六首，名曰鸀鸟[⑥]。

有大巫山。有金之山。西南，大荒之隅，有偏句、常羊之山。

译文

西南海的外面，赤水的南边，流沙的西边，有个人将两条青蛇垂挂于耳，乘着两条龙，这人就是夏后启。启三次上天做客，把天上的乐曲《九辩》和《九歌》带到了人间。这就是天穆之野，高达两千仞，在这里启开始演唱《九招》。

有个氐人国。炎帝的孙子名叫灵恝，灵恝生了氐人，氐人能在天界与人间自由往返。

有一种鱼，身子半边干枯，名叫鱼妇，据说是颛顼死后苏醒过来变化而成的。风从北方吹来，天于是涌出大水如泉，蛇在此时变化为鱼，这就是鱼妇，颛顼死后立即借机复活。

有一种青鸟，身子是黄色的，爪子是红色的，长着六个头，名叫鸀鸟。

有座大巫山。还有座金山。在西南方，最荒远之地的一个角落，有偏句山、常羊山。

注释

①夏后开：即“夏后启”，因避汉景帝（刘启）名讳而改。②嫔：通“宾”。指宾客。③《九招》：即“九韶”，传说中虞舜之乐的名称，因韶乐九章，故名。④灵恝（jiá）：神名。⑤颛顼死即复苏：指颛顼把生命寄托在鱼的身体里，借着鱼蛇变化的机会复活。⑥鸀（chù）鸟：鸟名。

◑ 鸀鸟（清·吴任臣《〈山海经〉广注》上色版）

◑ 鸀鸟（明·蒋应镐《山海经》）

山海经第十七

大荒北经

本章记载了黄帝和蚩尤大战，这是炎黄神话中十分重要的一个故事。通过女魃不能上天解释了一些地区大旱的原因，展现了古人对自然现象的独特认识。

大荒北经

导读

《大荒北经》记载了很多奇异的动物和神祇，如兽首蛇身的琴虫、长着九个头的九凤、虎头人身的彊良、呼风唤雨的烛龙。经中记载了黄帝与蚩尤大战最终大获全胜的故事，展示了上古时期部落之间斗争的历史。

原文

东北海之外，大荒之中，河水之间，附禺之山，帝颛顼与九嫔葬焉。爰有鸱久、文贝、离俞、鸾鸟、凤鸟，大物、小物[①]。有青鸟、琅鸟[②]、玄鸟、黄鸟、虎、豹、熊、罴、黄蛇、视肉、璿、瑰、瑶、碧，皆出于山。丘方员三百里，丘南帝俊竹林在焉，大可为舟。竹南有赤泽水，名曰封渊[③]。有三桑无枝，皆高百仞。丘西有沈渊，颛顼所浴。

有胡不与之国，烈姓，黍食。

大荒之中，有山，名曰不咸。有肃慎氏之国。有蜚蛭[④]，四翼。有虫[⑤]，兽首蛇身，名曰琴虫。

有人名曰大人。有大人之国，釐[⑥]姓，黍食。有大青蛇，黄头，食麈。

有榆山。有鲧攻程州之山。

译文

在东北海以外，最荒远之地，黄河流过的地方，有座附禺山，颛顼帝与他的九个妃嫔就葬在这里。这里有鸱久、花斑贝、离朱鸟、鸾鸟、凤鸟，以及颛顼帝的各种陪葬之物。青鸟、琅鸟、玄鸟、黄鸟、虎、豹、熊、罴、黄蛇、视肉兽、璿、瑰、瑶、碧也都出产于这座山。卫丘方圆三百里，丘的南边是帝俊的竹林，大的竹子可用来制成小船。竹林的南边有一个红色深潭，名叫封渊。这里长着三棵没有树枝的桑树，都有百仞之高。卫丘西边有一个沈渊，是颛顼沐浴的地方。

有一个胡不与国，国中之人姓烈，以黄米为食。

最荒远之地有一座山，名叫不咸山。有个肃慎氏国。有种名叫蜚蛭的虫子，长着四只翅膀。还有一种毒蛇，长着兽一样的脑袋，蛇一样的身子，名字叫琴虫。

有种人名叫大人。有个大人国，国中之人姓釐，以黄米为食物。有种大青蛇，头部是黄色的，以麈为食。

有座榆山。还有座鲧攻程州山。

注释

①大物、小物：这里指殉葬的大小物件。②琅（láng）鸟：鸟名。③封渊：深潭名。④蜚蛭（fěi zhì）：飞虫名。⑤虫（huǐ）："虺"的本字，毒蛇。⑥釐（xī）：姓。

原文

大荒之中，有山名曰衡天。有先民之山。有槃木[①]千里。

有叔歜国[②]，颛顼之子，黍食，使四鸟：虎、豹、熊、罴。有黑虫[③]如熊状，名曰猎猎。

有北齐之国，姜姓，使虎、豹、熊、罴。

大荒之中，有山名曰先槛大逢之山，河济所入，海北注焉。其西有山，名曰禹所积石。

有阳山者。有顺山者，顺水出焉。有始州之国，有丹山。

有大泽方千里，群鸟所解[④]。

译文

最荒远之地有一座山，名叫衡天山。还有一座先民山。有一种屈曲盘绕的树，占地广达千里。

有一个叔歜国，国中之人是颛顼的后代，他们以黄米为食，能驱使四种野兽：虎、豹、熊、罴。有一种黑色的野兽，体形像熊，名字叫猎猎。

◑猎猎（清·余省、张为邦《清宫兽谱》）

有一个北齐国，国中之人姓姜，会驱使虎、豹、熊、罴。

最荒远之地，有座山叫先槛大逢山，是黄河水和济水流过的地方，海水从北面流到这里。它的西边也有座山，名叫禹所积石山。

有座阳山。有座顺山，顺水从这座山发源。有个始州国，国中有座丹山。

有一个大泽，方圆千里，是群鸟脱换羽毛的地方。

注释

①槃（pán）木：屈曲盘绕的树。②叔歜（chù）国：古国名。③虫：这里指兽。④解：指鸟脱换羽毛。

原文

有毛民之国，依姓，食黍，使四鸟。禹生均国，均国生役采，役采生修鞈[1]，修鞈杀绰人。帝念[2]之，潜为之国，是此毛民。

有儋耳之国[3]，任姓，禺号[4]子，食谷。北海之渚中，有神，人面鸟身，珥两青蛇，践两赤蛇，名曰禺彊。

大荒之中，有山名曰北极天柜，海水北注焉。有神，九首人面鸟身，名曰九凤。又有神，衔蛇操蛇[5]，其状虎首人身，四蹄长肘，名曰彊良。

译文

有一个毛民国，国中之人姓依，以黄米为食，会驱使四种野兽。大禹生了均国，均国生了役采，役采生了修鞈，修鞈杀了绰人。帝怜念绰人，暗中帮助绰人的后代建立了一个国家，就是这个毛民国。

有个儋耳国，国中之人姓任，是禺号的后代，以谷物为食。北海的小岛中有一位神，长着人一样的脸、鸟一样的身子，以两条青蛇为耳饰，脚下踩着两条红蛇，名字叫禺彊。

最荒远之地，有一座山名叫北极天柜山，海水从北面流入山中。有一位神，长着九个脑袋，有人的面孔和鸟的身子，名叫九凤。还有一位神，嘴里衔着蛇，手中握着蛇，长着虎一样的脑袋、人一样的身子，有四只蹄子，胳臂很长，名叫彊良。

◑ 九凤（清·吴任臣《〈山海经〉广注》上色版）

◑ 九凤（明·蒋应镐《山海经》上色版）

◑ 彊良（《谟区查抄本》）

◑ 彊良（明·蒋应镐《山海经》上色版）

注释

①修鞈（gé）：人名。②念：怜念。③儋（dān）耳之国：国名，即儋耳国。④禺号：即“禺猇（mào）”。⑤衔：口含。操：手拿。

原文

大荒之中，有山名曰成都载天。有人珥两黄蛇，把两黄蛇，名曰夸父。后土生信，信生夸父。夸父不量力，欲追日景[①]，逮[②]之于禺谷[③]。将饮河而不足也，将走大泽，未至，死于此。应龙已杀蚩尤，又杀夸父，乃去南方处之，故南方多雨。

又有无肠之国，是任姓，无继子[④]，食鱼。

共工之臣名曰相繇，九首蛇身，自环，食于九山。其所歍所尼[⑤]，即为源泽，不辛乃苦[⑥]，百兽莫能处。禹湮[⑦]洪水，杀相繇，其血腥臭，不可生谷，其地多水，不可居也。禹湮之，三仞三沮，乃以为池，群帝因是以为台。在昆仑之北。

译文

最荒远之地有一座山，名叫成都载天山。有一个人，以两条黄蛇为耳饰，手中拿着两条黄蛇，名叫夸父。后土生了信，信生了夸父。夸父不自量力，想要追赶太阳，并在禺谷追上了太阳，他想喝黄河中的水，但黄河水不够他喝，便想去喝大泽中的水，还没有赶到大泽，就死在了路上。应龙杀了蚩尤以后，又杀了夸父，就跑到南方去居住，所以南方多雨水。

又有一个无肠国，国中之人姓任，他们是无继国人的后代，以鱼为食。

共工有一位臣子名叫相繇，长了九个头、蛇的身子，盘旋绕成一团，贪婪地占据着九座山的食物。他所呕吐停留过的地方，立即变成大沼泽，沼泽的气味不是辛辣就是苦涩，百兽中没有能居住这里的。大禹堵塞洪水，杀死了相繇，而相繇的血又腥又臭，使谷物不能生长，那地方又水涝成灾，使人不能居住。大禹填塞它，屡次填塞而屡次塌陷，于是把它挖成大池子，诸帝就利用挖出的泥土建造了几座高台，这些高台位于昆仑山的北面。

◑ 无肠国（清·陈梦雷《古今图书集成·边裔典》）

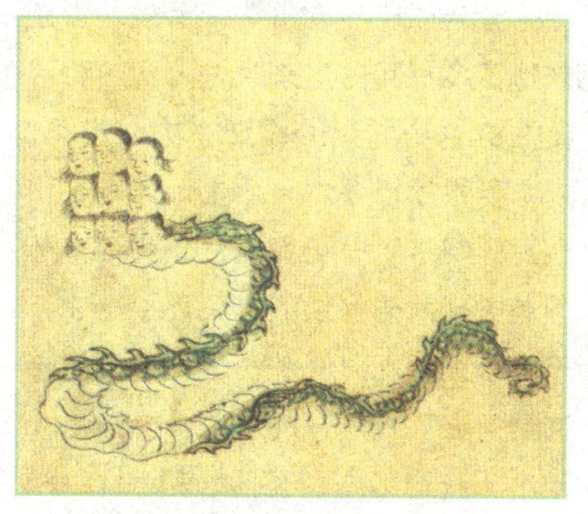

◑ 相繇（日本·佚名《怪奇鸟兽图卷》）

注释

①日景（yǐng）：即“日影”，指太阳。②逮：及，达到。③禺谷：神话传说中日落的地方。④无继子：无继国人的后代。⑤歍（wū）：恶心呕吐。尼：止。⑥不辛乃苦：不是辛辣就是苦涩。⑦湮（yān）：堵塞，阻塞。

原文

有岳之山，寻竹生焉。

大荒之中，有山名曰不句，海水北入焉。

有系昆之山者，有共工之台，射者不敢北乡①。有人衣青衣，名曰黄帝女魃②。蚩尤作兵③伐黄帝，黄帝乃令应龙攻之冀州之野。应龙畜水，蚩尤请风伯雨师④，纵大风雨。黄帝乃下天女曰魃，雨止，遂杀蚩尤。魃不得复上，所居不雨。叔均言之帝，后置之赤水之北。叔均乃为田祖⑤。魃时亡之。所欲逐之者，令曰：“神北行！”先除水道，决通沟渎⑥。

有人方食鱼，名曰深目民之国，昐姓，食鱼。

有锺山者。有女子衣青衣，名曰赤水女子魃。

译文

有座岳山，寻竹就生长在这座山上。

最荒远之地，有座山叫不句山，海水从北面流到山里。

有座山叫系昆山，上面有共工台，射箭的人不敢朝北方射箭。有一个人穿着青色衣服，名叫黄帝女魃。蚩尤制造了多种兵器用来攻击黄帝，黄帝便派应龙到冀州的原野去攻打蚩尤。应龙积蓄了很多水，而蚩尤请来风伯和雨师制造了一场大风雨。黄帝就降下名叫魃的天女助战，风雨被止住，于是杀死蚩尤。女魃耗尽神力不能再回到天上，她居住的地方没有一点儿雨水。叔均将此事禀报给黄帝，后来黄帝就把女魃安置在赤水的北面。叔均便做了田神。女魃常常逃亡，当地人要想驱逐她，便祷告说：“神请向北去吧！”祷告前人们要事先清除水道，疏通大小沟渠。

◑ 深目国人（清·陈梦雷《古今图书集成·边裔典》）

◑ 女魃（明·蒋应镐《山海经》）

有人正在吃鱼，这个国家名叫深目民国，这里的人姓盼，吃鱼类。

有座锺山。有一个穿青色衣服的女子，名叫赤水女子魃。

注释

①乡（xiàng）：通“向”，面向。②女魃（bá）：能带来干旱的女神。③兵：兵器，武器。④风伯雨师：神话传说中的风神和雨神。⑤田祖：主管田地之神。⑥渎（dú）：沟渠。

原文

大荒之中，有山名曰融父山，顺水入焉。有人名曰犬戎。黄帝生苗龙，苗龙生融吾，融吾生弄明，弄明生白犬，白犬有牝牡，是为犬戎，肉食。

有赤兽，马状无首，名曰戎宣王尸。

有山名曰齐州之山、君山、鬵山[1]、鲜野山、鱼山。

有人一目，当面中生。一曰是威姓，少昊之子，食黍。

有无继民，无继民任姓，无骨[2]子，食气[3]、鱼。

西北海外，流沙之东，有国曰中辐[4]，颛顼之子，食黍。

有国名曰赖丘。有犬戎国。有人，人面兽身，名曰犬戎。

译文

最荒远之地，有座山名叫融父山，顺水流入这座山。有一族人名叫犬戎。黄帝生了苗龙，苗龙生了融吾，融吾生了弄明，弄明生了白犬，这白犬有一公一母，便繁衍出犬戎族人，犬戎族人吃肉类食物。有一种红颜色的野兽，样子像马却没有脑袋，名叫戎宣王尸。

◑戎宣王尸（清·余省、张为邦《清宫兽谱》）

有山叫齐州山、君山、鬵山、鲜野山、鱼山。

有种人只有一只眼睛，而且这只眼睛长在脸的正中央。一种说法认为他们姓威，是少昊的后代，以黄米为食。

有种人叫无继民，无继民姓任，是无骨民的后代，他们擅长吐纳，以鱼为食。

在西北方的海外，流沙的东面，有个国家叫中辐国，这国的人是颛顼的后代，吃黄米。

有个国家叫赖丘国。还有个犬戎国。有种人长着人的面孔、野兽的身子，名叫犬戎。

注释

①鬵（qín）山：山名。②无骨：无骨是一个部族。③食气：古代的一种养生术，通过调节呼吸来摄取空气中的营养物质。④中辐（biǎn）：国名。

原文

西北海外，黑水之北，有人有翼，名曰苗民。颛顼生驩头，驩头生苗民，苗民釐姓，食肉。有山名曰章山。

大荒之中，有衡石山、九阴山、灰野之山，上有赤树，青叶，赤华，名曰若木。

有牛黎之国。有人无骨，儋耳之子。

西北海之外，赤水之北，有章尾山。有神，人面蛇身而赤，身长千里，直目正乘①，其瞑乃晦②，其视乃明，不食，不寝，不息③，风雨是谒④。是烛九阴⑤，是谓烛龙。

译文

在西北方的海外，黑水的北岸，有一种长着翅膀的人，名叫苗民。颛顼生了驩头，驩头生了苗民，苗民人姓釐，吃肉为生。还有一座山名叫章山。

最荒远之地，有衡石山、九阴山、灰野山，山上有一种红颜色的树木，这树有青色的叶子、红色的花朵，名叫若木。

◑ 儋耳国人（明·蒋应镐《山海经》上色版）

有一个牛黎国。这国的人身上没有骨头，他们是儋耳国人的后代。

西北海的外面，赤水的北边，有座章尾山。有位神，长着人一样的脸、蛇一样的身子，全身红色，身体长达千里，眼睛竖立生长，眼皮能在正中合成一条缝。他闭上眼睛，天下就变成了黑夜，睁开眼睛，天下就成了白天。他不吃东西，不睡觉，也不呼吸，能请来风雨。他能照亮极其黑暗的地方，他就是烛龙。

注释

①直目：眼睛竖着长。正乘：眼睛的合缝处很直。②瞑：闭眼。晦：夜晚。③息：呼吸。④风雨是谒：能请来风雨。谒：请。⑤九阴：极为幽暗的地方。

海内经

本章内容比较杂乱，海内各个方位的地理、物产和部族都有所涉及。其中最值得重视的是，文中出现了一些关于中华文明起源的神话。

海内经

导读

《海内经记》载了许多奇异的神话传说，如帝俊赐弓于后羿、祝融杀鲧于羽郊的故事。《山海经》最后以大禹治水、分定九州的故事作结，可见这既是一部充满奇幻色彩的神话故事，也是一部记载上古时期历史及地理巨著。

原文

东海之内，北海之隅，有国名曰朝鲜、天毒[1]，其人水居，偎人爱人。

西海之内，流沙之中，有国名曰壑市。

西海之内，流沙之西，有国名曰氾叶[2]。

流沙之西，有鸟山者，三水出焉。爰有黄金、璿瑰[3]、丹货[4]、银、铁，皆流于此中。又有淮山，好水出焉。

流沙之东，黑水之西，有朝云之国、司彘之国[5]。黄帝妻雷祖[6]，生昌意，昌意降处若水，生韩流。韩流擢首[7]、谨耳[8]、人面、豕喙[9]、麟身、渠股[10]、豚止[11]，取[12]淖子[13]曰阿女，生帝颛顼。

流沙之东，黑水之间，有山名不死之山。

华山青水之东，有山名曰肇山。有人名曰柏子高，柏子高上下于此，至于天。

译文

东海之内，北海的角落，有国家名叫朝鲜、天毒，这里的人在水边定居，性格柔顺慈爱，喜欢怜悯人。

西海之内，流沙之中，有一个国家叫壑市国。

西海之内，流沙西部，有一个国家叫氾叶国。

流沙西边有座鸟山，有三条河流从这里发源。这里有黄金、璿瑰、丹类物质、银和铁，它们都出产于这些河流。还有座淮山，好水发源于淮山。

在流沙的东边，黑水的西岸，有朝云国和司彘国。黄帝的妻子雷祖生了昌意，昌意被放逐到若水，生了韩流。韩流有着长长的脖子、小小的耳朵、人一样的脸、猪一样的嘴、麒麟一样的身子、罗圈腿、猪蹄一样的脚，他娶了一位淖子族的女子，名叫阿女，

◑ 天毒国人（清·陈梦雷《古今图书集成·边裔典》）

◑ 韩流（明·蒋应镐《山海经》上色版）

生了帝颛顼。

在流沙的东边，黑水之间，有一座山，名叫不死山。

华山和青水东边有座山，名叫肇山。山中有一个仙人，名叫柏子高，柏子高在这座山上上下下，可以直达天界。

注释

①天毒：国名。即天竺，今印度。②汜叶：国名。③璿（xuán）瑰：美玉名。④丹货：丹类物质，铅汞之类。⑤司彘（zhì）之国：国名，即司彘国。⑥雷祖：即嫘（léi）祖，又作累祖。传说为黄帝正妃，是养蚕治丝方法的发明者。⑦擢首：长颈。⑧谨耳：小耳。⑨豕喙（shǐ huì）：猪嘴。⑩渠股：跰（pián）脚，即罗圈腿。⑪止：脚，后作“趾”。⑫取：娶。⑬淖（nào）子：即蜀山氏之女，是颛顼之母。

原文

西南黑水之间，有都广之野，后稷葬焉。其城方三百里，盖天地之中，素女所出也。爰有膏[1]菽、膏稻、膏黍、膏稷，百谷自生，冬夏播琴[2]。鸾鸟自歌，凤鸟自舞，灵寿实华[3]，草木所聚。爰有百兽，相群爰处。此草也，冬夏不死。

南海之内，黑水青水之间，有木名曰若木，若水出焉。

有禺中之国。有列襄之国。有灵山，有赤蛇在木上，名曰蝡蛇[4]，木食。

有盐长之国。有人焉鸟首，名曰鸟氏。

有九丘，以水络之，名曰陶唐之丘、叔得之丘、孟盈之丘、昆吾之丘、黑白之丘、赤望之丘、参卫之丘、武夫之丘、神民之丘。有木，青叶紫茎，玄华黄实，名曰建木，百仞无枝，上有九欘[5]，下有九枸[6]，其实如麻，其叶如芒，大皞[7]爰过，黄帝所为。

译文

在西南黑水的岸边，有一个地方叫都广野，后稷葬在这里。它的疆域方圆三百里，是天地的中心，素女就出现在这个地方。这一带有味美如膏的豆类、稻、黍和稷，各种谷物在这里自然生长，无论冬季还是夏季都可以播种。在这里，鸾鸟自由自在地歌唱，凤鸟自由自在地跳舞，灵寿树开花结果，各种草木茂盛生长。这里还有各种野兽成群相处。这里生长的草无论冬夏都不会枯死。

南海之内，黑水和青水之间，有种树木名叫若木，若水发源于这一带。

有个禺中国。有个列襄国。有座灵山，山中的树上有一种红色的蛇，名叫蝡蛇，以树木为食。

◑ 禺中国人（明·蒋应镐《山海经》上色版）

◑ 列襄国人（清·陈梦雷《古今图书集成·边裔典》）

有个盐长国。这里的人有鸟一样的头，叫作鸟民。

有九座山丘，被水环绕着，分别是陶唐丘、叔得丘、孟盈丘、昆吾丘、黑白丘、赤望丘、参卫丘、武夫丘、神民丘。有种树木，有青色的叶子，紫色的茎干，开黑色的花朵，结黄色的果实，这种树叫建木，树干高达百仞，没有枝条，树顶上有九根盘桓曲折的树枝，树底下有九条盘旋交错的根节，这种树的果实像麻子，叶子像芒草。大皞从这里经过，黄帝看管着它。

◑ 盐长国人（明·蒋应镐《山海经》上色版）

注释

①膏：形容味美如油脂。②播琴：播种。③灵寿实华（huā）：灵寿就是上文所说的椐树。实，果实。华，花。④蝡（rú）蛇：一种赤色的蛇。⑤欘（zhú）：弯弯曲曲的树枝。⑥枸（gōu）：树根盘错。⑦大皞（hào）：传说中的古帝名。又叫太昊、太皓，即伏羲氏。

原文

有窫窳，龙首，是食人。有青兽，人面，名曰猩猩。

西南有巴国。大皞生咸鸟，咸鸟生乘釐，乘釐生后照，后照是始为巴人。

有国名曰流黄辛氏，其域中方三百里，其出是麈。有巴遂山，渑水①出焉。

又有朱卷之国。有黑蛇，青首，食象。

南方有赣巨人，人面长唇，黑身有毛，反踵，见人则笑，唇蔽其面，因可逃也。

又有黑人，虎首鸟足，两手持蛇，方啖之。

有嬴民，鸟足。有封豕。

有人曰苗民。有神焉，人首蛇身，长如辕，左右有首，衣紫衣，冠旃②冠，名曰延维，人主得而飨食之，伯③天下。

译文

有一种窫窳兽，头似龙，吃人。还有一种青色的野兽，长着人一样的面孔，名叫猩猩。

西南方有个巴国。大皞生了咸鸟，咸鸟生了乘釐，乘釐生了后照，后照就是巴国人的始祖。

有个国家名叫流黄辛氏国，它的疆域方圆三百里，这里有一种大鹿。还有座巴遂山，渑水从这里发源。

有个朱卷国。这里有一种黑蛇，头部青色，能吞吃大象。

南方有一种赣巨人，长着人的面孔，嘴唇很长，黑黑的身上长满了毛，脚跟朝前反长着，看见人就发笑，一发笑嘴唇便会遮住他的脸，人就趁此立即逃走。

有一种黑人，长着老虎一样的头、鸟一样的爪子，两只手握着蛇，正在吞食它们。

有一种人叫嬴民，长着鸟一样的爪子。有种大野猪。

有一种人，名叫苗民。有一种神，人头蛇身，身体长如车辕，左右两侧各有一个头，穿着紫色的衣服，戴着红色的毡帽，名叫延维，一个国家的国君若能得到并祭祀他，就能称霸天下。

注释

①渑（shéng）水：水名。②旃（zhān）：这里代指红色。③伯：通“霸”，

盟主。这里用作动词，称霸。

◑黑人（明·蒋应镐《山海经》上色版）

◑延维（明·蒋应镐《山海经》）

原文

有鸾鸟自歌，凤鸟自舞。凤鸟首文曰“德”，翼文曰“顺”，膺文曰“仁”，背文曰“义”，见①则天下和。

又有青兽如菟，名曰菌②狗。有翠鸟。有孔鸟。

译文

有鸾鸟在自由自在地歌唱，凤鸟在自由自在地跳舞。凤鸟头部的花纹像“德”字，翅膀上的花纹像“顺”字，胸部的花纹像“仁”字，背部的花纹像“义”字，这种鸟一出现，天下就会和谐太平。

又有种青色的野兽像兔子，名叫菌狗。有种翠鸟。有种孔雀。

◑翠鸟（清·佚名《各样雀图册》）

◑孔雀（清·佚名《各样雀图册》）

注释

①见：显现，出现。后作“现”。②菌（jùn）：“菌”的古字。

原文

南海之内，有衡山，有菌山，有桂山。有山名三天子之都。

南方苍梧之丘，苍梧之渊，其中有九嶷山[①]，舜之所葬。在长沙零陵界中。

北海之内，有蛇山者，蛇水出焉，东入于海。有五采之鸟，飞蔽一乡，名曰翳鸟[②]。又有不距之山，巧倕[③]葬其西。

北海之内，有反缚盗械、带戈常倍之佐[④]，名曰相顾之尸。

伯夷父生西岳，西岳生先龙，先龙是始生氐羌，氐羌乞姓。

北海之内，有山，名曰幽都之山，黑水出焉。其上有玄鸟、玄蛇、玄豹、玄虎、玄狐蓬尾[⑤]。有大玄之山。有玄丘之民。有大幽之国。有赤胫之民[⑥]。

译文

南海以内，有座衡山，有座菌山，有座桂山。还有座山叫三天子都山。

南方有山丘叫苍梧丘，还有一个深渊叫苍梧渊，在苍梧丘和苍梧渊的中间有座九嶷山，帝舜就埋葬在这里。九嶷山位于长沙零陵界内。

北海之内，有座蛇山，蛇水从蛇山发源，向东流入大海。有一种长着五彩羽毛的鸟，成群地飞起会遮蔽一乡的上空，名叫翳鸟。还有座不距山，巧倕便葬在不距山的西面。

北海之内，有一个被反绑着戴刑具、带着戈而图谋叛逆的臣子，名叫相顾尸。

伯夷父生了西岳，西岳生了先龙，先龙的后代便是氐羌，氐羌人都姓乞。

北海之内，有一座山叫幽都山，黑水发源于这座山。山上有黑色的鸟、黑色的蛇、黑色的豹、黑色的虎、尾巴蓬大的黑色的狐。有座大玄山。有玄丘民。有个大幽国。有赤胫民。

◑ 玄鸟（清·蒋廷锡《清宫鸟谱》）

注释

①九嶷（yí）山：山名。传说中帝舜的葬地。在今湖南省宁远县南。②翳（yì）鸟：即凤凰。③巧倕（chuí）：也作“巧垂”。传说是尧时的巧匠。④常倍之佐：经常背叛的一类人。倍，通“背”，背叛。佐，一类人。⑤蓬尾：尾巴上的毛发蓬松。⑥赤胫之民：膝盖以下为红色的一种人。

原文

有钉灵之国，其民从䣛①以下有毛，马蹄善走。

炎帝之孙伯陵，伯陵同②吴权之妻阿女缘妇，缘妇孕三年，是生鼓、延、殳③。殳始为侯④，鼓、延是始为钟，为乐风。

黄帝生骆明，骆明生白马，白马是为鲧。

帝俊生禺号，禺号生淫梁，淫梁生番禺，是始为舟。番禺生奚仲，奚仲生吉光，吉光是始以木为车。

译文

有个钉灵国，那里的人膝盖以下的部位都长有毛，有马一样的蹄子，擅长奔跑。

◑ 钉灵国人（清·吴任臣《〈山海经〉广注》上色版）

炎帝的孙子名叫伯陵，他与吴权的妻子阿女缘妇私通，阿女缘妇怀孕三年，生下了鼓、延和殳三个儿子。殳发明制作了箭靶，鼓和延发明制作了钟，创制了乐律。

黄帝生了骆明，骆明生了白马，白马就是鲧。

帝俊生了禺号，禺号生了淫梁，淫梁生了番禺，番禺发明制造了船。番禺生了奚仲，奚仲生了吉光，吉光开始用木头造车。

◑ 鼓（《谟区查抄本》）

注释

①䣛（xī）：膝盖。②同：即“通”，私通之意。③殳（shū）：人名。④始为侯：发明制作了箭靶。侯，古时用布或兽皮制成的箭靶。

原文

少皞生般，般是始为弓矢。

帝俊赐羿彤弓素矰[1]，以扶下国，羿是始去恤下地之百艰[2]。

帝俊生晏龙，晏龙是为琴瑟。

帝俊有子八人，是始为歌舞。

帝俊生三身，三身生义均，义均是始为巧倕，是始作下民百巧。后稷是播百谷。稷之孙曰叔均，是始作牛耕。大比赤阴[3]，是始为国。禹、鲧是始布土均定九州。

译文

少皞生了般，般发明制造了弓和箭。

帝俊赏赐给羿红色的弓和白色矰箭，让羿用他的射箭技艺去扶助下界各国，羿便开始去解除世人的各种苦难。

帝俊生了晏龙，晏龙发明了琴和瑟两种乐器。

帝俊有八个儿子，他们创作出歌曲和舞蹈。

帝俊生了三身，三身生了义均，义均是最早的巧匠巧倕，他开始为下界的百姓传授各种巧妙的工艺和技术。后稷开始播种各种农作物。后稷的孙子叔均开始用牛来耕地。后稷的母亲姜嫄建立了历史上最早的国家。大禹和鲧开始挖掘泥土治理洪水，规划疆土，划定九州。

注释

①彤（tóng）弓素矰（zēng）：彤，红色。素，白色。矰，一种用于射鸟的系着丝绳的短箭。②恤（xù）下地之百艰：恤，体恤，救济。下地，人间，人世。百艰，各种艰难。③大比赤阴：“比”疑为“妣”。妣就是母亲。而“赤阴”的古音与“姜嫄”相近，而据古史传说，姜嫄是后稷的母亲，这可与上下文相合。大妣应该是对女性始祖的敬称。

原文

炎帝之妻，赤水之子听訞[1]生炎居，炎居生节并，节并生戏器，戏器生祝融。祝融降处于江水，生共工。共工生术器，术器首方颠[2]，是复土壤[3]，以处江水。共工生后土，后土生噎鸣，噎鸣生岁十有二。

洪水滔天。鲧窃帝之息壤④以堙洪水，不待帝命。帝令祝融杀鲧于羽郊。鲧复生禹⑤。帝乃命禹卒布土以定九州。

译文

炎帝的妻子，也就是从赤水氏娶来的女儿听訞生下了炎居，炎居生了节并，节并生了戏器，戏器生了祝融。祝融被放逐到长江岸边，生了共工。共工生了术器，术器的头顶呈方形，他发明了通过翻耕土地而使农作物丰收的方法，并回到祝融曾经住过的长江边居住。共工还生了后土，后土生了噎鸣，噎鸣生了一年中的十二个月。

◑ 炎帝（清·佚名《历代帝王圣贤名臣大儒遗像》）

◑ 大禹（清·佚名《历代帝王圣贤名臣大儒遗像》）

大地上洪水滔天。鲧未经天帝同意，偷了天帝的息壤来堵塞洪水。天帝命令祝融把鲧杀死在羽山之郊。大禹从鲧的肚子里生了出来。天帝后来命令大禹整治国土，治理洪水，并最终划定了九州区域。

注释

①听訞（yāo）：人名。②首方颠：头顶呈方形。③复土壤：指通过翻耕土地而使农作物丰收。④息壤：也叫息土，传说中一种能自行不断生长的土壤。⑤鲧复生禹：传说鲧死以后，尸体三年不腐，用刀剖开他的腹部后，诞生了禹。

图书在版编目（CIP）数据

山海经 / 杨光译注 . -- 长春 : 时代文艺出版社，
2025.1.（2025.4 重印）-- ISBN 978-7-5387-7703-1

I K928.626

中国国家版本馆 CIP 数据核字第 2024XF4858 号

山海经

SHANHAI JING

杨光 译注

出 品 人：吴 刚
产品总监：郝秋月
责任编辑：邢 雪
装帧设计：阳光旭日

出版发行：时代文艺出版社
地 址：长春市福祉大路 5788 号 龙腾国际大厦 A 座 15 层（130118）
电 话：0431-81629751（总编办） 0431-81629758（营销部）
官方微博：weibo.com/tlapress
开 本：710mm × 1000mm 1/16
印 张：20
字 数：381 千字
印 刷：三河市德利印刷有限公司
版 次：2025 年 1 月第 1 版
印 次：2025 年 4 月第 2 次印刷
书 号：ISBN 978-7-5387-7703-1
定 价：58.00 元